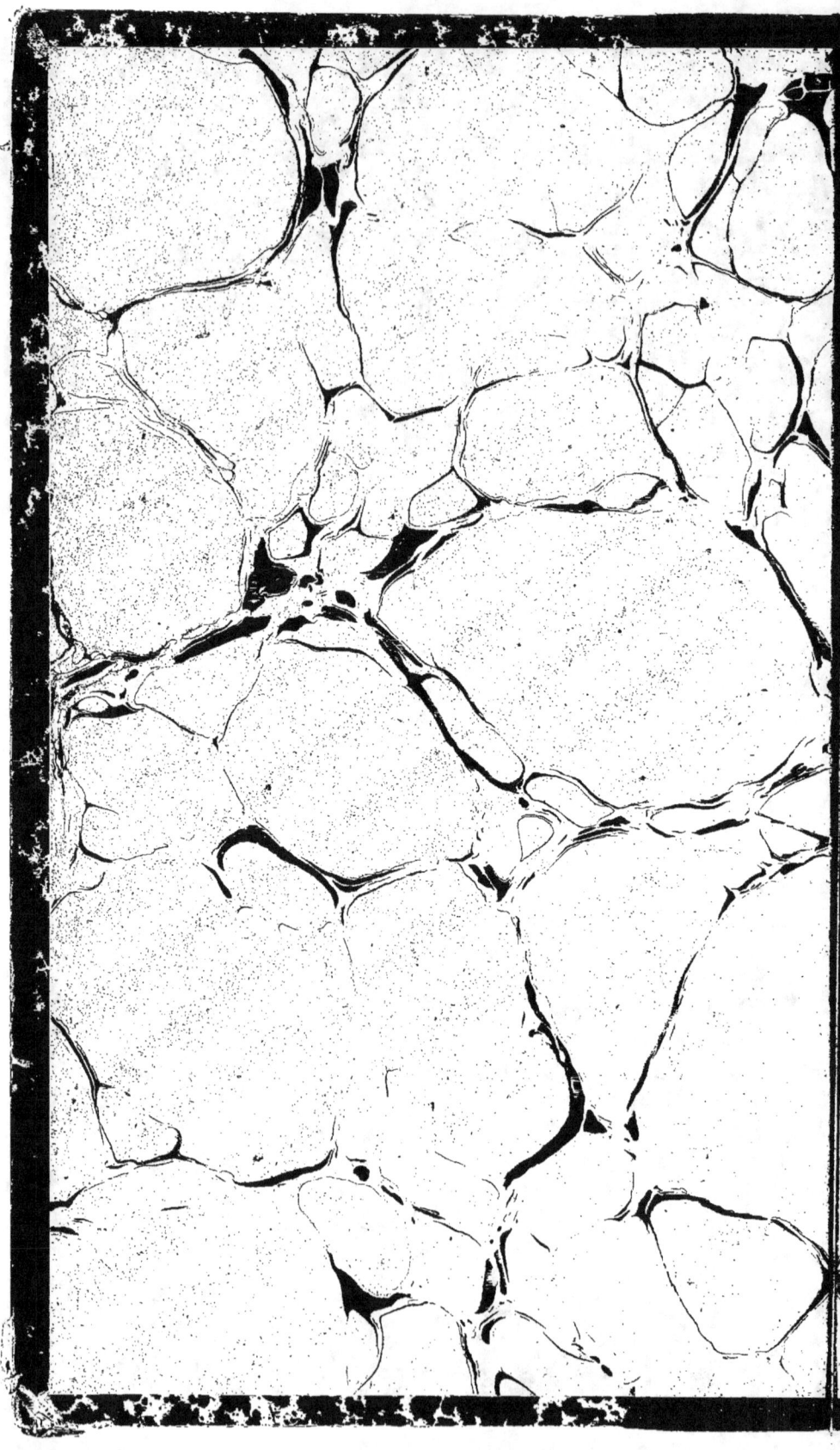

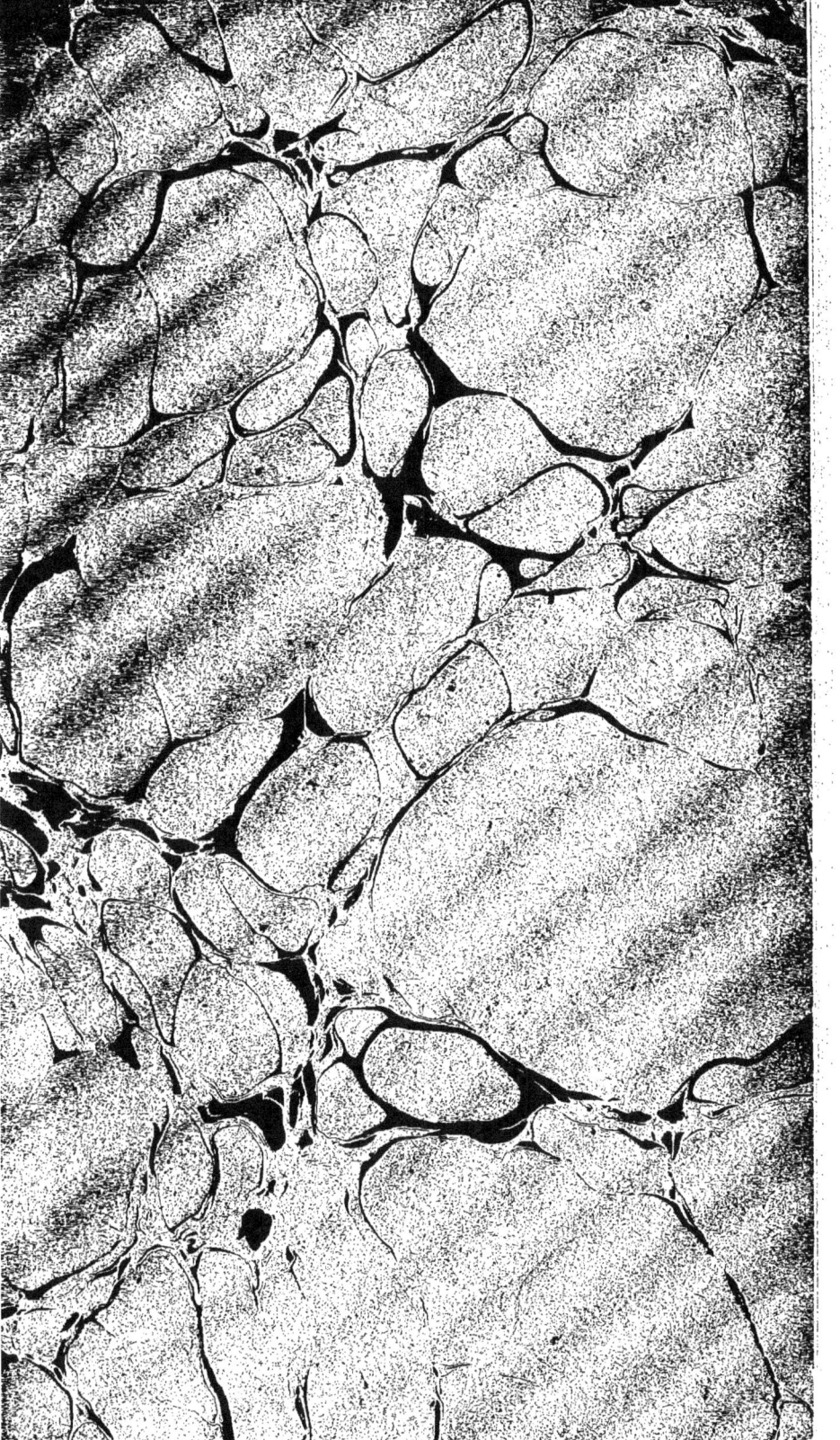

A. BARDOUX

ÉTUDES SOCIALES ET POLITIQUES

LES DERNIÈRES ANNÉES

DE

LA FAYETTE

1792-1834

PARIS
CALMANN LÉVY, ÉDITEUR
RUE AUBER, 3, ET BOULEVARD DES ITALIENS, 15
A LA LIBRAIRIE NOUVELLE
—
1893

LES DERNIÈRES ANNÉES

DE

LA FAYETTE

CALMANN LÉVY, ÉDITEUR

DU MÊME AUTEUR

Format in-8°

LE COMTE DE MONTLOSIER ET LE GALLICANISME...	1 vol.
LA COMTESSE PAULINE DE BEAUMONT............	1 —
LA BOURGEOISIE FRANÇAISE....................	1 —
MADAME DE CUSTINE............................	1 —
ÉTUDES D'UN AUTRE TEMPS.....................	1 —
LA JEUNESSE DE LA FAYETTE...................	1 —

Droits de reproduction et de traduction réservés pour tous pays,
y compris la Suède et la Norvège.

IMPRIMERIE CHAIX, RUE BERGÈRE, 20, PARIS. — 17870-9-92. — (Encre Lorilleux).

ÉTUDES SOCIALES ET POLITIQUES

LES DERNIÈRES ANNÉES
DE
LA FAYETTE
1792-1834

PAR

A. BARDOUX
DE L'INSTITUT

PARIS
CALMANN LÉVY, ÉDITEUR
ANCIENNE MAISON MICHEL LÉVY FRÈRES
3, RUE AUBER, 3

1893

AVANT-PROPOS

Ce second volume comprend toute la vie de La Fayette, depuis le jour où il sortit de France pour éviter l'échafaud, le 20 août 1792, jusqu'à sa mort, le 9 mai 1834.

Des documents, récemment publiés à Vienne et tirés des archives autrichiennes, nous ont permis d'éclairer d'un jour nouveau l'emprisonnement à Olmütz de La Fayette, de sa femme, de ses filles et de ses deux compagnons, MM. de Latour-Maubourg et Bureaux de Pusy.

Nous nous sommes attaché, dans le récit des faits qui suivent sa libération, à mettre en relief, d'après les correspondances, la véritable pensée de La Fayette, pendant les événements si dramatiques et si variés auxquels il a participé, et que nous apprécions (telle est, du moins, notre intention) avec une entière liberté d'esprit.

Nous ne dissimulons pas combien madame de La Fayette lui était nécessaire, et nous faisons une distinction dans le rôle politique du mari, entre l'époque où sa femme ne vivait plus et le temps où, tout en restant elle-même et gardant ses propres opinions, son affection passionnée et clairvoyante ne cessait de le conseiller.

Nous n'avons pas cru devoir, sur certains points historiques répétés dans tous les livres, reprendre les détails d'événements connus. Nous n'écrivons pas l'histoire de la Restauration et celle de la révolution de Juillet; mais, en relatant les faits essentiels qui se rattachent à La Fayette, nous les avons contrôlés et commentés par des lettres qui les expliquent et qui aident à mieux motiver le jugement définitif de l'histoire.

A. B.

1ᵉʳ octobre 1892.

LES DERNIÈRES ANNÉES
DE LA FAYETTE

CHAPITRE PREMIER

LA FAYETTE A OLMÜTZ

I

La Fayette a passé la frontière. Où va-t-il? Il avait d'abord songé à la Hollande. Il aurait gagné La Haye et réclamé la protection du ministre d'Amérique. Il songeait ensuite à s'installer à Rotterdam chez un de ses amis, Pierre Paulus. Mais l'influence orangiste dominait alors et toute sécurité disparaissait. L'Angleterre étant le seul pays où l'on n'eût pas le pouvoir de le faire arrêter, il penchait vers l'Angleterre [1].

Livrés à ces diverses pensées, ses amis et lui

---

1. Voir *Mémoires de La Fayette*, t. III, p. 408.

arrivèrent auprès du bourg de Bouillon, à sept lieues de la France. C'était à l'entrée de la nuit. Le feu d'une garde avancée leur apprit qu'ils étaient en présence des Autrichiens. Les chevaux étaient épuisés de fatigue et de soif et tout autour, le pays n'était pas sûr. Bureaux de Pusy fut détaché pour se mettre en rapport avec le commandant du poste et demander la permission de traverser le bourg pour continuer la route vers la Hollande. Le commandant, M. d'Harnoncourt, y donna son consentement; malheureusement, dans une rue, La Fayette fut reconnu. Il chargea alors Bureaux de Pusy de déclarer la vérité, en promettant de partir avant le jour. M. d'Harnoncourt exigea un passeport du général Moitelle, qui commandait à Namur. Bureaux de Pusy partit avec un officier autrichien, chargé de remettre les lettres du commandant.

Dès que le général eut ouvert le paquet, il poussa des cris de joie : « La Fayette ! La Fayette ! s'écriait-il ! Courez sur-le-champ pour en avertir monseigneur le duc de Bourbon. »

On juge bien que le passeport fut refusé et l'ordre expédié de transférer les officiers français à Namur, sous bonne escorte.

Il n'y eut que Rivarol qui fut plus joyeux que le général autrichien. Dans un pamphlet publié à Liège (1792), il insulte La Fayette, le calomnie et compte sur la vengeance des Princes.

Avant de partir pour Namur, les officiers arrêtés, voulant se distinguer nettement des émigrés, signaient une déclaration collective, par laquelle ils déclaraient : qu'ils ne pouvaient être considérés comme des militaires ennemis, puisqu'ils avaient renoncé à leur place dans l'armée française, et moins encore, comme cette portion de leurs compatriotes, que des intérêts, des sentiments ou des opinions, absolument opposés aux leurs, avaient portés à se lier avec les puissances en guerre avec la France ; mais comme des étrangers qui réclamaient un libre passage que le droit des gens leur assurait.

La Fayette adressait ensuite à sa femme ses

adieux et lui apprenait son arrestation (Rochefort, 21 août).

« Quelle que soit, disait-il, la vicissitude de la fortune, vous savez, mon cher cœur, que mon âme n'est pas de trempe à se laisser abattre ; mais vous la connaissez trop bien, pour n'avoir pas pitié du déchirement que j'ai éprouvé en quittant ma patrie, à laquelle j'avais consacré mes efforts, et qui eût été libre et digne de l'être, si les intérêts personnels n'avaient pas concouru à corrompre l'esprit public, à désorganiser les moyens de résistance au dehors, de liberté et de sûreté au dedans. C'est moi qui, proscrit de mon pays pour l'avoir servi avec courage, ai été forcé de traverser un territoire soumis à un gouvernement ennemi, pour fuir la France qu'il m'eût été si doux de défendre. Un parti autrichien était sur la route. Le commandant a cru devoir nous arrêter ; de là nous allons être conduits à Namur. Mais je ne puis penser qu'on y ait la mauvaise foi de retenir plus longtemps les étrangers qui, par une déclaration patriotique et intentionnelle, ont eu soin de se séparer des Français émigrés pour des opinions si opposées aux nôtres, et qui annonçaient l'intention de se rendre dans un pays neutre, la Hollande ou l'Angleterre... Vous connaissez mieux que moi la liste de tous les patriotes qui ont été massacrés soit par les Marseillais, soit par les ordres de MM. Pétion, Santerre et Danton. Il semble qu'ils se soient attachés aux hommes qui ont servi la liberté. Quant à moi, ma perte est jurée depuis longtemps; j'aurais pu, avec plus d'ambition que de morale, avoir une existence fort différente de celle-ci; mais il n'y aura jamais rien de commun entre le crime et moi. J'ai, le dernier, maintenu la Constitution que j'avais jurée.

» Vous savez que mon cœur eût été républicain, si ma raison ne m'avait pas donné cette nuance de royalisme, et si ma fidélité à mes serments et à la volonté nationale ne m'avait pas rendu le défenseur des droits constitutionnels du roi ; mais moins on a osé résister, plus ma voix s'est élevée, et je suis devenu le but de toutes les attaques.

» La démonstration mathématique de ne pouvoir plus m'opposer utilement au crime et d'être l'objet d'un crime de plus, m'a forcé de soustraire ma tête à une lutte où il était évident que j'allais mourir sans fruit.

» J'ignore à quel point ma marche pourrait être retardée ; mais je vais me rendre en Angleterre, où je désire que toute ma famille vienne me joindre. Puisse ma tante accepter aussi le voyage ! Je sais qu'on retient les familles des émigrés, mais ce sont celles des émigrés armés contre leur pays ; et moi, grands dieux ! quel monstre oserait croire que je suis dans ce cas ?...

» Je ne fais point d'excuse ni à mes enfants, ni à vous, d'avoir ruiné ma famille. Il n'y a personne parmi vous qui voulût devoir sa fortune à une conduite contraire à ma conduite. Venez me joindre en Angleterre ! Établissons-nous en Amérique ! nous y trouverons la liberté qui n'existe plus en France ; et ma tendresse cherchera à vous dédommager tous des jouissances que vous aurez perdues.

» Adieu, mon cher cœur. »

Le caractère, les sentiments, les idées politiques que La Fayette avait manifestés depuis son entrée à la Constitution, se retrouvent dans cette lettre si différente des envolées de la première heure, mais éloquente par la simplicité du cœur et toute vibrante encore des répugnances invincibles qui séparent en deux camps les amis de la Révolution. Il était loin de prévoir alors la suite d'infortunes qui l'attendaient et qui auraient accablé une âme moins forte que la sienne.

Les prisonniers furent conduits de Namur à Nivelle ; et là, gardés avec soin.

La Fayette put écrire à sa tante madame de Chavaniac et à M. de La Rochefoucauld. Mais cette dernière lettre ne parvint pas à son vertueux ami. L'amour de la liberté, si constant et si pur chez La Rochefoucauld, n'avait pu à Gisors sauver sa tête des mains des assassins [1].

Pendant le séjour à Nivelle, le gouvernement autrichien donna l'ordre de s'emparer du trésor de guerre qu'on supposait emporté par La Fayette. Il fit observer froidement « que sans doute leurs Altesses Royales sentaient qu'elles l'eussent emporté à sa place ». Pendant qu'il riait avec ses compagnons de cette injure, les commissaires, un peu confus, reconnaissaient qu'en défalquant le prix des chevaux vendus depuis leur arrestation, les prisonniers possédaient, entre eux tous, la valeur de deux mois d'appointements. On sépara les captifs en trois parties : ceux qui n'avaient pas servi dans la garde nationale furent relâchés, avec défense de rester dans le pays ; les aides de camp de La Fayette furent enfermés dans la citadelle d'Anvers et n'en sortirent qu'au bout de deux mois ; La Fayette et ses trois anciens collègues à l'Assemblée natio-

---

1. Voir *Mémoires de La Fayette*, t. III, p. 411.

nale, Bureaux de Pusy, de Latour-Maubourg et Alexandre de Lameth, furent conduits à Luxembourg. Au moment du départ, le général ne put embrasser que son aide de camp Romeuf. Il le chargea de publier, après sa mort, cet écrit, témoignage de ses inébranlables convictions politiques :

« J'avais bien prévu que si je tombais entre les mains des gouvernements arbitraires, ils se vengeraient de tout le mal que je leur ai fait ; mais, après avoir défendu contre les factieux, jusqu'au dernier instant, la Constitution libre et nationale de mon pays, je me suis abandonné à mon sort, pensant qu'il valait mieux périr par la main des tyrans que par les mains égarées de mes concitoyens. Il fallait surtout éviter qu'un grand exemple d'ingratitude nuisît à la cause du peuple, auprès de ceux qui ignorent qu'il y a plus de jouissances dans un seul service rendu à cette cause, que toutes les vicissitudes personnelles ne peuvent causer de peines. »

Huit jours après, les quatre prisonniers furent conduits à Wezel. Il avait été tenu, relativement à leur sort, un conseil de guerre auquel assistait le baron de Breteuil, représentant des princes émigrés. On y convint que l'existence de La Fayette était incompatible avec la sûreté des gouvernements de l'Europe.

Pendant trois mois, les prisonniers, gardés à vue, furent privés de toutes nouvelles et à ce point séparés les uns des autres que, Latour-Maubourg, ayant été informé, par l'indiscrétion de l'un des geôliers, d'une sérieuse indisposition de La Fayette, demanda qu'il fût permis au plus intime ami qu'il eût au monde, de recueillir son dernier soupir. On lui répondit que cela ne se pouvait pas. Peu de temps après, le commandant de la forteresse et un commissaire auditeur se transportèrent auprès de La Fayette, et l'invitèrent, au nom du roi de Prusse, à donner des conseils contre la France, s'il voulait améliorer son sort. « — Le roi de Prusse est bien impertinent, » répondit le prisonnier en haussant les épaules.

On le conduisit, avec Latour-Maubourg et Pusy, de Wezel à Magdebourg, où ils furent détenus pendant un an jusqu'à la fin de janvier 1794. Quant à Alexandre de Lameth, il passa graduellement à l'état de liberté, qui lui fut accordé au bout de peu de mois[1].

Les dépêches tirées des archives de Vienne établissent cependant que La Fayette avait conservé quelques sympathies à Berlin, grâce à la princesse Wilhelmine et au prince Henri de Prusse. Dès le commencement de l'année 1794, ils obtinrent que le gouvernement déclarât qu'il ne voulait pas supporter plus longtemps les « désagréments de l'arrestation de La Fayette ». Frédéric-Guillaume II commençait à parler ouvertement de la haine de l'Autriche contre le prisonnier. Le 15 février 1794, le ministre Thugut présente un rapport à l'empereur François, dans lequel il rappelle,

---

1. *La Fayette en Autriche*, par Max Büdinger, Wien 1878.

en termes formels, le désir maintes fois manifesté par la cour de Prusse, de se débarrasser de la surveillance de La Fayette et de ses compagnons.

Pendant que les négociations pour le transfert des prisonniers en Autriche traînent en longueur, revenons à madame de La Fayette que nous avons laissée en France.

Elle était restée à Chavaniac, auprès de sa tante; sa mère, la duchesse d'Ayen, et sa sœur, la vicomtesse de Noailles, étaient venues partager sa solitude. Ce repos d'esprit n'avait pas duré longtemps. Il avait fallu se séparer, et Adrienne avait dit adieu (c'était le dernier) à sa mère et à sa sœur, obligées de retourner à Paris. Sa fille aînée, bien qu'elle n'eût que quatorze ans, lui procurait quelques consolations. La lettre de son mari à l'Assemblée, son apparition courageuse à la barre, lui avaient apporté « toutes les jouissances qu'elle était accoutumée à trouver dans sa conduite ».

Bientôt après, il l'avait engagée à venir le joindre à l'armée. Elle craignit que, dans l'effervescence des esprits, son déplacement ne servît de prétexte aux calomnies, ou ne gênât l'action de son mari. Elle se sacrifia encore une fois.

C'est à Chavaniac qu'elle apprit tous les événements qui suivirent, et d'abord le 10 Août, et comment son père, le duc d'Ayen, et son beau-frère, le duc de Gramont, qui étaient aux Tuileries pour défendre le roi, avaient échappé aux dangers de cette journée, et enfin la résistance de son mari à Sedan. Le 24 août, elle recevait de sa sœur, madame de Noailles, un billet qui lui apprenait que La Fayette était hors de France.

L'ivresse de sa joie fut égale à son désespoir des jours précédents. Par un pressentiment qui tenait à sa perspicacité, elle brûla ou cacha les papiers compromettants; le 10 septembre 1792, le château fut investi à huit heures du matin. Un commissaire nommé Aulagnier, juge de paix au Puy, lui présenta un arrêté du Comité de sûreté générale, et une lettre de Roland, ministre de l'intérieur, qui ordonnaient de la conduire à Paris avec ses enfants [1].

Madame de La Fayette ne montra aucun effroi ; elle donna immédiatement les ordres du départ ; et, comme Aulagnier ouvrait son secrétaire et s'emparait des lettres du général :

« Vous y verrez, monsieur, dit-elle, que s'il y avait eu des tribunaux en France, M. de La Fayette y eût apporté sa tête, bien sûr qu'il ne se trouverait pas une action de sa vie qui pût le compromettre aux yeux des vrais patriotes.

» — Les tribunaux, aujourd'hui, madame, dit Aulagnier, sont l'opinion publique. »

Madame de Chavaniac, quoique âgée de soixante-treize ans, déclara qu'elle ne se séparerait pas de sa nièce. On arriva sans accident au Puy, malgré des cris furieux et des pierres lancées dans la voiture. Les membres du Di-

---

1. Voir procès-verbal du commissaire Aulagnier.

rectoire du département furent immédiatement convoqués. Madame de La Fayette déclara qu'elle se plaçait avec confiance sous leur protection, parce qu'elle voyait en eux l'autorité du peuple et qu'elle la respectait. Elle demanda ensuite que les lettres de son mari fussent copiées avant d'être envoyées à Paris et qu'une copie lui fût remise. Elle sollicita même la permission de lire tout haut ces lettres, et quelqu'un ayant manifesté la crainte que cette lecture ne lui fût pénible : « Au contraire, monsieur, reprit-elle, les sentiments qu'elles expriment me soutiennent et sont ma consolation. »

Cette lecture achevée et les copies terminées, elle démontra l'injustice de sa détention, et conclut en disant que si l'on persistait à la retenir comme un otage, le Directoire lui rendrait un grand service en obtenant qu'on lui laissât Chavaniac pour prison, et elle offrait sa parole de n'en point sortir. M. de Montfleury, président du Directoire du département, présenta cette requête à Roland, ministre de l'intérieur. Madame de La Fayette joignit à cette dépêche une lettre qu'elle écrivit à Brissot, qu'elle connaissait, lettre tout empreinte de la courageuse fierté de son âme[1] :

« Au Puy, 12 septembre 1792.

» Monsieur, je vous crois réellement fanatique de liberté; c'est un honneur que je fais en ce moment à bien peu de personnes. Je n'examine pas si ce fanatisme, comme celui de la religion, agit ordinairement contre son objet, mais je ne saurais me persuader qu'un ami zélé de l'affranchissement des noirs puisse être un suppôt de la tyrannie; je pense que si le but de votre parti vous passionne, du moins ses moyens vous répugnent. Je suis sûre que vous estimez, je dirais presque que vous respectez M. de La Fayette, comme un ami courageux et fidèle de la liberté; lors même que vous le persécutez, parce qu'il a des opi-

1. *Vie de madame de La Fayette*, par madame de Lasteyrie, p. 243.

nions contraires aux vôtres sur la manière dont elle peut être affirmée en France, soutenue par un courage tel que le sien et par une fidélité inébranlable, ses serments peuvent s'opposer au parti que vous avez embrassé et à votre nouvelle Révolution. Je crois tout cela, et c'est pourquoi je m'adresse à vous, dédaignant de m'adresser à d'autres. Si je me trompe, mandez-le-moi, ce sera la dernière fois que je vous importunerai. »

Après avoir raconté son arrestation et ce qui s'est passé devant le Directoire du département, madame de La Fayette ajoute :

« J'ignore quelle sera la réponse de M. Roland. Il est aisé de voir que si elle est dictée par la justice, elle me rendra ma liberté indéfinie. Si elle est selon le vœu de mon cœur, elle me permettra de me réunir à mon mari, qui me demande en Angleterre, dès qu'il sera délivré de sa captivité, afin que nous allions ensemble nous établir en Amérique, aussitôt que le voyage sera praticable. Mais si on veut absolument me retenir en otage, on adoucirait ma prison en me permettant de la choisir à Chavaniac, sur ma parole et sous la responsabilité de la municipalité de mon village. Si vous voulez me servir, vous aurez la satisfaction d'avoir fait une bonne action, en adoucissant le sort d'une personne injustement persécutée, et qui, vous le savez, n'a pas plus de moyens que d'envie de nuire.

» Je consens à vous devoir ce service.

» NOAILLES-LA FAYETTE. »

Nous ne voulons pas refaire, après madame de Lasteyrie, le récit des souffrances de sa mère pendant la Terreur; nous ne pouvons que renvoyer à un livre touchant par sa simplicité et son éloquence sans apprêt. Nous ne citerons que quelques-uns des traits qui font le mieux connaître l'âme héroïque et profondément religieuse de madame de La Fayette.

Le Directoire du département avait décidé

que la commune d'Aurat fournirait chaque jour six hommes pour monter la garde à Chavaniac. — « Je déclare, dit-elle, que je ne donne plus la parole que j'ai offerte, si l'on met des gardes à ma porte. Choisissez entre les deux sûretés, je ne cumule pas ma parole avec des baïonnettes. » La garde fut supprimée, et la municipalité d'Aurat dut rendre compte tous les quinze jours, de la présence de madame de La Fayette.

Avant de se rendre à la prison volontaire de Chavaniac, elle écrivait encore à Brissot :

« Après tout ce que votre crédit a fait, après tout ce que vous osez depuis quelque temps avec courage contre une faction meurtrière, je ne puis croire que vous ne puissiez et que vous ne vouliez obtenir du Comité la révocation entière de son arrêté. Il fut pris à une époque où il craignait que l'opinion de M. de La Fayette ne pût soutenir quelques citoyens dans la fidélité à la constitution; je ne puis croire que vous n'obteniez pas que l'ordre de M. Roland, qui ne s'appuie que sur cet arrêté, soit aussi révoqué et que ma liberté me soit rendue tout entière. Il est impossible qu'un certificat de résidence dans les fers des ennemis, pour s'être dévoué à la cause de la liberté, ne vaille pas à la femme de La Fayette les avantages que vaudrait à la femme d'un artiste le certificat qui répondrait qu'il voyage pour s'instruire de son art... Laissez les ennemis étrangers assouvir leur haine contre un sincère ami de la liberté, ne vous unissez pas à eux pour le persécuter dans ce qui lui est cher. »

Le mari d'une de ses anciennes femmes de chambre, M. Beauchet, commis à la liquidation de la dette, allait et venait de Chavaniac à Paris, portant les lettres de madame de La Fayette. Il avait même communiqué aux ministres une lettre d'elle au duc de Brunswick, le suppliant, comme chef des armées coalisées, d'ordonner la mise en liberté de son mari.

Elle alla plus loin, sur le conseil de

M. Morris, ministre des États-Unis à Paris, elle s'adressa au roi de Prusse : « Sire, lui disait-elle, dans l'ignorance affreuse où je suis depuis cinq mois, des nouvelles de M. de La Fayette, je ne puis plaider sa cause; mais il me semble que ses ennemis et moi, parlons éloquemment en sa faveur, les uns par leurs crimes, l'autre par l'excès de sa douleur. Les uns prouvent sa vertu et combien il est redouté des méchants; moi, je montre combien il est digne d'être aimé. »

Ayant lu dans un journal une lettre de Klopstock où le nom de La Fayette était prononcé avec bienveillance, elle s'empressa de lui écrire. Elle profita du départ de deux plâtriers italiens qui retournaient chez eux, pour faire parvenir quelques lettres. Ainsi, d'après le conseil de Gouverneur Morris qui ne cessa pas d'être bon, elle fit appel au cœur de la princesse d'Orange, sœur du roi de Prusse; madame de La Fayette reçut une réponse polie qui mit du baume sur ses blessures.

A la fin de mars 1793, la trahison de

Dumouriez amena une recrudescence dans les persécutions. Les papiers de Chavaniac furent de nouveau visités, sans qu'on y pût trouver rien de suspect. La mission du représentant du peuple Lacoste donna lieu à de nouvelles inquiétudes. Il avait dit, en passant à Aurat, qu'il fallait arrêter la citoyenne La Fayette. Elle crut utile d'aller le trouver à Brioude.

« J'ai appris, monsieur, lui dit-elle, qu'il est question d'emprisonner tous les ci-devant nobles, à l'occasion de la trahison de M. Dumouriez; je viens vous déclarer que si, en toute circonstance, je serais charmée d'être la caution de M. de La Fayette, je ne puis l'être en aucune manière, de ses ennemis. D'ailleurs, ma vie et ma mort sont fort indifférentes à M. Dumouriez. On ferait mieux de me laisser dans ma retraite.

— Citoyenne, répondit Lacoste, ces sentiments sont dignes de vous.

— Je ne m'embarrasse pas, monsieur, répliqua-t-elle, de savoir s'ils sont dignes de moi, je désire seulement qu'ils soient dignes de M. de La Fayette. »

Les nouvelles de Paris la tenaient dans une agitation continuelle. La journée du 31 mai, en assurant le triomphe des jacobins, aggrava sa situation. Il y eut cependant un rayon de soleil dans ses nuits de douleur et d'angoisses mortelles. Elle reçut, par l'entremise du ministre des États-Unis, des nouvelles. Son mari lui écrivait de Magdebourg :

« Les cinq objets de ma tendresse sont donc toujours réunis à Chavaniac, mon cher cœur, et dans un état de tranquillité qu'ils méritent trop bien, pour que j'osasse l'espérer! J'étais sûr que, d'un autre côté, le désir même d'obtenir ma liberté ne vous arracherait aucune démarche, ni aucune expression qui ne fût pas digne de vous; mais la manière dont vous m'en parlez répond tellement à mon cœur, que j'ai besoin de vous en remercier. Je vous ai associée à des destinées fort agitées et actuellement fort tristes; mais je sais que vous trouvez quelque douceur à penser que votre tendresse et votre estime sont au premier rang des souvenirs de ma vie, des consolations de ma captivité solitaire et des épreuves d'un avenir qui, s'il me rend à ma famille, m'en laissera jouir plus que jamais.

» Je continue à être content de ma santé et particulièrement de ma poitrine, malgré le régime inverse de ce qu'il lui faudrait. Pendant une heure chaque jour, on me tire de mon trou pour avaler un peu d'air extérieur; j'ai des livres.....

» Adieu, mon cher cœur, je vous conjure tous de ne pas vous abandonner à des idées trop affligeantes, de vous occuper de l'espérance de nous revoir. Il m'est impossible de croire que mon étoile soit tout à fait éteinte, puisque ma pauvre tante, par un miracle de tendresse, a eu la force de résister à ce nouveau choc. Je l'embrasse de tout mon cœur, ainsi qu'Anastasie, Georges, Virginie et M. Frestel, qui est bien aussi de la famille.

» Adieu, adieu, je vous embrasse et je vous chéris de toute mon âme. »

Le désir d'aller le rejoindre fut plus violent que jamais dans l'âme de madame de La Fayette. Elle ne voulait cependant tenter de se séparer de madame de Chavaniac que lorsqu'elle aurait assuré son sort et payé quelques dettes urgentes. Elle s'adressa à M. Morris, qui répondit de la manière la plus généreuse, lui offrant avec délicatesse l'argent nécessaire, et ajoutant que, si les circonstances lui faisaient perdre ce qu'il avançait, les Américains en répondraient. Les créanciers de La Fayette furent ainsi payés. Tandis qu'à ce moment de la Révolution, beaucoup de femmes d'émigrés crurent nécessaire à la conservation de la fortune de leurs enfants et à leur sûreté personnelle, de faire acte de divorce ; chez madame de La Fayette, la conscience fut supérieure à toute autre considération. Elle n'adressait pas une demande, ne présentait pas une pétition, sans éprouver de la fierté à commencer tout ce qu'elle écrivait par ces mots : *La femme La Fayette*.

Les biens de son mari furent mis en vente ; elle alla protester « au district, contre l'injustice que l'on commettait en appliquant les lois sur l'émigration à celui qui, dans ce moment, était prisonnier des ennemis de la France ». Sa foi religieuse, très sincère, ne l'abandonnait pas, au milieu des épreuves ; malgré les dénonciations, elle rassemblait, chaque dimanche, les femmes pieuses du village, et leur parlait de la vie future ; indifférente à ses droits seigneuriaux, elle se prêta « au triage des papiers entachés de féodalité ». Ces papiers furent emportés avec les bustes du roi et de Mirabeau, et anéantis. C'étaient les préliminaires de son arrestation. Le Comité révolutionnaire l'avait décidée.

Madame de La Fayette fut enfermée à la maison d'arrêt de Brioude. Sa tante, décrétée comme elle d'arrestation (janvier 1794), fut, à cause de son grand âge, laissée à Chavaniac. M. Frestel réussit à gagner le geôlier, et put, une ou deux fois, amener à la prisonnière ses enfants. Son courage était la ressource de tous ceux qui l'environnaient. Une seule pensée la plongeait dans une profonde affliction : elle venait d'apprendre que sa mère, la duchesse d'Ayen, sa sœur, la vicomtesse de Noailles, et sa grand'mère la maréchale, avaient été enfermées à la prison du Luxembourg.

On était à la fin de mai 1793, lorsque l'ordre de la conduire à la prison de La Force, à Paris, parvint à Brioude. M. Frestel, l'ancien précepteur de La Fayette, emporta les petits bijoux des servantes de la maison, qui les offraient, afin de les vendre, pour éviter à madame de La Fayette le transport en charrette, de brigade en brigade. Elle put dire adieu à ses plus jeunes enfants, leur faire ses dernières recommandations; elle leur fit promettre, si elle mourait, de chercher tous les moyens possibles pour retrouver leur père. Sa fille aînée, Anastasie, était allée au Puy pour obtenir du représentant Guyardin la permission d'accompagner sa mère. Il refusa, en mêlant des plaisanteries grossières à son refus. M. Frestel suivait la voiture, la plupart du temps à pied.

Madame de La Fayette arriva à Paris le 19 prairial, la veille de la fête de l'Être suprême. Elle fut déposée à la Petite-Force. Madame Beauchet, son ancienne femme de chambre, prévenue par le conducteur, venait tous les deux jours à la porte de la prison. Elle s'assurait au guichet que son ancienne maîtresse vivait encore, et elle l'écrivait à ses enfants. L'histoire de la Révolution est pleine de ces dévouements obscurs qui relèvent la nature humaine et qui, à travers les crimes, n'ont jamais fait désespérer de sa grandeur. C'étaient les paysans de Chavaniac qui nourrissaient les jeunes enfants de La Fayette et leur vieille tante. On avait fait vendre le château et les meubles ; madame de Chavaniac ne put racheter que son lit ; elle n'eut même pas la consolation de garder le portrait de son père, suspendu à son chevet depuis la bataille de Minden.

Au bout de quinze jours, madame de La Fayette fut transférée au Plessis, l'ancien collège où son mari avait été élevé, et qui avait été transformé en prison. Elle y trouva sa cousine, la duchesse de Duras, et fut accueillie par elle de la manière la plus touchante[1].

Depuis la loi du 22 prairial, le Tribunal révolutionnaire faisait exécuter soixante personnes par jour; madame de La Fayette voyait chaque matin partir du Plessis quinze prisonniers pour l'échafaud. « L'idée qu'on sera bientôt de ce nombre, disait-elle, rend plus ferme pour un pareil spectacle. » Elle fit alors son testament. Nous y lisons ces lignes, où l'image de son mari est toujours présente et où la vigueur de son âme puritaine s'est gravée en traits ineffaçables : « Je pardonne de tout mon cœur à mes ennemis, si j'en ai, à mes persécuteurs, quels qu'ils soient, et même aux persécuteurs de ceux que j'aime, je prie Dieu de les combler de biens et de leur par-

---

[1]. Voir *Mes Prisons*, par la duchesse de Duras.

donner, comme je leur pardonne. Seigneur, en vous priant pour nos persécuteurs aussi sincèrement que votre grâce me l'inspire, vous ne rejeterez pas mes prières pour ce qui m'est cher, et vous nous traiterez selon la grandeur de vos miséricordes. Ayez pitié de moi, ô mon Dieu! — Je déclare que je n'ai cessé d'être fidèle à ma patrie, que je n'ai jamais pris part à aucune intrigue qui pût la troubler, que mes vœux les plus sincères sont pour son bonheur, que les principes de mon attachement pour elle sont inébranlables, et qu'aucune persécution, de quelque part qu'elle vienne, ne peut les altérer. Un modèle bien cher à mon cœur me donne l'exemple de ces sentiments. — Je remets, mes chers enfants, je remets mon âme entre vos mains!... Ayez pitié de moi, ô mon Dieu! »

Madame de La Fayette passa ainsi cinquante jours, attendant la mort. On parvint à lui cacher que sa mère, sa sœur et sa grand'mère, la maréchale de Noailles, trois générations, avaient été immolées le 4 thermidor. Quelques jours après, Robespierre tombait enfin. Le nouveau Comité de sûreté générale, composé des Thermidoriens, chargea vers la fin de fructidor (septembre 1794), les représentants Bourdon de l'Oise et Legendre de visiter les prisons du Plessis et de décider du sort des prévenus. Tous furent délivrés, même madame de Duras.

Madame de La Fayette comparut la dernière. On n'osa pas l'annoncer tout haut, comme on avait fait pour les autres. Ce fut à elle à dire un nom dont elle était accoutumée à se glorifier. Les représentants du peuple décidèrent que son mari avait trop évidemment trahi pour qu'ils prissent sur eux de statuer, et qu'elle n'avait qu'à envoyer ses papiers au comité. Elle pria les commissaires de les présenter eux-mêmes. « Vous ne parliez pas ainsi, lui répondit Legendre, quand vous étiez si insolente avec vos aides de camp. »

M. Monroë, qui avait remplacé Gouverneur Morris comme ministre des États-Unis, s'empressa d'aller la visiter, et de solliciter, mais sans succès, sa délivrance. La prisonnière fut transférée rue Notre-Dame-des-Champs. Le Père Carrichon, le digne prêtre qui avait accompagné jusqu'au pied de l'échafaud madame de Noailles, s'introduisit, comme menuisier, dans la maison de détention. Il vint apporter à madame de La Fayette des consolations et lui faire le récit des derniers moments de sa mère, de sa grand'mère et de sa sœur.

Qui n'a lu dans la vie de madame d'Ayen la relation du Père Carrichon, ce violent orage qui éclate au passage des charrettes et qui faisait chanceler, sur sa misérable planche sans dossier, la vieille maréchale, dont le bonnet, soulevé par le vent, laissait passer les cheveux gris ? Qui ne suit des yeux, sous ce ciel noir, traversé d'éclairs, madame d'Ayen et sa fille, s'inclinant sous la prière du courageux prêtre qui les accompagnait, sous un déguisement ? Et qui ne voit monter à l'échafaud madame la maréchale, dont il fallut échancrer le haut de la robe pour lui découvrir le cou ; et la duchesse d'Ayen, dont le bourreau arracha le bonnet retenu par une épingle et une poignée de cheveux ; enfin Louise, sa fille, en robe blanche, dont la chevelure fut aussi profanée, et disant à un jeune homme montant avant elle les degrés du supplice, et qui blasphémait : « De grâce, monsieur, prononcez le mot de pardon ? »

Cette journée du 22 juillet 1794 avait enlevé à madame de La Fayette tout désir de vivre. Que lui importaient les souffrances physiques, dans sa chambre sans feu durant le rude hiver de 1795 ? Enfin, grâce au zèle persévérant de M. Monroë, grâce au dévouement de madame de Duras, qui arracha l'adhésion de Legendre en allant le voir à sa toilette, l'élargissement de la prisonnière fut signé le 2 pluviôse (22 janvier).

Son premier soin en sortant de prison fut d'aller remercier M. Monroë et le prier de compléter son ouvrage en obtenant un passeport pour elle et sa famille. Elle n'avait qu'un but, rejoindre son mari, dont elle ne recevait plus de lettres et régler le sort de son fils. Son bon sens la détermina à envoyer Georges en Amérique. Elle était sûre que c'était la pensée de M. de La Fayette. M. de Ségur procura à cet enfant, par l'intermédiaire de Boissy d'Anglas, un passeport sous le nom de Motier M. Frestel en obtint un autre sous le nom de Russel; madame de La Fayette lui remit une lettre pour Washington.

« Monsieur, disait-elle, je vous envoie mon fils .. Celui qui vous remettra cette lettre a été depuis nos malheurs notre appui, notre ressource, notre consolation, le guide de mon fils... C'est aux soins généreux de cet ami que mes enfants doivent la conservation de la vie de leur mère... Mon vœu est que mon fils mène une vie très obscure en Amérique; qu'il y reprenne des études que trois ans de malheurs ont interrompues, et qu'éloigné des lieux qui pourraient ou abattre ou indigner trop fortement son âme, il puisse travailler à se rendre capable de remplir les devoirs d'un citoyen des États-Unis, dont les sentiments et les principes seront toujours d'accord avec ceux d'un citoyen français... Je supplie M. Washington d'agréer avec bonté l'hommage de ma confiance, de mon respect et de mon dévouement. »

Au moment où elle se séparait de Georges, elle trouva des forces dans la conviction que c'eût été l'avis de son mari. Pour se refaire le cœur, elle passa avec ses filles quelques jours à Chavaniac, racheté par sa tante, grâce à la vente des diamants que madame de Gramont avait mis à sa disposition. Cette sœur adorée était venue avec son mari à pied de Franche-Comté, en passant par Paris, pour revoir en Auvergne madame de La Fayette. C'est à peine croyable. Ils évitaient ainsi de rencontrer les Terroristes dans les voitures publiques ; et, comme ils n'avaient pas assez d'argent pour aller en poste, ils amenaient leurs trois petits enfants qu'on avait placés dans des paniers, suspendus aux flancs d'un cheval.

Madame de La Fayette repartit bientôt pour

Paris, afin de prendre le passeport si désiré, que le crédit de son oncle, M. de Ségur, lui faisait obtenir. En attendant, elle prit possession des biens que sa mère possédait en Brie et qu'un décret venait de restituer aux héritiers des condamnés. Elle pourvut au sort de toutes les personnes dont elle était la ressource.

Enfin ce passeport fut délivré. Ses deux filles et elle partirent sur-le-champ pour Dunkerque et s'embarquèrent le 5 septembre pour Hambourg sur un bâtiment américain. Après huit jours de navigation, madame de La Fayette arrivait à Altona, où habitait sa sœur, madame de Montaigu, et leur tante, madame de Tessé. Les *Mémoires* de madame de Montaigu qu'a rédigés M. Callet donnent sur cette réunion douloureuse des détails émouvants[1]. « Ses malheurs avaient beaucoup changé madame de La Fayette, mais on voyait encore dans ses traits, sous la marque de ses souf-

1. *Anne-Paule-Dominique de Noailles, marquise de Montaigu*, par Auguste Callet, Rouen, 1859, 1 volume.

frances, un calme surprenant, et avec cela un air de résolution qui avait quelque chose d'étrange et de tout à fait imposant. » Les deux sœurs étaient si émues qu'elles furent longtemps sans pouvoir se parler; elles connaissaient l'une et l'autre la journée du 22 juillet, et dans leur silence, coupé de larmes, elles ne pouvaient en détacher leurs pensées.

II

Depuis son arrestation, La Fayette avait trouvé dans la princesse d'Hénin une admirable amie. Elle s'était réfugiée en Angleterre. La plupart des lettres que le général put écrire, pendant la première partie de sa captivité, lui furent adressées, et c'était elle qui s'efforçait de faire parvenir à tous des nouvelles et des consolations. Remplir une pareille mission, dans des temps si troublés, était plus que difficile et compromettant.

Sa correspondance avec la princesse d'Hénin montre bien l'état d'âme du prisonnier, son énergie morale et sa tendresse pour ceux qui l'aimaient. Ce qu'était la prison de Magdebourg est indescriptible. Imaginez une caverne pratiquée sous le rempart de la citadelle, et entourée d'une haute et forte palissade. Après avoir ouvert quatre portes armées de chaînes, cadenas, barres de fer, on parvenait, non sans peine et sans bruit, à un cachot large de trois pas et long de cinq et demi. Le mur du côté du fossé était moisi par l'humidité; celui du devant laissait voir un peu de jour par une fenêtre grillée. Le prisonnier avait quelques livres, dont on avait déchiré les feuillets blancs. Ni encre, ni plume, ni papier. Il avait pu cacher une feuille et il écrivait avec un cure-dent et du noir délayé dans du vinaigre. La fièvre et l'insomnie le rongeaient[1].

---

1. *Correspondance*, t. IV, pp. 220 et suivantes.

Quelques soins que missent les geôliers à le priver de toutes nouvelles, il avait appris l'abominable meurtre de La Rochefoucauld, et ce qu'il appelle *l'assassinat du roi* : « Vous sentez, disait-il, avec quelle ardeur j'attends les nouvelles de ma famille et les vôtres. Je vous recommande surtout une discrétion inviolable ! Il y va de la fortune et de la vie de quiconque, soumis à ce gouvernement, se serait dévoué pour nous être utile. » Mais les sentiments politiques de La Fayette, en ces douloureux moments, sont plus nettement exprimés, dans une éloquente lettre écrite de ce cachot de Magdebourg le 27 mars 1793, à M. d'Archinholz, rédacteur à Hambourg, d'un journal intitulé *la Minerve*, et auteur distingué d'un ouvrage sur la guerre de Sept ans. M. d'Archinholz avait rendu justice à la conduite politique de La Fayette et lui avait donné une publique approbation.

Après l'avoir remercié, après avoir rappelé qu'il avait déplu aux Jacobins, en blâmant leur usurpation des pouvoirs, La Fayette ajoute:

« Quant à mes rapports avec le roi, j'eus toujours son estime, jamais sa confiance, surveillant incommode pour lui, haï de ses entours, je cherchais à lui inspirer des sentiments et des démarches utiles à la Révolution, à garantir ses jours et sa tranquillité. Lorsque après son évasion, l'Assemblée constituante lui offrit de nouveau la royauté, je crus devoir unir ma voix à la presque unanimité des votants de ce décret, j'ai depuis réclamé contre la licence qui menaçait sa personne et arrêtait l'exécution des lois ; je proposais enfin, mais bien inutilement, qu'avec l'aveu de l'Assemblée et une garde patriote, il allât à Compiègne mettre ses jours en sûreté, manifester sa bonne foi, et par là peut-être assurer la paix ! La dernière fois que je le vis, il me dit en présence de la reine et de sa famille, que la constitution était leur salut, que lui seul la suivait. Il se plaignit de deux décrets inconstitutionnels, de la conduite du ministère jacobin relativement à l'armée et souhaita que les ennemis fussent battus. Vous parlez, monsieur, de sa correspondance avec eux; je l'ignore encore; mais d'après ce que j'ai pu apprendre de son horrible procès, je pense que jamais le droit naturel et civil, la foi nationale, l'intérêt public, ne furent violés avec tant d'impudeur. »

Et, après s'être ainsi exprimé en toute liberté d'esprit sur ses rapports avec Louis XVI, il terminait cette précieuse lettre par ces mots qui aident à connaître son caractère!

« Dans la sincérité de mon cœur, je vous lègue, monsieur, cette consolante vérité : il y a plus de jouissance dans un seul service rendu à la cause de l'humanité, que la réunion de tous ses ennemis et l'ingratitude même des peuples ne peuvent jamais causer de tourments. »

C'est dans ses lettres à madame d'Hénin que nous suivons les combats qui se livraient dans l'âme de La Fayette au fur et à mesure que les crimes de la Terreur lui étaient révélés.

La jouissance que lui donnait un rayon de soleil qu'il put savourer une heure par jour, d'après l'ordre du médecin, le bonheur qu'il éprouva en revoyant l'écriture de sa femme, en apprenant des nouvelles de sa famille, de ses amis, ne pouvaient distraire sa pensée des échafauds qui restèrent dressés dans cette lugubre année 1793[1]. Mais de tous les meurtres, il en était un qui revenait sans cesse à son esprit : « le nom de mon malheureux ami La Rochefoucauld, s'écriait-il, se présente toujours à moi... Ah! voilà le crime qui a profondément ulcéré mon cœur! » Et nous trouvons pour la première fois en lui, la trace de ce désenchantement qui saisit toujours à certaines heures les hommes publics qui ont le plus donné aux autres leur pensée et leur âme. La Fayette écrit, en se rappelant l'assassinat de Gisors, ces mots mélancoliques : « La

---

[1]. *Lettres à la princesse d'Hénin*, correspondance, t. IV, juin et juillet 1793.

cause du peuple ne m'est pas moins sacrée ; je donnerais mon sang goutte à goutte pour elle ; *mais le charme est détruit.* » Et dans une autre lettre à la princesse d'Hénin, nous lisons sous une forme différente l'expression du même sentiment : « L'injustice du peuple, sans diminuer mon dévouement à cette cause, a détruit pour moi *cette délicieuse sensation du sourire de la multitude.* » Il ne faut pas toujours croire sur parole ces adorateurs de popularité. Ce sont des amoureux. Le charme renaît à la première occasion, et La Fayette septuagénaire, se retrouvant en face de l'objet de sa passion, se remettra à croire à ses caresses avec la même crédulité qu'autrefois.

S'il avait reçu dans sa prison des nouvelles de sa femme et de ses enfants, c'était grâce à l'intervention du gouvernement des États-Unis. Washington entreprit pour la délivrance de son ami, auprès du roi de Prusse et de l'empereur d'Autriche, plusieurs démarches qui furent inutiles ; mais du moins les représentants du gouvernement américain, soit à Paris, soit à Londres, par des avances d'argent, continuèrent de venir en aide à la famille de La Fayette et à lui. Dans une lettre à M. Pinkney, ambassadeur en Angleterre, il le remercie d'avoir déposé à une banque deux mille florins, qu'il employait au fur et à mesure de ses besoins, et en même temps, il bénit Charles Fox et ses amis, qui, sans se laisser ébranler par les impressions du moment, soutenaient dans le Parlement que l'Angleterre ne devait pas entrer dans la coalition.

Les longs mois d'automne s'écoulent sans modifications dans le sort du prisonnier. Vainement il avait écrit au duc de Saxe et au nouveau roi de Prusse; l'un avait répondu par des injures, l'autre n'avait rien répondu du tout.

Il avait appris l'arrestation de madame de La Fayette à Brioude, sa dignité, son courage [1].

---

1. *Correspondance de prison*, p. 252 et 256.

« Je connais trop l'élévation de son âme, disait-il à la princesse d'Hénin, pour que sa conduite angélique ne fût pas prévue par moi; mais je sens combien elle a dû augmenter la vénération et l'attachement de ceux qui avaient été moins à portée de l'apprécier. »

Mais les moyens de correspondance avec son amie cessèrent. Il apprit qu'il allait quitter la prison de Magdebourg pour être transporté à Neisse, plus près des frontières du royaume de Pologne. C'était au moment où de nouvelles anxiétés sur le sort de sa femme et de ses enfants déchiraient son cœur, qu'il voyait sa solitude devenir plus complète et son tombeau plus muré. Il fait ses adieux à la princesse d'Hénin et à ceux qu'il aime :

« Adieu donc, ma chère femme, mes enfants, ma tante, vous aussi, mon excellente amie, plus excellente que jamais dans le malheur et que je chérirai jusqu'à mon dernier soupir. »

Il eut cependant une lueur d'espoir. Il crut qu'il pourrait compter sur la sympathie du roi de Pologne. Il lui écrivit avant de quitter la prison de Magdebourg le 3 janvier 1794 et lui envoya M. de la Colombe, un de ses fidèles aides de camp.

L'insurrection de Kosciusko empêcha cet ami de franchir la frontière.

L'Europe se taisait sur cet inique emprisonnement, et, d'autre part, Stanislas Auguste était à la veille de sa déchéance : « Me voici, écrivait La Fayette, arrivé à la forteresse de Neisse, me voici au fond de l'infortune. »

Son compagnon, M. de Latour-Maubourg, avait été transféré à Gratz; madame de Maisonneuve, sa sœur, obtint la permission de l'y rejoindre. Elle l'accompagna ensuite dans la prison de Neisse, et ne le quitta que lorsqu'il fut conduit en Autriche. « Je n'ai été favorisé dans mes cachots d'aucune apparition, disait La Fayette à Latour-Maubourg, le 6 mai 1794; mais j'imagine que les anges consolateurs doivent avoir la même physionomie que celle de votre sœur. » Il ne pressentait pas que les anges allaient bientôt aussi venir le consoler dans sa prison sous les traits de madame de La Fayette et de ses filles, mais, en attendant, ce bonheur, les nouvelles, qui lui parvenaient si difficilement, n'étaient relatives qu'à de continuelles exécutions. Celle de M. de Malesherbes l'avait profondément ému.

Il était plongé dans une infinie tristesse, quand il apprit que Bureaux de Pusy, Latour-Maubourg et lui, allaient être remis par la Prusse entre les mains de l'empereur d'Autriche.

C'est ce qui eut lieu le 17 mai 1794. Les négociations entre les deux cours avaient été longues. Enfin une note du 22 avril, signée d'Avensleben, informait Leherbach de la conclusion de l'affaire. Le commandant autrichien de Mahren avait été désigné pour prendre livraison des prisonniers à Troppau. Ils furent de là conduits à la prison d'Olmütz. Séparés, dès le premier jour, sans qu'il fût permis à l'un de savoir la moindre nouvelle de l'existence des deux autres, ils devaient, après une tentative d'évasion, éprouver, de la part du gouvernement autrichien, les raffinements de vengeance que Charles Fox a flétris de son éloquence à la tribune du Parlement britannique et que Silvio Pellico devait plus tard retrouver, pour les stigmatiser à son tour dans ses *mie prigioni*[1].

Depuis son entrée dans ce cachot jusqu'au mois de juillet 1797, il ne fut pas permis à La Fayette d'écrire un seul mot; mais au mois d'octobre 1794, le docteur Bollmann, médecin hanovrien, qui, de concert avec des amis réfugiés en Angleterre, avait déjà tenté de le servir, se rendit à Olmütz et parvint à lui faire remettre un billet où il lui apprenait l'existence de madame de La Fayette. En même temps Bollmann annonçait au prisonnier l'intention de travailler à son évasion. La Fayette lui écrivit à l'encre de Chine sur la marge d'un roman :

---

1. Büdinger, *La Fayette in Oesterreich*.

« Que ne puis-je, mon sensible et généreux ami, vous exprimer toute la reconnaissance dont mon cœur est pénétré. La nouvelle de votre passage avait ranimé mon espoir; celle qui m'annonce votre retour, en me rassurant sur le sort de ma famille et de plusieurs de mes amis, m'a fait éprouver une joie bien vive. Ma femme et mes enfants se portent bien. C'est beaucoup pour mon cœur de le savoir; mais ce n'est pas encore assez. Ma famille est-elle toujours à Chavaniac et doit-elle y rester jusqu'à ce que je sois hors des griffes *coalitionnaires*? J'ai dans le même lieu ma tante dont vous avez peut-être entendu parler. Où sont et comment se portent les familles de mes deux compagnons? La mère et la femme de mon malheureux ami La Rochefoucauld sont-elles hors de prison[1].

---

1. Statement of the attempted rescue of general La Fayette, from Olmütz.

The following account is proposed from the personal narrative and conversation of colonel Huger by one of this family.

» Quoiqu'on m'ait ôté avec une singulière affectation, quelques-uns des moyens de me tuer, je ne compte pas profiter de ceux qui me restent et je défendrai ma propre constitution aussi constamment, mais vraisemblablement avec aussi peu de succès que la Constitution nationale. Mes forces sont encore bonnes et si l'on m'obtenait mon passeport, je rejoindrais lestement mes amis; mais ma poitrine souffre beaucoup, je regarde ma promenade tous les deux jours, comme le plus efficace remède… je sors, tous les jours impairs, en redingote unie, avec un chapeau rond, et je ne suis point avec un officier, mais avec le prévôt-geôlier, qui a l'uniforme de caporal. C'est après demain dimanche que je me promène. »

(Sur la marge du livre, l'avis suivant était écrit avec du jus de citron) :

« Je n'ai pas le temps, mon cher ami, d'entrer dans aucun détail[1]. Je le ferai si le doc-

---

1. Il s'agit du médecin de la prison, avec qui s'était lié M. Bollmann.

teur de la prison consent à me porter un autre livre; je dirai seulement que toutes les précautions sont prises contre les moyens ordinaires d'évasion et qu'il ne nous reste à tenter qu'une entreprise tout à fait imprévue. Mes amis Latour-Maubourg et Pusy en sont convaincus. C'est pour cela que j'ai demandé la permission de me promener et qu'ils n'ont pas voulu la solliciter pour eux-mêmes, afin que j'aie plus de chance pour m'évader. Plus l'entreprise semble téméraire, plus elle sera inattendue et pourra réussir. »

C'est tout un roman que l'histoire de la tentative d'évasion de La Fayette.

On se souvient que lors de son premier voyage en Amérique, il avait débarqué à North-Island, sur les terres du major Huger. Son fils, après avoir fait ses études de chirurgien à Londres, s'était rendu à Vienne. Dans un café qu'il fréquentait, il rencontra le docteur Bollmann, de Hanovre. C'était en octobre 1794; ils causèrent des États-Unis, des services rendus par La Fayette. Le docteur Bollmann confia à M. Huger, qu'il avait connu en Angleterre, des amis du général, Lally-Tollendal, M. et madame Church, de New-York, le major Pinkney, ministre plénipotentiaire, et qu'il avait reçu d'eux la mission affectueuse de découvrir la prison où La Fayette était enfermé, afin de tenter tous les moyens pour le délivrer. Bollmann ajoutait qu'après avoir visité plusieurs places fortes, il s'était rendu à Olmütz, que là il s'était lié avec le chirurgien, avait su par lui la prison de La Fayette, avait fait parvenir aussi au général des nouvelles de ses amis et un plan d'évasion. Bollmann demanda à Huger de l'aider dans son entreprise. L'offre fut immédiatement acceptée.

La Fayette fut informé de leur arrivée à Olmütz, et il fut convenu qu'ils se rencontreraient le jour de sa promenade, et qu'au moment où ils se croiseraient et se salueraient, le général passerait un mouchoir blanc sur son front. Ce serait le signal.

Les deux amis envoyèrent leur voiture en avant jusqu'à un village appelé Hoff, à quelques milles d'Olmütz. Le jour de la promenade étant arrivé, Huger et Bollmann montèrent à cheval. La Fayette agita son mouchoir en les apercevant. Les deux jeunes gens donnèrent de l'éperon et s'élancèrent en avant. Le général était descendu de son phaéton, entendant le pas rapide des chevaux, il saisit par la poignée l'épée de son gardien et essaya de la tirer; une lutte était engagée, quand les deux cavaliers arrivèrent. Le gardien avait saisi La Fayette par la gorge; Bollmann vint à son secours, il mit sa main dans la bouche du prévôt qui criait de toutes ses forces au secours, et fut cruellement mordu. Huger remit à La Fayette son cheval et deux pistolets de poche, et lui dit en anglais : *Go to Hoff*, allez à Hoff, l'un de nous vous suivra immédiatement. Le village de Hoff était inconnu du général, il prit ce nom pour la préposition anglaise *off*, et il crut qu'on lui disait simplement d'aller *en avant*. Bollmann put retrouver l'autre cheval et prit en croupe Huger. Ils espéraient suivre La Fayette; mais le cheval ruant avec violence renversa les deux cavaliers et s'évada. Avant qu'il fût rattrapé, l'alarme était donnée. On tirait des coups de fusil sur les remparts ; Huger décida Bollmann à remonter à cheval et à fuir. Il resta seul.

Bientôt entouré de soldats, il fut conduit à la forteresse. Cependant La Fayette ignorait dans quelle direction il marchait. Il prit un peu au hasard la route qui lui parut devoir le rapprocher de la frontière. Il se trompa. Après avoir parcouru rapidement une distance d'à peu près trente milles, il se trouva aux abords de Sterneberg. Son cheval était épuisé de fatigue. Il s'adressa à un paysan dont la figure lui inspirait confiance et lui dit qu'il avait besoin d'un guide et d'un cheval pour continuer son voyage. Le paysan répondit qu'il allait s'en occuper. Mais il se hâta d'aller avertir la police, et, peu d'instants après, le général était saisi et conduit devant un magistrat. Il se défendait avec calme et présence d'esprit, quand un jeune homme s'écria : « Je crois que c'est le général La Fayette. » Tout espoir étant perdu, le général avoua son identité et fut le lendemain ramené à Olmütz.

De son côté, le docteur Bollmann était arrivé seul à Hoff. Il attendit jusqu'à la nuit. Il reprit alors avec sa voiture la route que Huger et lui avaient eu l'intention de faire suivre à La Fayette. Il entra en Silésie, erra quelque temps sur la frontière; mais il fut arrêté au village de Waldenburgh, remis entre les mains du gouvernement autrichien et conduit à Olmütz. Il occupa dans la forteresse une cellule proche de celle de Huger, qui y était détenu déjà depuis trois semaines, et fut traité avec la même dureté que son compagnon. La police autrichienne était convaincue qu'un grand complot existait et que les deux amis avaient des complices. Huger fut menacé de la torture pour lui arracher des aveux. Au bout de quatre mois, il fut clairement prouvé qu'il ne s'agissait pas d'un complot politique. Le régime de la prison fut alors adouci. Enfin, après huit mois de prévention, les deux amis furent condamnés à un mois de travaux forcés et, après l'exécution de leur peine, conduits à la frontière.

La solitude se fit plus complète autour de La Fayette. Plus de promenade, plus de livres; aucune lettre ne lui parvint.

Cependant madame de La Fayette ne perdait pas de vue un seul instant le but qu'elle voulait atteindre; un certain nombre d'émigrés qui habitaient Hambourg, près d'Altona, venaient lui rendre visite. Leur conduite vis-à-vis du général aurait pu lui inspirer de l'amertume; il n'y en avait pas trace en elle. « Elle appréciait la conduite de ceux dont elle avait le plus à se plaindre avec une justice indulgente[1]. »

Malgré l'inexprimable douceur de se réunir à madame de Montaigu, elle ne resta à Altona que le temps nécessaire pour obtenir de M. Parish, consul des États-Unis, un passeport. Comme il était défendu à tout Français

---

1. *Vie de madame de La Fayette.*

d'entrer en Autriche, elle descendit à Vienne, sous le nom de Motier, citoyenne de Hartford, dans le Connecticut, un des États où le général et sa famille étaient naturalisés. Elle était recommandée à la comtesse de Rumberck, sœur de M. de Cobentzel, qui fut charmante.

D'après son conseil, madame de La Fayette s'adressa au vieux prince de Rosenberg, grand chambellan, qui avait eu quelques rapports avec la famille de Noailles. Elle ne lui confia son nom qu'après avoir été reçue par lui. Le prince, touché de sa demande, lui obtint une audience de l'empereur, à l'insu des ministres.

Ses filles l'accompagnaient. Reçue avec politesse, elle demanda uniquement la permission de partager la prison de son mari.

« Je vous l'accorde, répondit l'empereur; quant à la liberté, cela me serait impossible, mes mains sont liées. »

Après lui avoir exprimé sa reconnaissance, madame de La Fayette le pria de lui permettre de s'adresser directement à lui pour les demandes qu'elle aurait à faire. « J'y consens, reprit l'empereur, ignorant le régime d'Olmütz; mais vous trouverez M. de La Fayette bien nourri, bien traité. J'espère que vous me rendrez justice, votre présence sera un agrément de plus. Au reste, vous serez contente du commandant. Dans les prisons, on ne connaît les prisonniers que par leurs numéros; mais pour votre mari, on sait bien son nom. »

Elle sortit heureuse de cette audience; mais elle fut forcée de passer encore huit jours à Vienne, pour y presser l'expédition du permis d'entrée dans la prison. Durant cet intervalle, elle vit mesdames d'Ursel et de Windischgraëtz, parentes de madame Auguste d'Arenberg, son amie la plus chère. Elle crut même nécessaire, avant de quitter Vienne, de faire une visite au principal ministre, M. de Thugut. Elle fut reçue par lui, avec une politesse contrainte. Chacune des expressions dont il se servit laissait percer un sentiment de haine contre La Fayette. Il ne dissimula pas que sa liberté ne pouvait de longtemps s'obtenir.

Enfin, après bien des lenteurs, la permission

de partager l'emprisonnement de son mari lui fut remise par M. de Ferrari, ministre de la guerre.

« Je me crois obligé, lui dit-il, de vous engager à réfléchir sur le parti que vous prenez. Je dois vous prévenir que vous serez fort mal, et que le régime que vous allez subir pourra avoir de graves inconvénients pour vos filles et pour vous. »

Madame de La Fayette ne l'écouta même pas et elle se mit sur-le-champ en route pour Olmütz.

Elle y arriva le surlendemain avec ses filles, bien jeunes encore, mais aussi résolues que leur mère.

C'était le 1er octobre 1795, onze heures du matin; madame de Lasteyrie raconte qu'au moment où le postillon montra de loin les clochers de la ville, l'émotion de sa mère fut profonde. Elle resta quelque temps suffoquée par les larmes, et lorsqu'elle eut recouvré la possibilité de parler, elle bénit Dieu en récitant le cantique de Tobie : « Seigneur, vous êtes grand dans l'éternité et votre règne s'étend dans la suite de tous les siècles. »

Le général n'était pas prévenu. Il n'avait reçu aucune lettre de sa femme. Trois années de captivité, la dernière passée dans une solitude complète, l'inquiétude, les souffrances de tout genre, avaient gravement altéré sa santé. Après le premier moment de bonheur de cette subite réunion, La Fayette n'osa faire aucune question. Ce ne fut que le soir, lorsque ses filles eurent été enfermées dans la chambre voisine, que madame de La Fayette apprit à son mari qu'elle avait perdu sur l'échafaud sa grand'mère, sa mère et sa sœur[1].

M. de Ferrari avait dit vrai. Elle partagea toutes les rigueurs de la prison. Dans une lettre à madame de Tessé (6 mai 1796) elle donne les détails des rigueurs de la police autrichienne.

« Le premier compliment de réception, pendant que nous embrassions M. de La Fayette,

---

1. *Correspondance*, t. IV, pp. 279 et suivantes.

fut de nous demander nos bourses et de sauter sur trois fourchettes d'argent qu'on trouva dans notre paquet. On me passa de quoi écrire au commandant. Il ne me répondit pas; je demandai d'écrire à l'empereur, qui me l'avait permis, on ne le voulut pas; mais on me dit que ma demande au commandant était partie pour Vienne. C'était : 1° d'aller le dimanche à la messe avec mes filles, 2° d'avoir une femme de soldat pour faire leur chambre, 3° d'être servi par le domestique de M. de La Fayette; à tout cela point de réponse. Ayant eu, six semaines après, une lettre de mon père et la permission d'y répondre ainsi qu'à la vôtre, j'en profitai pour renouveler mes demandes au ministre de la guerre, M. de Ferrari, en ajoutant celle de voir nos deux amis, MM. de Latour-Maubourg et de Pusy. »

Madame de La Fayette reçut, un mois après, un refus formel avec l'observation qu'elle et ses filles s'étaient soumises à être traitées comme M. de La Fayette.

Elle répliqua à ces communications par cette lettre touchante au ministre :

« Je conviens avec grand plaisir, monsieur le comte, que nous nous sommes soumises à partager toutes les rigueurs de la prison de M. de La Fayette, et que c'est uniquement cette grâce que nous avons sollicitée. Nos sentiments sont les mêmes, et vous répétons toutes les trois, de tout notre cœur, que nous sommes beaucoup plus heureuses avec M. de La Fayette, même dans cette prison, que partout ailleurs sans lui; mais pour justifier la liberté que j'ai prise avec vous, je vous rappellerai, monsieur le comte, que Sa Majesté Impériale, dans l'audience qu'elle nous a accordée, a eu la bonté de me dire que je trouverais que M. de La Fayette était fort bien traité; mais que s'il y avait quelque chose à demander, je serais fort contente du commandant. »

Cette lettre lui valut la permission d'écrire à l'empereur. Elle sollicitait de sa bonté l'autorisation de passer huit jours à Vienne pour consulter sur le mauvais état de sa santé, altérée par le séjour de la prison. Deux mois après, madame de La Fayette vit arriver le commandant. Il lui signifiait, verbalement, de la part de son maître, qu'il ne lui serait permis de sortir d'Olmütz qu'à la condition de n'y plus rentrer. Il exigea une réponse, et madame de La Fayette lui écrivit ces quelques lignes qu'on ne peut lire sans émotion :

« J'ai dû à ma famille et à mes amis de demander les secours nécessaires à ma santé, mais ils savent bien que le prix qu'on y met n'est pas acceptable pour moi. Je ne puis oublier que, tandis que nous étions prêts à périr, moi, par la tyrannie de Robespierre, M. de La Fayette, par les souffrances morales et physiques de sa captivité, il n'était permis ni d'obtenir aucune nouvelle de lui, ni de lui apprendre que nous existions encore, ses enfants et moi, et je ne m'exposerai pas à l'horreur d'une autre séparation.

» Quels que soient donc l'état de ma santé et les inconvénients de ce séjour pour mes filles, nous profiterons toutes trois, avec reconnaissance, de la bonté qu'a eue Sa Majesté, en nous permettant de partager cette captivité dans tous ses détails.

» Je prie le commandant de vouloir bien agréer mes compliments. »

Elle continua donc à manger avec ses doigts et à faire le ménage dans ses détails les plus sordides. On lui permettait de temps à autre d'écrire, sous les yeux de l'officier de garde, des billets ouverts à sa sœur madame de Montagu, et au banquier qui avançait l'argent de leur nourriture.

Pendant vingt-trois mois de captivité, sa plus grande affliction fut de ne pouvoir donner de ses nouvelles à son fils. On lui renvoya la lettre qu'elle avait tenté de lui écrire. Bien que la privation du culte religieux lui fût pénible, elle sentait que l'accomplissement du plus cher devoir tenait lieu de tout.

Elle finit par tomber malade. Cette vie sédentaire, ce régime malsain, sans air, ni exercice, contribuèrent à aggraver sa maladie. Elle eut, avec la fièvre, une violente éruption aux bras et aux jambes. Cet état dura onze mois, d'octobre 1796 à septembre 1797. On n'obtint aucun adoucissement au régime de la prison. La malade n'avait pas même un fauteuil, mais ses souffrances n'altéraient pas sa sérénité. « En la voyant toujours égale, dit madame de Lasteyrie, toujours jouissant du bien qu'elle avait retrouvé et des consolations qu'elle avait apportées, nous étions tous moins inquiets que nous eussions dû l'être. »

Pendant que ses filles suppléaient, par leur travail, au manque d'ouvriers du dehors, faisant même des souliers à leur père, madame de La Fayette, avec un cure-dent et un morceau d'encre de Chine, écrivait la vie de sa mère, la duchesse d'Ayen, sur les marges des gravures d'un volume de Buffon. Elle y mettait toute son âme, composée de modestie et de tendresse, de piété et d'élévation. On croirait, à lire aujourd'hui ces pages si délicates et dans lesquelles se montre avec la résignation la plus humble la pureté morale la plus haute, une vie de sainte écrite par une survivante de Port-Royal. Il est peu de lectures mieux faites pour éclairer sur la forte éducation domestique que recevaient certaines femmes de la grande aristocratie française. Si les plus légères elles-mêmes retrouvaient dans l'exil, au milieu d'une gêne qui allait jusqu'à la pauvreté, des qualités de fierté et de vigueur d'esprit incomparable, le tout joint à une absence complète de morosité, au-dessus de toutes, il faut placer ces jeunes filles de la maison de Noailles, sans en excepter une seule; d'abord avec Adrienne, son aînée Louise qui aurait pu quitter Paris, appelée qu'elle était en Angleterre par son mari, le vicomte de Noailles.

La fin lugubre de ses proches était l'objet constant des conversations de madame de La Fayette. Elle employait l'autre partie de son temps à l'instruction de ses filles, et le soir le général lisait à haute voix quelques pages d'histoire.

Des patriotes allemands s'étaient efforcés, malgré les difficultés et les périls, de nouer des relations avec La Fayette. L'un d'eux, recteur de l'Université d'Olmütz, lui fit parvenir quelques nouvelles publiques. Il organisa même une correspondance secrète qui permit à madame de La Fayette d'écrire des billets qu'un ami portait au delà de la frontière autrichienne[1].

C'est ainsi qu'elle put remercier le docteur Bollmann, le 22 mai 1796.

« Je puis donc enfin vous écrire, monsieur. Je puis vous parler de tous les sentiments dont nous sommes pénétrés, et le premier besoin de mon cœur est de vous offrir l'expression de ma reconnaissance. Je suis aussi bien pressée de vous témoigner mes regrets de ne l'avoir pas fait plus tôt... Pour retrouver quel-

1. *Souvenirs sur la vie privée de La Fayette*, par le docteur Cloquet. V. 354.

ques facultés de mon âme, il fallait que je vinsse ici reprendre des forces[1]. »

Parlant ensuite de son mari, elle dit :

« Tout ce qu'il a fait pour la justice et l'humanité, pour la souveraineté nationale et les autorités constituées, ne sont-ce pas autant de torts de plus envers ceux qui souhaitaient que la France fût désorganisée, la cause du peuple souillée, la liberté méconnue?..... Ce serait un grand service de plus à nous rendre, monsieur, que de faire parvenir à l'excellent et généreux M. Huger l'expression de notre reconnaissance, de notre admiration et de notre tendresse à tous les quatre, et tous les sentiments qu'inspire à M. de La Fayette l'idée d'avoir une telle obligation au fils du premier homme qui l'ait reçu et du premier ami qu'il ait eu en Amérique. »

Les succès des armées françaises pouvaient seuls ouvrir les portes de la prison d'Olmütz.

---

1. *Correspondance*. t. IV, p. 292.

Ces succès se multiplièrent jusqu'au prodige, en même temps que les témoignages de sympathie pour les prisonniers s'éveillaient dans toute l'Europe.

III

Le premier qui osa proclamer en face du monde l'injustice de l'incarcération de La Fayette fut un de ses collègues à l'Assemblée constituante, celui que Chateaubriand appelait « le plus gros des hommes sensibles », M. de Lally-Tollendal. Après une brouille passagère, il s'était rapproché du général et lui avait servi d'intermédiaire auprès de Louis XVI, pour l'exécution de deux projets, dont nous avons parlé. L'un avait pour but de transporter la famille royale à Compiègne, sous la protection de quelques escadrons de cavalerie; l'autre voulait amener le roi à se rendre au milieu de l'Assemblée législative, au lendemain de la fête de la fédération, escorté de La Fayette et de Luckner pour affirmer solennellement son attachement à la constitution.

Du fond de l'exil, Lally-Tollendal éleva la voix. Dans un mémoire au roi de Prusse (1795), il répond aux accusations lancées contre le général et le justifie courageusement en face des émigrés.

« Sire, on vous a dit que la prison de M. de La Fayette, que ses supplices, quels qu'ils fussent, étaient légitimés par la prison et le supplice de Louis XVI; on a trompé le roi. C'est pour avoir voulu sauver Louis XVI que M. de La Fayette s'est perdu... Le premier rang dans la République lui était offert! Il l'a rejeté...

» Toutes ces vérités sont mathématiquement démontrées. « Il est à nous, disait madame » Elisabeth à madame de Tonnerre, au mois » de juin 1792. Il faut tout oublier. » — « Il » faut lui répondre, écrivait le roi, au com-

» mencement de juillet, que je suis infiniment
» sensible à l'attachement pour moi, qui le
» porte ainsi à se mettre en avant. » — Cette
lettre a été dans mes mains et j'en envoie la
copie à Votre Majesté ; je lui envoie aussi la
copie de celle de M. de La Fayette que j'avais
fait passer à Louis XVI...

» Je ne suis pas suspect ; car, pendant deux
années entières, j'ai rompu tout commerce
avec celui pour lequel j'intercède aujourd'hui.
Pendant cet espace de temps, je l'accusais
bien moins de ce qu'il faisait contre, que de
ce qu'il ne faisait pas pour son roi. Je vais
peut-être étonner Votre Majesté : Ceux-là ont
de bien fausses notions qui établissent dans
leur esprit M. de La Fayette comme cause,
même comme une des causes de la Révolution
française. *Il y a joué un grand rôle; mais ce
n'est pas lui qui a fait la pièce ;* et peut-être
ce qu'il y a de mieux à dire, c'est qu'il n'a
participé à aucun mal qui ne se fût fait sans
lui, tandis que le bien, qu'il a fait, l'a été par
lui seul...

» Voici deux faits que ni moi ni personne au monde ne peuvent nier. Le dimanche qui suivit la rentrée du roi à Paris, les principaux chefs de l'Assemblée nationale se réunirent en comité pour délibérer si le procès serait fait au roi et la république établie. Tous pérorèrent longtemps ; on s'aigrissait par la contradiction et cette aigreur allait amener le triomphe de l'opinion la plus violente. M. de La Fayette proféra cette seule phrase : « Si vous » tuez le roi, je vous préviens que le lende- » main la garde nationale et moi nous pro- » clamerons le prince royal. » Il n'y eut plus ni chaleur, ni procès, ni république. Second fait : le 17 juillet 1791, pendant que M. de La Fayette paraissait si dur et si coupable envers le roi dans l'enceinte des Tuileries, il se battait pour lui au Champ de Mars. Voilà ce que la justice ne peut méconnaître...

» Pendant les quatre derniers mois je lui écrivais sans cesse et Louis XVI le savait. Sa proclamation à son armée, sa fameuse lettre au Corps législatif, son arrivée imprévue à la barre, après l'horrible journée du 20 juin, rien de tout cela ne m'a été étranger. J'encourageais M. de La Fayette à ne pas perdre un instant. Le lendemain de son arrivée à Paris, je passais avec lui une partie de la nuit. Il fut question entre nous de déclarer la guerre aux Jacobins dans Paris même, d'appeler tous les amis de la royauté et de la vraie liberté qu'il ne séparait plus, tous les propriétaires qui étaient inquiets, tous les opprimés qui étaient nombreux, d'arborer au milieu d'eux sur la place publique, un étendard monarchique, portant ces mots : *Point de Jacobins, point de Coblentz!* de haranguer le peuple, de l'entraîner à nous suivre aux Jacobins, d'arrêter leurs chefs. M. de La Fayette le voulait de toute sa force. Il avait dit au roi : « Il faut détruire » les Jacobins physiquement et moralement. »

» Ses timides amis s'y opposèrent, notamment ceux qu'il avait dans le Directoire du département et dans le Corps législatif. Il me jura du moins que, de retour à son armée, il travaillerait sur-le-champ aux moyens de venir délivrer le roi. Deux amis de Louis XVI, dont l'un avait eu une audience particulière avec la reine et dont l'autre eut jusqu'à la fin la confiance de madame Élisabeth, furent témoins de notre entretien. Ils me virent l'embrasser en lui disant : « Je puis donc encore être votre ami ; » et ils furent aussi satisfaits que moi de ses sentiments.

» Rendu à son armée, il ne différa pas d'un instant à remplir sa promesse. Le reste est connu...

» Sire, en terminant cette lettre, j'éprouve une hésitation involontaire, je me demande ce qu'elle va paraître à Votre Majesté, qui va la lire, et si je dois oser la lui envoyer. Une pensée vient me raffermir! j'ai plaidé la cause d'un infortuné; j'ai servi d'organe à une femme qui demande son mari, à des enfants qui demandent leur père; j'ai défendu celui que j'avais exposé; j'ai dit ce que je sais vrai, ce que je trouve juste, et ce que je crois salutaire. C'est au neveu du grand Frédéric que je l'ai dit. L'égal de son oncle pour la valeur et l'héroïsme militaire, il doit l'être aussi pour la sagesse et la générosité; ma lettre va partir. »

Tel est ce curieux et courageux mémoire qui honore Lally-Tollendal. Nous connaissons les deux pièces justificatives qui y sont annexées. L'une est la lettre de La Fayette du 8 juillet 1792, dans laquelle il exposait ses projets pour sauver le roi; l'autre est la réponse de Louis XVI.

Cette ardente apologie du général n'était pas faite pour plaire au roi de Prusse. Plus le rôle de La Fayette était relevé, plus sa conduite libérale et son cri *ni Jacobins ni Coblentz* étaient soulignés, plus les instincts du gouvernement absolu étaient froissés.

Un plus grand éclat devait être donné à l'injustice de l'emprisonnement du général et de ses amis dans un débat qui eut lieu à la Chambre des communes le 16 décembre 1796. Ce fut un des adversaires de La Fayette, pendant la guerre d'Amérique, un ami de lord

Cornwallis, le général Fitz-Patrick, qui se fit son champion[1].

Déjà et presque au lendemain de l'arrestation, il avait présenté au Parlement britannique une motion pour obtenir un adoucissement à l'inique et cruel traitement que subissaient La Fayette et ses deux compagnons; mais Burke s'était levé et son éloquence avait un tel empire et son art tant de séduction, qu'il avait entraîné irrésistiblement la Chambre et fait écarter la motion[2].

En 1796, Burke n'était plus à son banc. La mort d'un fils l'avait à jamais écarté du Parlement et il allait mourir. Mais ses grands rivaux étaient debout. C'étaient Fox, Sheridam, Wilberforce, William Pitt; et tous ces puissants orateurs prirent part à cette émouvante discussion. « La Révolution française, dit Fitz-Patrick, est un événement si grand, si prodigieux, qu'aucune circonstance, ayant avec elle une connexion immédiate, n'est sans

---

1. Voir motion faite par Fitz-Patrick, Hambourg 1797.
2. Voir Handsard, 1796.

influence à un degré quelconque sur les intérêts et la politique des autres nations. »

Après avoir rappelé la première motion qu'il avait faite dans la précédente Chambre des communes, il continue en ces termes :

« On me dira peut-être qu'aujourd'hui que les circonstances sont changées dans l'intérieur de la France, la raison politique se trouve bien faible. S'il était vrai, ce que je suis loin d'admettre, qu'elle fût atténuée à ce point ; au moins ce qu'aurait pu perdre le premier de mes motifs serait-il plus que compensé par tout ce qu'ont dû ajouter au second et le laps de temps et l'aggravation des cruautés sur ces illustres patients...

» Jamais on n'a répondu et jamais on ne trouvera rien à répondre à cette question répétée sans cesse par les amis et les familles de ces infortunés : De quel droit, tenez-vous ensevelis dans vos cachots des hommes que leur naissance n'a pas constitués vos sujets, — que la guerre n'a pas faits vos prisonniers, —

qu'aucun délit commis sur votre territoire n'a rendus vos justiciables?...

» Sûrement aussi, celui-là doit avoir un cœur singulièrement composé, qui peut déplorer avec tant de sensibilité les souffrances injustes de la malheureuse reine de France et cependant contempler sans pitié les afflictions, certes non moins injustes, de la malheureuse épouse de La Fayette, modèle d'héroïsme, mais modèle aussi de toutes les vertus de son sexe. Arrachée par la Providence des serres de l'implacable Robespierre, cette femme, aussi malheureuse qu'admirable, avait vu son aïeule, sa sœur, sa mère, tous ses plus proches et ses plus chers parents traînés à une mort misérable sur un échafaud, au pied duquel on peut dire qu'elle a passé une année entière, s'attendant de jour en jour à y déposer elle-même sa malheureuse existence. Délivrée inopinément par la chute de son persécuteur, elle a couru des prisons de la tyrannie anarchique au secours de son mari...

» Quant aux traitements personnels qu'elle

avait dû attendre, sous le rapport des cruautés, elle s'était résignée; mais sous les rapports de la bienséance, de la décence, quelles ont dû être ses sensations, lorsqu'on lui a refusé péremptoirement de laisser approcher d'elle et de ses filles une personne de leur sexe, lorsqu'elle a su que pour les services les plus indispensables, pour les soins nécessaires en cas de maladie, ces deux jeunes et innocentes créatures ne verraient entrer dans leur cachot qu'un geôlier brutal ou un soldat ivre?

» Avec un chagrin qui sera partagé, j'en suis sûr, par tous ceux qui m'écoutent, j'ai à instruire la Chambre que jusqu'à ce moment on a laissé madame de La Fayette languir, dans un état de santé alarmant, au fond d'un cachot, qui, si la liberté n'est promptement rendue à cette famille infortunée, deviendra trop vraisemblablement le tombeau précoce de tant de vertus.

» Je ne supposerai jamais qu'auprès d'hommes gouvernant un pays libre, une remontrance contre l'oppression puisse produire l'unique effet de l'aggraver. Loin d'adopter une telle opinion, je ne crois pas faire tort à la cause de La Fayette dans ce pays, en disant que, quels que soient les divers jugements qu'on y porte sur les principes de ses croyances et de sa conduite politiques, je sais qu'il ne voudrait pas acheter demain sa délivrance par la rétractation honteuse d'un seul de ses principes.

» Je fais la motion qu'il soit présenté au roi une humble adresse disant qu'il paraît à cette Chambre que la détention du général La Fayette et celle de MM. Latour-Maubourg et Bureaux de Pusy dans la prison de l'empereur d'Allemagne, allié de Sa Majesté, sont extrêmement injurieuses et préjudiciables à Sa Majesté Impériale et à la cause commune des alliés. »

Un membre du cabinet, M. Wyndham, s'était levé avec vivacité ; mais le chancelier de l'Échiquier, William Pitt, demanda à être entendu le premier.

Il commença par cette déclaration : « que, ce n'est ni avec le cœur, quelque tendrement qu'il soit ému, ni avec leur âme, quelque noblement qu'elle soit indignée, mais uniquement avec leur intelligence et leur jugement, que les hommes d'État doivent apprécier les circonstances sur lesquelles ils ont à prononcer. » Puis avec son argumentation vigoureuse, il posa ainsi la question : « Est-il prouvé à la Chambre que l'emprisonnement de M. de La Fayette, de sa famille et de ses amis, dépende en rien du gouvernement de ce pays ? »

Et il conclut en ces termes :

« Je demande la permission de déclarer de la manière la plus solennelle et la moins équivoque, que je ne connais aucun fondement, sur lequel, directement ou indirectement, le roi d'Angleterre ait jamais pu prétendre le plus léger droit d'intervenir soit dans l'emprisonnement, soit dans le traitement de M. de La Fayette, ou d'aucune partie de sa famille ; je déclare aussi solennellement : que je n'ai jamais connu aucune communication, d'aucune espèce, entre les deux cours au sujet de ce prisonnier, ni que l'opinion de Sa Majesté ait été demandée à cet égard. »

Ce fut Fox qui dans un admirable discours releva les droits de la justice méconnue.

« Lorsqu'après avoir entendu, s'écria-t-il, retentir d'un côté le cri de l'humanité, la voix de la sagesse, les préceptes de la morale et de la religion, je vois déployer de l'autre en opposition les efforts laborieux d'une froide et sophistique argumentation, il n'est pas en mon pouvoir de retenir un seul instant l'effusion de tous les sentiments qui viennent s'emparer de mon âme.

» Déjà un grand bien a résulté de la discussion. Enfin l'énormité des délits, que mon honorable ami a peints avec une éloquence si vraie et si entraînante, ne rencontre plus de contradictions. On se contente d'insinuer quelques doutes. Eh bien ! c'est encore trop de ces doutes, de ces insinuations, je ne les supposerai pas. Les paroles sorties de la bouche de l'empereur sont claires, elles sont intelligibles ; *mes mains sont liées*, a-t-il dit. On a vainement cherché à nous donner une étrange explication de ces mots : Liées par quoi ? — Par la loi ? Par ses sentiments privés ? Non. Cette question n'a aucun rapport avec l'économie politique de l'Autriche.

» Peut-on imputer à La Fayette une seule, je dis une seule des horreurs qui ont déshonoré la Révolution française ? On a pu avoir des partis différents du sien ; mais aujourd'hui tout le monde a reconnu la pureté de ses intentions. »

Wilberforce se leva alors pour proposer un amendement à la motion de Fitz-Patrick ; il demanda que l'adresse projetée eût pour objet simplement de soumettre à Sa Majesté la convenance et la manière d'employer son intervention, auprès de la cour de Vienne, pour la délivrance du marquis de La

Fayette, de ses compagnons et de sa famille.

Fitz-Patrick s'était empressé de se rallier à cet amendement et Sheridan l'avait appuyé en ajoutant : « qu'il professait pour le caractère de La Fayette la plus haute vénération, unissant au courage de Hampden la loyauté de Falkland, ayant eu la force d'arriver et la sagesse de s'arrêter au but légitime. »

Le plus fougueux des tories, Wyndham, ne put se contenter de cette modification, toute de forme ; il osa dire qu'il était satisfait de l'emprisonnement de La Fayette et de ses compagnons, et il termina par ces paroles mémorables :

« Ceux qui commencent les révolutions seront toujours à mes yeux l'objet d'une réprobation irrésistible ; je me délecte en les voyant boire jusqu'à la lie le calice d'amertume qu'ils ont préparé pour les lèvres des autres. »

Une réplique virulente de Fox qui ne put contenir son indignation en écoutant un pareil langage, cloua M. Wyndham sur son banc. On alla aux voix : cent soixante-quatorze membres seulement prirent part au vote. L'amendement de M. Wilberforce fut repoussé par cent trente-deux voix contre cinquante-deux.

Le débat n'en eut pas moins un grand retentissement en Europe. Un Français, exilé en Angleterre, et qui cependant n'était pas lié avec La Fayette, contribua puissamment par sa plume à prolonger dans le monde l'écho de cette éclatante discussion. Il se nommait Masclet. Né à Douai, il avait fait les plus brillantes études au collège Louis-le-Grand ; il connaissait presque toutes les langues anciennes et modernes. Savant helléniste et ardent patriote, il abandonna les lettres et devint aide de camp du comte de Valence. Ses camarades l'avaient surnommé *le plus chaud des modérés*. Il était à Strasbourg avec son général, pendant la Terreur.

Un de ses amis lui écrivit qu'il était décrété d'accusation. Pour sauver sa tête, Masclet passa en Angleterre et s'y maria. C'est alors qu'il entreprit la délivrance des prisonniers d'Olmütz[1].

Il n'avait jamais vu La Fayette; mais il partageait ses principes politiques et admirait sa générosité. Retiré à la campagne près de Londres, il écrivait des articles contre la détention inique du général, les faisait insérer dans le *Morning Chronicle*, et dans les journaux de Hollande et de Hambourg. Masclet avait adopté le pseudonyme d'Eleuthère et signait de ce nom ses écrits; il s'était adjoint des agents actifs et intelligents, et avait fini par établir avec les prisonniers d'Olmütz une correspondance, qui, sans être suivie, le mettait au fait de leur situation.

Son entreprise était périlleuse. Le gouvernement autrichien, irrité de se voir démasqué aux yeux de l'Europe, avait envoyé à Londres de nombreux émissaires pour découvrir cet Éleuthère, mais toutes les recherches de la police furent inutiles. Éleuthère lui échappa.

---

1. Jules Cloquet, *Souvenirs sur la Vie privée de La Fayette.*

Thugut, chef du cabinet de Vienne, voulut faire croire à la bonté des procédés dont il usait envers les victimes et fit paraître un manifeste justificatif. Masclet publia une vigoureuse réfutation et pour mieux faire connaître la vérité, il publia dans le *Morning Chronicle*, sous ce titre : *Lettre d'un officier autrichien à son frère*, une lettre de Latour-Maubourg dans laquelle tous les mauvais traitements des prisonniers d'Olmütz étaient énumérés [1].

Nous rétablissons les parties qui avaient été tronquées :

« Les eaux qui nous entourent fournissent, outre une multitude de moustiques fort incommodes, des brouillards fréquents qui occasionnent des fièvres dangereuses. De plus, le bras de rivière le plus près de nous a paru par son enfoncement si favorable pour recevoir et emporter les immondices de la ville, que tous les égouts viennent s'y réunir

---

1. A Paris, chez Huet, libraire. Bibliothèque nationale, L^r* n° 10.918.

en passant sous nos fenêtres, avec des regards de distance en distance qui, recouverts négligemment avec une planche de sapin, donnent toujours une odeur insupportable.

» J'ajouterai que nos plus proches voisins sont l'hôpital militaire et l'hôpital bourgeois.

» Mesdemoiselles de La Fayette sont renfermées à part, un quart d'heure après l'arrivée du souper, ce qui les force ou à ne pas manger ou à manger précipitamment, et les jours qui raccourcissent les obligent de quitter leurs parents, chaque jour plus tôt, en sorte que bientôt elles paieront de dix-huit heures de solitude le bonheur de soigner leur père pendant cinq ou six heures.

» Dans la rigueur de la saison, le feu est allumé deux fois dans les vingt-quatre heures, à cinq heures du matin et à quatre heures du soir ; s'il brûle mal, on l'éteint tout à fait, ce qui n'est pas sans exemple ; tant pis pour le prisonnier.

» Les repas sont préparés par une vivandière, dans une gargotte où les soldats de la caserne entrent à volonté et fument continuellement. Aussi tout ce que nous mangeons est-il imprégné d'une forte odeur de tabac ; bien heureux quand nous n'en trouvons pas en nature dans ce qu'on nous donne.

» Le dîner est servi dans des écuelles de faïence, toutes de même forme et de même grandeur. Pour combler la mesure, viande, soupe, fricassée, tout doit être mangé avec une cuiller d'étain, sans fourchette, ni couteau. Dans le principe, nous buvions dans un verre; on y a substitué deux espèces de bocaux de forme cylindrique, tenant chacun à peu près une demi-bouteille. On les apporte pleins, l'un d'un gros vin rouge fort plat, l'autre d'eau sale, et il faut boire dans l'un et dans l'autre. Vous concevrez le dégoût qu'inspirent ces vases, quand je vous aurai dit qu'en les retirant de nos chambres on les place sur les fenêtres du corridor où ils sont exposés aux insectes, à la poussière, à la fumée de tabac, et, ce qui est pis que tout, à la disposition des soldats, qui y boivent, s'en servent pour leurs ablutions, et qu'on ne les nettoie qu'à des époques fixées, au commencement et au milieu de chaque mois, avec un bouchon de paille.

» Vous avez su que nous fûmes dépouillés de nos montres, de nos rasoirs, de nos couverts d'argent et de tous les petits meubles de propreté, jusqu'au couteau pour ôter la poudre. Ce fut un grand objet de scandale pour nos geôliers qui se répandaient en lazzis méprisants sur le peu d'intelligence des Prussiens à tourmenter leurs victimes.

» On nous ôta jusqu'aux lettres que nous avions reçues de nos parents et de nos amis et on nous prévint que nous étions séquestrés du reste du monde, que nous devions oublier nos propres noms pour ne nous souvenir que de nos numéros et que nous n'entendrions plus parler les uns des autres.

» Cette première opération achevée, on procéda à la visite de nos livres. Tout ce qui était imprimé depuis 1789 était proscrit de droit, eût-ce été l'*Imitation* de Jésus-Christ.

» Vous demandez comment nous sommes vêtus ? Comme des mendiants, c'est-à-dire en guenilles, puisqu'on n'a pas remplacé nos habillements usés. La Fayette cependant a eu besoin de culottes ; j'ai su qu'on lui a fait faire, sans prendre mesure, un pantalon large et un gilet de serge grossière, en lui disant que le drap était trop cher pour lui. Il est étrangement chaussé, car c'est mademoiselle Anastasie qui de sa belle main lui a fait, avec l'étoffe d'un vieil habit, la chaussure qu'il porte.

» Pour moi, je suis en gilet et en pantalon de nankin faits à Nivelle, vous jugez de la maturité ; si l'on me voyait dans la rue, il n'y a pas une bonne âme qui ne me donnât une aumône ; j'ai pourtant eu des souliers neufs, il y a trois mois ; ceux qu'ils ont remplacés avaient été ressemelés treize fois et je n'ai dû les neufs qu'à l'opiniâtreté du savetier, qui a trouvé impossible de les ressemeler une quatorzième fois. Pendant qu'on y travaillait, il fallait rester dans mon lit. »

C'est dans ces termes où l'esprit le dispute à la fermeté de l'âme et à la simplicité, que M. de Latour-Maubourg bravait la mauvaise fortune.

Ainsi s'écoula l'année 1796.

IV

A mesure que le calme se rétablissait en France, l'opinion publique se manifestait avec énergie en faveur des prisonniers d'Olmütz. Les généraux de nos armées sur le Rhin, et surtout Hoche, qui commandait l'armée de Sambre-et-Meuse, avaient, dans plusieurs occasions, fait des réclamations en faveur de La Fayette et de ses amis [1].

Le cabinet autrichien était fort embarrassé.

---

1. Jules Cloquet, *Souvenirs sur la Vie privée de La Fayette.*

Les archives de Vienne ont fait complètement la lumière à ce sujet[1].

Depuis le rapport du premier ministre Thugut à l'empereur François, du 15 février 1794, rapport qui rappelait le désir maintes fois exprimé par la cour de Berlin de se débarrasser à l'avenir de la surveillance de La Fayette et de ses compagnons, l'empereur non seulement n'avait eu aucun scrupule à en accepter la garde, mais il l'avait désirée ; il la croyait justifiée.

Dans une dépêche adressée au comte Lerbach, ambassadeur d'Autriche à Berlin (24 février 1794), il était dit :

« M. le marquis Luchesini nous a plusieurs fois exprimé le désir du roi de Prusse de voir Sa Majesté Impériale prendre dans ses États M. le marquis de La Fayette et ceux qui furent arrêtés avec lui et qui furent détenus à Wezel d'abord, en Silésie ensuite. Comme Sa Majesté,

---

1. Documents publiés par Max Büdinger dans son *Étude historique*. Wien, 1878.

dans ce cas, veut montrer son bon vouloir et sa cordiale considération pour le roi de Prusse et est favorable spontanément à cette demande, je ne veux pas manquer d'en informer Votre Excellence, avec cette remarque que vous ferez connaître cette favorable résolution au ministère royal prussien et que vous discuterez avec lui tout ce qui sera relatif à la reddition, au transport et à la prise de possession. »

Cette prise de possession avait été retardée jusqu'au départ de Niesse, le 17 mai 1794, jour où les prisonniers avaient été remis à la garde d'une escorte autrichienne et le lendemain soir amenés à Olmütz.

De l'aveu de l'homme d'État qui dirigeait le cabinet de Vienne, M. de Thugut, la situation du gouvernement impérial était étrange, en face du droit européen. Après la motion de Fitz-Patrick, il exprimait, de la façon la plus formelle, dans une dépêche confidentielle, le regret que l'Autriche eût accepté la possession de La Fayette. Thugut désirait que l'Angleterre en prît la charge et qu'après sa remise, le général fût laissé libre à Londres. Les ministres anglais n'ayant pas voulu prendre cette responsabilité, le gouvernement autrichien resta chargé de la garde des prisonniers [1].

Dès ce moment, des embarras de plus en plus nombreux assaillirent l'empereur et son ministre. Les émigrés, en effet, se considéraient comme maîtres du sort de La Fayette. L'un d'eux, M. de la Vaupillière, le 26 octobre 1796, à Vienne, dans le salon de madame d'Audenard, en présence de Gouverneur Morris, exprimait le vœu que La Fayette fût pendu. M. de la Vaupillière l'accusait, non seulement d'avoir manqué d'habileté, mais encore d'avoir été ingrat envers le roi et la reine. Morris prit la défense de La Fayette et voulut savoir sur quoi était fondée l'inculpation :

« Sur deux causes, repartit son interlocuteur, sur deux faveurs qu'il a reçues de la

---

1. *Mémorial de Gouverneur Morris*, p. 414.

Cour : premièrement, son pardon pour avoir été en Amérique, malgré la défense qui lui en avait été faite, et ensuite sa promotion au grade de maréchal de camp, au préjudice de plusieurs autres officiers d'une noble famille. »

Enfin, La Vaupillière accusa le général de manquer de courage. Morris donna à ces calomnies le démenti le plus énergique, et il faut croire que l'attitude et le langage des émigrés l'avaient exaspéré, puisqu'il ajoute dans son *Mémorial* ces mots historiques :

« En vérité, le ton tranchant et les prétentions ridicules de ces messieurs, dont le plus grand nombre n'a de titres à l'estime publique que le nom et la gloire de leurs ancêtres, me porterait presque à oublier les crimes de la Révolution française. Souvent leur caractère intolérant et leurs vœux sanguinaires m'ont fait croire à la vérité de cette assertion des ennemis de la Révolution, que le succès seul déterminerait de quel côté auraient été les criminels et de quel côté les victimes. »

Aussi, Thugut ne désirait rien moins que de n'avoir plus affaire aux émigrés. L'arrivée à Vienne de madame de La Fayette et de ses filles, patronnées par le prince de Rosenberg, son ennemi acharné, avait créé, on le sait aujourd'hui, des soucis encore plus pénibles au gouvernement impérial. La haute société autrichienne restait sympathique à la femme du prisonnier et à ses enfants. La compassion allait grandissant. Aussi Thugut ne dissimulait pas le soulagement qu'il éprouvait d'une libération définitive. Il écrivait à un ami : « Je serais très heureux d'être débarrassé de toute la caravane. »

C'était au milieu de cette situation difficile qu'était arrivé à Vienne, dans l'automne de 1796, Gouverneur Morris. Le vif intérêt qu'il portait aux malheurs du prisonnier et de sa famille, la considération qu'il avait pour la France et pour tous les amis de la liberté, le déterminèrent à entreprendre de nouvelles démarches. Il recevait du reste, de madame de Staël, deux lettres qui étaient bien propres à réveiller l'enthousiasme dans le cœur le plus glacé :

« Coppet, le 21 novembre 1796.

» Monsieur, je n'ai aucun droit de m'adresser à vous ; je vous estime beaucoup, mais qui ne vous estimerait point? J'admire vos talents, car je vous ai entendu parler; et de cela, je ne suis pas la seule. Mais, ce que j'ai à vous demander est tellement d'accord avec vos propres sentiments, que ma lettre ne fera que répéter les conseils de votre cœur, seulement en termes plus faibles. Vous voyagez en Allemagne, et, que ce soit en vertu d'une mission publique ou non, vous avez de l'influence, car les hommes d'État de ce pays ne sont pas assez maladroits pour ne pas consulter un homme tel que vous : Ouvrez la prison de M. de La Fayette! Vous avez déjà sauvé la vie de sa femme, sauvez toute sa famille! Payez la dette de votre pays! Quel plus grand service peut-on rendre à sa patrie, que d'acquitter les dettes de la reconnaissance? Y a-t-il une calamité plus rigoureuse que celle qui a frappé La Fayette? Jamais plus éclatante injustice a-t-elle attiré l'attention de l'Europe?...

» Je suis plus affligée que personne du sort de M. de La Fayette, je n'ai pas la présomption de croire que mes prières puissent vous influencer en sa faveur; mais vous ne pouvez m'empêcher de vous admirer, ni de me sentir aussi reconnaissante envers vous que si vous m'accordiez à moi seule ce que l'humanité, votre propre gloire et les deux mondes attendent de vous. »

Morris répondit à cette lettre, mais sans donner à sa généreuse correspondante l'espoir que ses désirs pussent être réalisés. Il gémissait des infortunes de leur ami commun, mais il craignait que le mal ne fût sans remède.

Madame de Staël lui écrivit de nouveau :

« Coppet, 2 novembre 1796.

» Monsieur, le nom du lieu d'où vous datez votre lettre, suffit pour me donner de l'espoir. Il est impossible que vous ne réussissiez pas. Cette gloire vous est réservée... Il est possible que l'opposition (au Parlement britannique) ait été indiscrète, mais l'infortuné dont elle parlait peut-il en être responsable? Il paraît certain que l'empereur a reçu madame de La Fayette avec bonté, qu'il lui a permis de lui écrire et qu'il n'a jamais reçu ses lettres. Humain et juste comme il l'est, à ce qu'on assure, aurait-il permis que la femme et les enfants fussent traités comme le mari? La femme et les enfants! Quelle récompense pour tant de dévouement!...

» Qu'espèrent les ministres? Attendent-ils que les plus grands ennemis de cet infortuné se lèvent pour demander qu'on mette un terme à ses malheurs?

» Il me semble que si vous parliez, pendant une heure seulement, à ceux de qui dépend son sort, tout serait décidé...

» L'idée que cette calamité peut avoir un terme, et que ce terme peut être dû à vos efforts, cette idée excite en moi, une émotion telle, que, sans me cacher l'indiscrétion d'une seconde lettre, je n'ai pu renoncer à vous exprimer ma conviction. Elle provient autant de l'admiration que j'ai pour vous, que de la compassion que j'ai pour lui [1]. »

L'âme passionnée et grande de madame de Staël allait toujours vers les nobles causes.

Ce n'étaient pas les seules lettres qu'avait reçues Morris. Madame de Montagu, sœur de madame de La Fayette, avait écrit à Gouverneur Morris, le 27 novembre 1796, de Ploën (Holstein) où elle s'était réfugiée :

« Ma sœur, lui disait-elle, est à la veille de

---

1. *Mémorial de Gouverneur Morris*, pp. 417 et suivantes.

perdre cette vie que vous avez arrachée aux prisons de Paris. Sa tendresse et son devoir l'ont conduite avec ses filles dans les prisons d'Olmütz, où l'entière privation d'air salubre a compromis ses jours. Son époux atteint d'une maladie de poitrine succombera peut-être bientôt à la fièvre lente qui le consume; et leurs enfants chéris verront les auteurs de leur existence, qu'ils étaient venus servir et consoler, périr sous leurs yeux.

» Madame de La Fayette a demandé la permission d'aller passer quelques jours à Vienne pour y consulter un médecin; non seulement cela lui a été refusé, mais on lui a déclaré positivement que si elle quittait un instant la prison de son mari, elle n'y rentre- rait plus. La seule alternative qu'elle ait eue, a été de l'abandonner ou de partager toutes les rigueurs de sa captivité. Son choix n'a pas été douteux...

» J'ai pris la liberté d'adresser une lettre à l'empereur pour lui dénoncer des cruautés qu'il ignore. Ma demande est restée sans réponse. Celui que l'Europe compte parmi ses citoyens, dont l'Amérique du Nord doit être si fière, n'a-t-il pas le droit d'élever la voix en faveur d'un citoyen des États-Unis? Oui, sans doute, et c'est dans cette pensée que je sollicite votre appui auprès de l'empereur et du gouvernement autrichien. »

Gouverneur Morris n'avait pas attendu cette lettre pour agir, mais elle lui fut cependant utile.

Le 18 décembre, dans l'entrevue qu'il eut avec le baron de Thugut, après lui avoir donné sur la politique des diverses puissances des renseignements précis, Morris montra au ministre la lettre de la marquise de Montagu, et demanda la mise en liberté de La Fayette. Thugut répondit qu'il serait probablement délivré à la paix. A cela, Morris répliqua qu'il n'en avait jamais douté, mais qu'il aurait voulu hâter la délivrance, ajoutant que cette mesure ferait un bon effet en Angleterre. Le ministre répliqua à son tour que si l'Angleterre voulait réclamer La Fayette, on serait bien aise de s'en débarrasser de cette manière.

Le lendemain de cette conversation, Morris voulant renseigner madame de La Fayette, lui écrivit une lettre qu'il confia au baron de Thugut, mais cette lettre ne sortit pas du cabinet du ministre, et tous les efforts de l'amitié furent stériles.

Heureusement, les démarches du Directoire commencèrent dans les premiers jours de 1797. Dans une dépêche du général Clarke, du 14 thermidor an V (1er avril 1797), il est en effet parlé de démarches particulières, entreprises par lui depuis près de huit mois. Dans le texte des préliminaires de Léoben (15 avril) il n'était pas question des prisonniers d'Olmütz. L'article 9, qui mentionne la reddition des prisonniers de guerre des deux partis, pourrait seul y faire allusion.

C'est après la conclusion des préliminaires de paix qu'arrivait à Vienne le général Clarke. Il était porteur de cette lettre de Carnot, alors président du Directoire, lettre datée du

1ᵉʳ août et adressée au glorieux chef des armées d'Italie :

« Sur de nouvelles réclamations que l'on adresse au Directoire, citoyen général, concernant les prisonniers d'Olmütz, le Directoire vous rappelle le désir qu'il vous a manifesté de voir cesser leur captivité le plus tôt possible. Il ne doute pas que vous ne partagiez l'intérêt que leur malheur lui inspire. »

Thugut, ainsi mis en demeure, eût désiré que l'empereur, sans y être contraint, prononçât la libération.

« J'y consens, dit l'empereur, mais vu l'incompatibilité des principes bien connus de La Fayette avec ceux qui constituent la tranquillité de mes États, il faut exiger des prisonniers l'engagement écrit qu'ils ne remettront plus les pieds en Autriche, sans une autorisation spéciale. »

L'officier, qui fut chargé de leur soumettre cette proposition, était l'ancien commandant de

Namur, le major général marquis de Chasteler. C'était un parfait gentilhomme, fort instruit et d'une éducation accomplie[1].

Le jour même de son arrivée à Olmütz (25 juillet 1797), La Fayette et ses deux amis avaient été prévenus qu'une note remise au marquis de Gallo, ministre plénipotentiaire de l'empereur, par les généraux Bonaparte et Clarke, au nom du Directoire, renfermait cette phrase :

« Les soussignés ont déjà eu l'honneur d'entretenir M. le marquis de Gallo à Léoben de l'intérêt que prend la République au sort des prisonniers d'Olmütz; ils espèrent que M. de Gallo voudra bien interposer ses bons offices auprès de Sa Majesté Impériale pour que lesdits prisonniers soient mis en liberté et aient la faculté de se rendre en Amérique ou dans tout autre endroit, *sans pourtant qu'ils puissent actuellement se rendre en France.* »

---

1. *Correspondance*, t. IV. p. 294.

Nous possédons deux récits de la mission du marquis de Chasteler : l'un est contenu dans une dépêche adressée par lui au baron de Thugut, du 26 juillet; l'autre a été dicté à madame de La Fayette par son mari. Ces deux récits se complètent.

L'empereur avait été très affecté des bruits répandus à l'étranger sur les mauvais traitements subis par les prisonniers, et il avait chargé M. de Chasteler de les interroger spécialement sur ce point[1].

Sommé de s'expliquer, La Fayette répondit avec feu que pour des traitements personnels il n'en avait pas souffert, mais que pour le reste il était on ne peut plus mal; que si ses amis avaient publié des plaintes, ils ne pouvaient point avoir exagéré; que dans aucun cas il ne voulait les démentir. Il entra alors dans le détail de petites incommodités. Il ajouta :

« On a eu la barbarie de me laisser deux ans sans nouvelles de ma femme et de mes

1. Büdinger, Staats archiv. Auhang E., pp. 50 et suivantes.

filles, pendant qu'elles étaient sous les couteaux des Jacobins; Latour-Maubourg et Bureaux de Pusy sont à trente toises de moi et voilà trois ans que je n'ai pu les voir. » — « Il m'objecta différentes autres choses trop longues à rapporter. »

L'enquête se poursuivit vis-à-vis de madame de La Fayette.

« Elle me dit qu'elle n'avait jamais pu obtenir deux lits pour ses filles, quoique l'une eût une maladie contagieuse; qu'il était bien dur pour une mère d'être privée des nouvelles de son fils; qu'elle avait écrit à Vienne pour se plaindre de ce procédé, mais qu'elle n'avait pas reçu de réponse. »

Après avoir énuméré les autres griefs que nous connaissons, madame de La Fayette ajoutait :

« Qu'enfin les médecins ayant dit que le seul moyen de la guérir d'une maladie scorbutique gagnée dans sa prison était d'en sortir, la Cour de Vienne n'avait voulu lui accorder sa sortie qu'à condition qu'elle n'y rentrerait plus; que ç'avait été demander sa mort, puisqu'elle était décidée à rester près de son mari. »

MM. de Latour-Maubourg et Bureaux de Pusy déposèrent avec la même énergie.

Le second point de la mission de M. de Chasteler était plus important.

L'empereur exigeait du prisonnier qu'il passât en Amérique. La Fayette répondit avec chaleur :

« L'empereur m'a fait arrêter en terre neutre contre le droit des gens; je n'ai aucun compte à lui rendre de ma conduite, ni de mes projets ultérieurs; je ne veux prendre aucun engagement avec lui, qui semble lui donner des droits sur ma personne. »

Alors l'envoyé impérial lui dit très nettement qu'il était regardé en Europe comme le chef de la doctrine nouvelle, et les principes qu'il professait étant incompatibles avec la tranquillité de la monarchie autrichienne, Sa Majesté devait à la raison d'État de ne pas lui rendre la liberté avant qu'il eût promis de ne pas rentrer sur le territoire autrichien, sans une permission spéciale. La Fayette commença par plaisanter sur l'honneur que lui faisait l'empereur de traiter avec lui de puissance à puissance et de croire qu'un simple individu fût redoutable pour une aussi vaste monarchie. Le marquis de Chasteler le ramena à la question. Alors La Fayette lui déclara qu'il n'avait aucune envie de remettre les pieds ni à la cour de l'empereur, ni en Autriche, non seulement sans sa permission, mais même quand il recevrait de lui une invitation spéciale ; que cependant il devait à ses principes de ne reconnaître au gouvernement autrichien aucun droit; que ce que lui, M. de Chasteler, croyait devoir à son souverain, M. La Fayette le devait à la souveraineté du peuple français. M. de Chasteler répondit qu'il ne lui était pas permis d'admettre de pareilles explications et qu'il allait mander le soir par un courrier que cela ne pouvait pas s'arranger comme on l'avait cru [1].

La Fayette demanda froidement à quelle heure partait le courrier. M. de Chasteler trouva un prétexte pour ne l'envoyer qu'après leur conversation, qui devait recommencer le soir à sept heures.

A l'heure dite, le prisonnier manifesta le désir de se concerter avec ses compagnons d'infortune pour décider ce qu'ils devaient aux circonstances et à eux-mêmes. « Cela, ajoutait-il, avancera plus les affaires que huit jours de conférences isolées. » Ce fut alors que les trois prisonniers furent réunis pour délibérer en commun. Ils se voyaient pour la première fois depuis leur entrée dans la prison d'Olmütz.

Après quelques instants laissés aux épanchements de la joie de se retrouver, ils se mirent immédiatement d'accord sur la déclaration suivante que rédigea La Fayette.

1. *Mémoires de La Fayette*, t. IV.

« La commission dont M. le marquis de Chasteler est chargé me paraît se réduire à trois points :

» 1° Sa Majesté Impériale souhaite faire constater notre situation ; je suis disposé à ne lui porter aucune plainte. On trouvera plusieurs détails dans les lettres de ma femme, et s'il ne suffit pas à Sa Majesté Impériale de relire les instructions envoyées de Vienne en son nom, je donnerai volontiers au marquis de Chasteler les renseignements qu'il peut désirer ;

» 2° Sa Majesté l'empereur et roi voudrait être assurée qu'immédiatement après ma délivrance je partirai pour l'Amérique ; c'est une intention que j'ai souvent manifestée, mais comme dans le moment actuel ma réponse semblerait reconnaître le droit de m'imposer cette condition, je ne crois pas qu'il me convienne de satisfaire à cette demande ;

» 3° Sa Majesté me fait l'honneur de me signifier que les principes que je professe étant incompatibles avec la sûreté du gouvernement autrichien, elle ne veut pas que je puisse rentrer dans ses États sans sa permission spéciale. Il est des devoirs auxquels je ne puis me soustraire; j'en ai envers les États-Unis, j'en ai surtout envers la France, et je ne dois m'engager à quoi que ce soit de contraire aux droits de ma patrie sur ma personne. A ces exceptions près, je puis assurer monsieur le général marquis de Chasteler que ma détermination invariable est de ne mettre le pied sur aucune terre, soumise à l'obéissance de Sa Majesté le roi de Bohême et de Hongrie[1]. »

Chacun des prisonniers signa cette déclaration et remit un engagement par lequel il promettait sur l'honneur de n'entrer, dans aucun temps, dans les provinces héréditaires de l'empereur d'Autriche, sans en avoir obtenu la permission spéciale, sauf les droits de la France sur leur personne.

1. *Vie de madame de La Fayette.*

M. de Chasteler partit pour Vienne porteur de la déclaration. Sa forme ne plut pas à l'empereur, et il se refusa à la mise en liberté des prisonniers. Thugut fut profondément découragé.

C'est le dévouement absolu d'un homme jusqu'alors peu connu qui aida à aplanir toutes les difficultés. Nous voulons parler de Louis Romeuf.

Compatriote de La Fayette, né près de Chavaniac, il avait été son aide de camp. Depuis six mois, le général Clarke l'avait attaché à sa mission diplomatique, et connaissant son ardent désir de coopérer à la délivrance des prisonniers d'Olmütz, il lui fournit l'occasion de se rendre à Vienne afin d'obtenir le concours puissant de Thugut. Clarke, d'accord avec Bonaparte, avait en effet adressé au gouvernement autrichien une demande officielle et il n'avait pas encore reçu de réponse décisive. Le voyage de Romeuf à Vienne était ainsi motivé. Il y arriva le 1er août 1797.

Muni d'une lettre quasi-officielle de Clarke,

Romeuf ne perd pas un instant, se met en rapport avec le secrétaire d'État, M. de Gallo, et dans une dépêche importante, datée de Vienne, 9 août 1797, il explique à La Fayette, qu'après un séjour à l'armée d'Italie, il lui a été permis de venir presser les démarches qui devaient conduire à sa délivrance. Il parle de l'intérêt que Bonaparte et Clarke ont mis à cette cause et il continue en ces termes :

« M. de Gallo, dont il m'est impossible de trop louer les procédés, m'a instruit, en arrivant ici, des propositions qui vous ont été faites et de la manière dont elles ont été rejetées par vous. J'ai admiré votre inébranlable caractère; mais je vous avoue que de la façon dont il m'a parlé de la détermination de l'empereur, j'ai tremblé que cette circonstance ne retardât encore le jour que nous attendons avec une si grande impatience... J'ai vivement sollicité, par l'intermédiaire de M. de Gallo, qu'il me fût accordé d'aller embrasser les trois martyrs de la belle cause à laquelle je suis attaché. Cette faveur m'a été constamment refusée. »

Mais la partie la plus intéressante de cette dépêche est la relation de l'entrevue de Romeuf avec Thugut :

« Il m'a paru fort aigri par la façon dont a été repoussée par vous la parole exigée, et sans m'arrêter aux détails d'un assez long entretien qu'il a bien voulu m'accorder, voici quel en a été le résultat : l'empereur renonce à l'arrangement qu'il vous avait présenté. Il n'est plus question d'aucune parole écrite ou verbale de votre part.

» Voici les nouveaux arrangements proposés :
» Le gouvernement autrichien désire que le consul américain à Hambourg, chez qui vous serez déposé, promette, avant de vous recevoir, de vous engager à quitter cette ville avant seize jours... Comme il n'est question d'aucun engagement qui compromette votre indépendance, j'espère que vous ne me désapprouverez

pas pour celui que j'ai pris d'aller communiquer tout cela moi-même à M. Parish et de m'entendre avec lui et le ministre de l'empereur dans la même ville... M. de Thugut m'a engagé lui-même à vous écrire et m'a donné la certitude que ma lettre vous serait exactement remise. Si chaque instant que je perds pesait moins sur mon cœur, j'attendrais votre réponse à Ratisbonne où je joindrai, en allant à Hambourg, madame de Maubourg et ses deux filles aînées, madame de Pusy et sa fille. Je désire bien qu'il leur soit permis ainsi qu'à moi de venir vous recevoir aux portes de votre citadelle; mais il ne faut pas s'en flatter. Ce sera à Hambourg que nous aurons le bonheur de vous revoir. Je m'enivre de l'espoir que le moment n'en est pas éloigné. »

Les documents publiés à Vienne achèvent le récit de M. Romeuf[1].

Dans un entretien du baron de Thugut avec

1. Voir Max Büdinger : Annexe; dépêche de Thugut à Buol-Schauenstein, 9 août 1797; dépêche de Romeuf, 17 août 1797.

un secrétaire de Clarke, M. Perret, l'idée avait été pour la première fois mise en avant de remettre La Fayette à John Parish, consul des États-Unis, afin de l'embarquer pour l'Amérique ou pour la Hollande. C'est dans ce but qu'un passeport fut donné à Romeuf. Il partit pour Hambourg; un mois s'étant écoulé sans que la question fût résolue, il écrivit à Thugut :

« Je ne puis attribuer le retard de la délivrance des prisonniers d'Olmütz qu'à celui des postes, dont Votre Excellence a eu la bonté de m'entretenir... Dans le cas où Votre Excellence ne jugerait pas à propos d'accorder cette demande, je la prie de vouloir bien me faire expédier un passeport, pour que je puisse me rendre auprès de mon général en Italie par la voie la plus prompte. »

Romeuf n'ignorait pas, en effet, que depuis son départ de Vienne, la Russie avait notifié la décision de ne plus faire partie de la coalition et que l'empereur d'Autriche avait ordonné à son représentant à Hambourg, le baron de Buol-Schauenstein, de s'occuper spécialement de l'affaire d'Olmütz. Par une dépêche à Thugut (27 septembre), il lui faisait connaître que Parish avait promis d'engager les prisonniers à quitter Hambourg dix jours après leur arrivée, en même temps qu'il mettait à la disposition de Romeuf tout l'argent nécessaire pour le voyage. Romeuf ne recevant aucune réponse, partait pour Dresde afin d'y attendre l'arrivée des libérés [1].

Ce fut seulement le 9 septembre 1797 que Thugut notifia l'ordre impérial de mise en liberté; chose singulière, dans une lettre à Parish, postérieure de quelques jours, il ne mentionne aucun engagement positif envers la France; mais il parle de la déférence particulière de Sa Majesté pour l'intérêt que les États-Unis d'Amérique avaient paru attacher à la libération des prisonniers.

---

1. *La Fayette in Oesterreich.* Dépêche, page 69.

Le 18 septembre, cinq ans et un mois après l'arrestation de La Fayette, de Latour-Maubourg et de Pusy, et vingt-trois mois après l'arrivée de madame La Fayette et de ses filles, les portes de la prison s'ouvrirent. Le départ d'Olmütz s'effectua sous la conduite du major d'Annerhammer; les prisonniers purent sur la route apercevoir un instant Louis Romeuf qui venait au-devant d'eux. De temps en temps ils cherchaient à se rapprocher de lui, mais c'était avec de grandes précautions, jusqu'à ce qu'on fut hors des États héréditaires d'Autriche. Ils se rejoignirent seulement à Dresde. Le voyage à partir de Leipsick fut un triomphe continuel. On se pressait pour voir La Fayette et ses compagnons. Les prisonniers, qui d'abord n'avaient pu supporter l'impression de l'air extérieur, reprenaient chaque jour des forces. Mais la santé de madame de La Fayette les empêchait de se livrer à la joie. « La fatigue du voyage, dit madame de Lasteyrie, était trop grande dans l'état d'épuisement et de maladie où elle se trouvait. Elle faisait effort pour répondre aux nombreux hommages dont elle était l'objet. » Au milieu de souffrances sans nom, elle avait vaillamment payé, de plusieurs mois de captivité de plus, la satisfaction que lui avait causée la déclaration de son mari en réponse à la demande du gouvernement autrichien; mais elle était à bout de forces[1].

Le 4 octobre on arriva enfin à Hambourg. D'après des témoins oculaires, la réception faite à La Fayette fut celle d'un libérateur ou d'un conquérant. Gouverneur Morris dînait avec M. de Buol, lorsque le consul américain, M. Parish, leur envoya dire que La Fayette et ses compagnons étaient arrivés. Morris prit le baron dans sa voiture pour aller accomplir la formalité de la mise en liberté. « La mission fut accomplie avec dignité[2]. »

D'après les notes de Gouverneur Morris, confirmant la dépêche de Thugut, La Fayette fut

1. *Vie de madame de La Fayette*, p. 385.
2. *Mémorial de Gouverneur Morris.*

libéré par égard pour les États-Unis ; c'était un acte d'habileté du cabinet autrichien que de le faire croire. Mais La Fayette et l'opinion publique ne s'y laissèrent pas prendre. En réalité, c'étaient les victoires des armées françaises qui avaient tranché la question. La condition des prisonniers d'Olmütz avait été discutée à Léoben. Leurs sentiments ne se méprirent pas et leur reconnaissance alla droit à la France et au jeune vainqueur des campagnes d'Italie.

Dès le lendemain de leur arrivée à Hambourg, ils faisaient remercier M. de Talleyrand, ministre des relations extérieures, et ils écrivaient cette lettre à Bonaparte :

« Le 6 octobre 1797.

» Citoyen général,

» Les prisonniers d'Olmütz, heureux de devoir leur délivrance à nos irrésistibles armes, avaient joui dans leur captivité de la pensée que leur liberté et leur vie étaient attachées aux triomphes de la République et à votre gloire personnelle. Ils jouissent aujourd'hui de l'hommage qu'ils aiment à rendre à leur libérateur. Il nous eût été bien doux, Citoyen général, d'aller vous offrir nous-mêmes l'expression de ces sentiments, de voir de près le théâtre de tant de victoires, l'armée qui les remporta et le héros qui a mis notre résurrection au nombre de ses miracles. Mais vous savez que le voyage de Hambourg n'a pas été laissé à notre choix ; c'est du lieu que nous avons dit adieu à nos geôliers que nous adressons nos remerciements à leur vainqueur...

» Salut et respect.

» LA FAYETTE,
» LATOUR-MAUBOURG,
» BUREAUX DE PUSY. »

CHAPITRE II

LA FAYETTE SOUS LE CONSULAT ET L'EMPIRE

I

L'Europe entière s'était émue en apprenant la délivrance des prisonniers d'Olmütz. La Fayette, à peine arrivé à Hambourg, recevait la visite de ses anciens aides de camp accourus de Paris. Klopstock, le noble poète, venait l'embrasser; Archinoltz, un de ses fidèles correspondants, ne le quittait plus. Les Américains présents lui votaient une adresse. C'était à qui lui écrirait. Mais, parmi tant de lettres affectueuses, aucune ne lui remua plus le cœur que celle envoyée par madame de Staël dès la première nouvelle de sa prochaine délivrance.

« 20 juin 1797.

» J'espère que cette lettre vous parviendra. Je voudrais être une des premières personnes qui vous parlât de tous les sentiments d'indignation, de douleur, d'espérance, de crainte, d'inquiétude, de découragement, dont votre sort, pendant ces cinq années, a rempli l'âme de ce qui vous aime. Je ne sais pas s'il est possible de vous rendre supportables vos cruels souvenirs. J'ose cependant vous dire que pendant que la calomnie a défait toutes les réputations, que les factions se sont attachées aux individus, ne pouvant triompher de la cause, votre malheur a préservé votre gloire, et si votre santé peut se remettre, vous sortez tout entier de ce tombeau, où votre nom a acquis un nouveau lustre.

» Venez directement en France! Il n'y a pas d'autre patrie pour vous. Vous y trouverez la république que votre opinion appelait lorsque votre conscience vous liait à la royauté; vous la trouverez illustrée par la victoire et délivrée des crimes qui ont souillé son origine; vous la soutiendrez, parce qu'il ne peut plus exister en France de liberté que par elle, et que vous êtes, comme héros et comme martyr, tellement uni à la liberté, qu'indifféremment je prononce votre nom et le sien pour exprimer ce que je désire pour l'honneur et la prospérité de la France.

» Venez en France! vous y trouverez des amis qui vous sont dévoués, et laissez-moi espérer que mon occupation constante de vous, mes inutiles efforts pour vous servir, me donneront quelques droits à un peu d'intérêt de votre part. »

Cette lettre si éloquente et qui marque une date dans les divers états d'esprit de madame de Staël, était suivie de quelques lignes affectueuses et aimables de Mathieu de Montmorency, alors à Coppet : « La constante occupation de vos malheurs et de votre courage a survécu en moi et survivra toujours à mon éloignement de toute activité, mais je crois que je retrouverais tout mon ancien enthousiasme pour fêter celui à qui j'en ai vu un si constant pour la liberté. » Cette unanimité de toutes les âmes libérales à fêter La Fayette est le jugement le plus favorable de sa conduite pendant la Révolution.

Les deux ou trois jours qu'il passa à Hambourg furent employés à remercier Huger, Fitz-Patrick, Masclet [1]. Ses lettres sont vibrantes de reconnaissance et d'affection; elles honorent son cœur qui resta toujours droit et bon. Il s'acquittait le mieux qu'il pouvait de cette dette la plus sacrée dès le premier jour de sa mise en liberté.

M. Parish avait fini par représenter à M. de Buol que la saison avancée, la mauvaise santé de madame de La Fayette ne rendaient plus possible le départ de la famille pour l'Amérique; que, d'autre part, les événements qui s'accomplissaient à Paris ne permettaient pas une installation en Hollande. Un troisième

---

1. *Correspondance*, t. IV, p. 375 et suiv.
Mémoires d'Anne-Paule-Dominique de Noailles, marquise de Montagu, par M. Callet, Rouen, 1859, t. I, p. 172.

parti s'imposait : le séjour dans le Holstein; c'est celui qui fut adopté. L'installation de La Fayette à Hambourg était surtout ce que le gouvernement autrichien voulait éviter[1].

Le 10 octobre, le général et sa famille partirent en effet pour Witmold, où la sœur de madame de La Fayette, la marquise de Montagu, et leur tante, la comtesse de Tessé, s'étaient fixées pendant l'émigration. Ce fut un grand événement. « Le son des trompettes du jugement dernier ne les eût pas autrement émues que la fanfare du postillon annonçant, suivant l'usage allemand, l'entrée dans la ville. » Les prisonniers d'Olmütz arrivaient. Madame de Montagu courut, éperdue, aux bords du lac et se jeta dans un petit bateau à voiles qui n'avait pour pilote que le vieux M. de Mun. Elle se fit conduire à Ploën et se trouva bientôt dans les bras de sa sœur. Il lui semblait, en la voyant, « qu'elle retrouvait en elle plus qu'elle-même, c'est-à-dire sa mère,

1. Voir Dépêches de Buol à Thugut et de Thugut à Parish, 4 et 14 novembre 1797.

sa sœur de Noailles et tout ce qu'elle avait perdu ».

Le général, bienveillant, doux et calme, comme à l'ordinaire, présenta à sa belle-sœur, ses fidèles Bureaux de Puzy et Latour-Maubourg, puis Théodore de Lameth, son ancien aide de camp, et Pellet, un de ses officiers d'ordonnance, qui étaient venus le rejoindre en route. Madame de Tessé attendait sa nièce sur la rive; elle la reçut avec tendresse, et ce fut, ce jour-là et les suivants, fête à Witmold. Toute la parenté y fut logée. Les amis s'installèrent à Ploën, mais ils passaient le lac deux ou trois fois par jour. « Les eaux de ce pauvre petit lac, ordinairement si tranquille, n'étaient pas plus troublées par ce va-et-vient continuel que ne l'était, au fond de l'âme, madame de Montagu par le bruit et la véhémence inaccoutumés des entretiens de la table et du salon. Il ne faut pas demander de quoi l'on y parlait. De quoi y eût-on parlé, sinon de politique ? »

Le champ était vaste et on le parcourait en

tous sens, du matin au soir. Madame de Tessé, qui était là dans son élément, ranimait la conversation quand elle languissait. Nous connaissons madame de Tessé, un des types les plus accomplis de la femme du xviiie siècle, avec ses yeux perçants, sa bouche fine, mais tiraillée par un tic nerveux qui la faisait grimacer en parlant, avec infiniment de grâce et encore plus d'esprit. Incrédule et charitable, « on la voyait plus souvent sur le chemin des pauvres que sur le chemin de l'église ». C'était elle qui, tour à tour mordante et sentencieuse, discourait le plus au milieu du silence de l'auditoire attentif. Les aides de camp du général apportaient dans la discussion un peu moins d'esprit et plus de passion; ils avaient moins d'aigreur contre la Révolution qui les avait proscrits que contre les émigrés qui avaient applaudi à leur chute, et contre les princes qui avaient refusé de s'appuyer sur eux. On pouvait pressentir leur opposition sous la Restauration.

Quant à La Fayette « il était si peu changé

qu'on rajeunissait en l'écoutant. On était toujours avec lui à la déclaration des droits de l'homme et à l'aurore de la Révolution. Le reste n'était qu'un accident, déplorable sans doute, mais qui n'était pas à son avis plus décourageant que l'histoire des naufrages ne l'est pour les bons marins ». Tel il fut jusqu'à la dernière heure de sa vie, conservant toujours la même intrépidité et la même foi dans les destinées de la France. Il était homme, si l'occasion s'en présentait, comme disait madame de Montagu, à se rembarquer au premier jour sur les quatre planches mal jointes du radeau de 1791 et à risquer de nouveau sa fortune, et non pas seulement la sienne, dans l'entreprise.

Il avait le tempérament des chevaliers d'autrefois et le même calme dans l'ardeur. « Gilbert, écrivait à madame de Grammont madame de Montaigu, est tout aussi bon, tout aussi simple dans ses manières, tout aussi affectueux dans ses caresses, tout aussi doux dans la dispute que vous l'avez connu. Il aime tendrement ses enfants, et, malgré son extérieur froid, est affable pour sa femme. Il a des formes aimables, un flegme dont je ne suis pas la dupe, un désir secret d'être à portée d'agir. J'évite de traiter directement avec lui tout ce qui touche à la Révolution, aux choses qu'il défend, comme à celles qu'il condamne. »

Après cinq semaines passées à Witmold, La Fayette loua un château à Lhemkulen, tout près de madame de Tessé qu'il aimait et qui avait avec lui une parfaite communauté d'opinions. M. de Mun vint le voir, et aussi tous les Maubourg, y compris leur sœur, madame de Maisonneuve. Mais une visite inattendue le charma, celle de madame de Simiane. Munie d'un faux passeport, elle s'était échappée de France tout exprès pour retrouver La Fayette; les tristesses et les malheurs de la Révolution avaient amaigri son beau visage sans lui ôter son attrait. Elle s'établit chez madame de Tessé et fut étonnée en arrivant de n'entendre parler que de projets de mariage.

Charles de Latour-Maubourg, frère de l'aide

de camp du général, venait de demander la main de mademoiselle Anastasie de La Fayette. Elle ne lui apportait en dot que sa jeunesse et ses vertus ; et lui, sauf l'espérance d'une somme de trente mille francs, rien de plus que son courage et sa droiture. Ni l'un ni l'autre ne craignaient la pauvreté. Madame de La Fayette trouvait le parti avantageux ; son mari y donnait son entière adhésion ; mais à Witmold, on jeta les hauts cris. M. de Mun prétendait qu'on ne se mariait pas ainsi, hormis chez les sauvages d'Amérique et madame de Tessé soutenait qu'on n'avait rien vu de pareil depuis Adam et Ève. Les sarcasmes n'y firent rien ; le mécontentement de madame de Tessé se fondit bientôt en une tendre et aimable sollicitude ; on revint s'installer à Witmold pour célébrer le mariage (9 mai 1798). Madame de La Fayette fut assez gravement malade par suite des infirmités qu'elle avait contractées, durant sa longue captivité. Elle ne souffrit pas qu'on ralentît d'un jour les apprêts de la noce ; elle était aussi calme, aussi ferme d'esprit qu'on ne l'avait jamais vue ; ses enfants la transportaient sur un canapé de sa chambre au salon. Madame de Montaigu, près d'accoucher, les aidait à panser « les glorieuses plaies de leur mère ».

Stéphanie de Montaigu vint au monde, en effet, dix jours après le mariage d'Anastasie de La Fayette. Elle fut ondoyée par madame de Tessé, mais il fallut recommencer la cérémonie. Madame de Tessé, qui n'en faisait jamais d'autres, avait, dans son trouble, répandu sur la tête du nouveau-né, au lieu d'eau pure, un flacon d'eau de Cologne ; elle assurait pourtant qu'elle avait fait sur la tête de l'enfant un grand signe de croix.

Pour ajouter aux joies de cette union que le malheur avait préparée, en cimentant l'affection entre les deux familles, Georges La Fayette était arrivé de Mount-Vernon. Il apportait à son père une lettre de Washington. Ce grand homme lui disait toute la part qu'il avait prise à ses souffrances, ses efforts pour le secourir, les mesures qu'il avait adoptées, quoique sans succès, pour faciliter sa délivrance, sa joie enfin de voir le terme des injustices : « A aucune époque, ajoutait-il, vous n'avez eu une plus haute part dans l'affection de ce pays; je n'emploierai pas votre temps à vous parler de ce qui me regarde personnellement, si ce n'est pour vous dire que je suis encore une fois rentré dans mes foyers, où je resterai en formant des vœux pour la prospérité des États-Unis, après avoir travaillé bien des années à l'établissement de leur indépendance, de leur constitution, de leurs lois[1]... » Cette lettre se terminait par ces mots plus affectueux encore que de coutume. « Si vos souvenirs, ou les circonstances vous portaient à visiter l'Amérique, accompagné de votre femme et de vos filles, aucun de ses habitants ne vous recevrait avec plus de cordialité et de tendresse que madame Washington et moi; nos cœurs sont pleins d'affection et d'admiration pour vous et pour elles. »

1. *Correspondance*, t. IV, p. 372.

Il n'y avait pas que du sentiment dans ces lignes ; elles cachaient un regret : depuis que La Fayette avait disparu de la scène politique, des dissensions affligeantes étaient survenues entre nous et les États-Unis. La France et la Grande-Bretagne essayaient depuis longtemps d'entraîner dans leurs hostilités réciproques le gouvernement américain et de lui imposer des résolutions contraires à ses principes de neutralité, comme à la liberté du commerce.

Par représailles contre l'Angleterre, la Convention avait autorisé le 9 mai 1793 les bâtiments de guerre et les corsaires français à amener dans nos ports les navires neutres, chargés, soit de marchandises appartenant à une nation ennemie, soit de subsistances qui lui seraient destinées, et à vendre les cargaisons au profit des preneurs. Ces dispositions, dont on avait d'abord excepté les Américains, les atteignirent ensuite avec beaucoup de rigueur, lorsque le 19 novembre 1794, ils se furent alliés, par un traité de commerce, avec les Anglais. Le Directoire déclara que ce traité violait le traité antérieur du 6 février 1778 entre la France et les États-Unis. M. Adet, notre ministre plénipotentiaire à Washington, signifia le 12 novembre 1796 au secrétaire d'État de l'Union que les vaisseaux américains seraient soumis de la part des Français aux mêmes traitements qu'ils se laisseraient imposer par la marine anglaise. M. Monroë, ministre à Paris, fut alors rappelé; M. Pinckney étant venu pour le remplacer, le Directoire refusa ses lettres de créance. Bientôt tous rapports cessèrent entre les deux gouvernements.

Cette situation politique entre deux pays faits pour s'aimer et se soutenir, resta longtemps ignorée de La Fayette. Quand il la connut, il écrivit à Washington [1] :

« D'après les nouvelles que je reçois, je suis tout à fait persuadé que le Directoire désire être en paix avec les États-Unis. Le parti aristocrate dont la haine pour l'Amérique date du commencement de la révolution européenne, et le gou-

1. *Correspondance*, t. IV, pp. 431 et suivantes.

vernement anglais, qui, depuis la déclaration d'indépendance, n'a rien oublié, ni pardonné, se réjouissent, je le sais, de la perspective d'une rupture entre deux nations, autrefois unies pour la cause de la liberté, et ils s'efforcent par tous les moyens en leur pouvoir de nous précipiter dans la guerre ; mais vous êtes là, mon cher général, indépendant des partis, vénéré de tous ; et si, comme je l'espère, vos renseignements vous portent à juger favorablement les dispositions du gouvernement français, votre influence doit empêcher que la brèche soit agrandie et assurer une noble et durable réconciliation. »

Le temps n'était plus où dans les relations avec les États-Unis, La Fayette exerçait une influence souveraine sur le gouvernement de son pays. Les portes de la patrie ne s'ouvraient pas encore pour lui et il ressentait toutes les douleurs de l'exil ; il était impossible que sa pensée ne se reportât pas vers les événements prodigieux auxquels il avait été mêlé trois ans.

Sous le titre de *Souvenirs en sortant de prison*, il a recueilli ses jugements sur les personnes et les choses de la Révolution. Le nouveau coup d'État du 18 fructidor venait d'ajouter aux crimes déjà commis et avait eu à l'étranger un grand retentissement ; des intrigants essayaient de réveiller l'ambition dans l'âme de l'ancien commandant des gardes nationales. Cet écrit nous montre un La Fayette mûri et il nous semble intéressant d'en parler [1]. Il n'abdique aucune de ses convictions libérales ; il n'est pas de ceux que le spectacle des événements ait absolument découragés ; son rêve était trop haut pour que les malheurs et les mécomptes aient pu l'atteindre. A ses yeux, c'est le 10 Août qui a tout perdu, parce qu'il a consacré la violation des serments constitutionnels. « Un nouveau bouleversement dans les hommes, dans les opinions, dans les mesures, portant partout la terreur et le dévergondage, corrompt jusqu'au fond, le cours des

---

1. *Souvenirs en sortant de prison*, pp. 304, 306, 309.

idées libérales qui avait pu quelquefois être partiellement troublé, mais qui toujours avait été maintenu par la doctrine de l'Assemblée constituante et par le dévouement sans bornes des premiers chefs de la capitale. » Il condamne la politique des Girondins, mais il reconnaît que dans les derniers temps, ils prirent une attitude toujours honorable, que leurs discours et leurs journaux, seules armes à leur usage, devinrent de courageux plaidoyers contre les progrès du terrorisme. Quant au roi, La Fayette ne cesse d'en parler avec respect et un certain attendrissement; jamais son procès n'a été jugé avec plus de sévérité : « Le malheureux Louis XVI dont ses prétendus amis avaient mieux aimé la perte que de le voir sauvé par moi, ne tarda guère à être assassiné par la plus monstrueuse procédure. Tout ce qui devait le protéger comme roi et comme citoyen, l'acte constitutionnel, l'inviolabilité jurée, la nécessité des lois préalables et des formes établies, les amnisties passées, les incapacités légales, les motifs de récusation, la proportion des voix en matière judiciaire, tout fut foulé aux pieds. La Convention, exerçant rétroactivement contre lui les fonctions constituantes et législatives, osa cumuler encore les rôles de dénonciateurs, témoins, jurés d'accusation, jurés de jugement, ministère public, juges et pouvoir exécutif ». Et La Fayette raconte que lorsque ses deux amis et lui furent conduits en janvier 1793, de la prison de Wezel à celle de Magdebourg, se trouvant avec un négociant de Francfort et le maire de Lepstadt, ces messieurs, qui étaient connus du général Scholler commandant l'escorte, obtinrent la permission de causer avec les prisonniers. A propos des premières procédures contre le roi, ils leur dirent : « Nous venons du quartier général des émigrés ; vous êtes les seuls patriotes que nous ayons vus et les premiers Français qui nous aient parlé décemment de ce malheureux procès. »

Il n'y a pas de paroles plus humaines que celles qui tombent des lèvres de La Fayette, lorsqu'il parle de la mort de l'infortunée reine et de l'angélique madame Élisabeth ; et il cite le mot de la duchesse d'Angoulême, mot peu connu : « Si ma mère eût pu vaincre ses préventions contre M. de La Fayette, si on lui eût accordé plus de confiance, mes malheureux parents vivraient encore. » Mais c'est quand il arrive à juger les Jacobins que La Fayette sent la colère lui monter au cœur. Il se souvient du meurtre de son ami, le vertueux Larochefoucauld, de l'exécution du maire de Strasbourg, le brave Dietrich, du martyre de Bailly, de l'immolation de Barnave, tous accusés de fayettisme ; aussi, peu de pages sont plus vibrantes d'émotion que celles où sont marquées au fer rouge, toutes les violences et toutes les folies sanguinaires de la Terreur. Il accuse nettement Danton d'avoir, après le 6 octobre, reçu de l'argent d'abord de M. de Montmorin [1] « qu'il fit en conséquence, assassiner au 2 septembre », et plus tard, de la cour, quelque temps avant le 10 Août « pour tour-

---

1. *Souvenirs en sortant de prison*, p. 329.

ner en faveur du roi, l'émeute annoncée ».

La Fayette, dans ce même écrit, reconnaît que la Convention a créé des institutions utiles et fait la meilleure constitution qui ait existé en Europe, la constitution de l'an III. Il exprime un regret et ce regret est tout patriotique et inspiré par son tempérament militaire; il parle de la journée de Valmy et il ajoute : « Si je n'avais pas été proscrit, les fautes des ennemis et les hasards du temps auraient mis dans mes mains un succès infiniment plus marquant et beaucoup moins méritoire que ma campagne contre lord Cornwallis. Aussi, dès ce moment, suis-je devenu indifférent à toute ambition militaire ».

Voilà le cri qui lui échappe! Il n'a jamais regretté que cela, ne s'être pas en 1792 illustré par une victoire. Il parle avec enthousiasme des armées de la Révolution; il admire leur obéissance sous les armes[1], leur désintéressement, leur caractère généreux « qui pendant

---

1. *Souvenirs en sortant de prison*, pp. 344 et 360.

que la France était souillée par la férocité ou dégradée par la résignation, distinguèrent au dehors ses troupes victorieuses. Elles furent longtemps le refuge de l'honneur national ». Avec quelle chaleur et quelle sympathie, il cite le nom de Hoche qu'il avait connu simple sergent !

Quand, au contraire, il fait un retour sur lui-même, la modestie qui accompagnait son honnêteté lui dicte ces paroles : « J'ai su quelquefois saisir pour le succès de mes vues de grandes circonstances et même les créer ; j'ai souvent produit beaucoup d'effet sur des auditoires tumultueux ou prévenus. Je ne suis pourtant ni homme d'État, ni orateur. »

C'est dans ces pages peu lues que nous saisissons La Fayette sur le vif. Il importait de ne pas les laisser dans l'ombre.

Il conformait du reste ses actes à ses doctrines. Ainsi, dès leur arrivée dans le Holstein, ses amis et lui avaient arboré la cocarde nationale, afin d'établir une distinction tranchante avec les émigrés. Il s'était rendu ensuite chez le ministre de France, M. Reinhart, pour lui porter son adhésion à la constitution de l'an III [1]; et lorsque le lendemain il reçut la visite du représentant du gouvernement du Directoire, il lui exprima fermement « ses inaltérables sentiments sur le 10 Août et son horreur du 18 fructidor ». M. Reinhart, dans sa dépêche à M. de Talleyrand, dut constater les divers sentiments de La Fayette, car le Directoire fut mécontent. Par son ordre, le peu de biens, que La Fayette possédait encore en Bretagne, fut vendu aux enchères et sa rentrée en France fut compromise. « Notre ami, écrivait Masclet, le 31 novembre 1797, vient de jeter le gantelet contre le 18 fructidor, c'est-à-dire qu'il vient de prononcer son arrêt d'ostracisme contre lui-même; j'ai montré tout cela à M. de Talleyrand; il pense comme moi que de pareilles indiscrétions ne peuvent manquer de tout perdre. »

En attendant des jours meilleurs, madame

---

[1]. *Souvenirs en sortant de prison*, p. 362.

de La Fayette à peine convalescente fut dans l'obligation de retourner en France, où les affaires de la famille l'appelaient impérieusement. La détresse s'était assise à son foyer; la guerre d'Amérique, la Révolution, la prison, l'exil, avaient dévoré une fortune considérable. Madame de La Fayette seule pouvait poursuivre le règlement des partages et des comptes, car seule elle n'était portée sur aucune liste de proscription ou de suspicion. Elle partit donc pour Paris avec sa seconde fille; elle n'y fit qu'un court séjour et s'empressa d'aller embrasser en Auvergne, sa vieille tante, madame de Chavaniac.

Pendant son absence, La Fayette et son fils George avaient quitté le Holstein, la famille s'installait plus près de la France, à Vianen, aux portes d'Utrecht. « En exil, dit mélancoliquement madame de Lasteyrie, nul lien n'attache ; on espère toujours abandonner l'établissement qu'on se fait. »

Avant de reprendre le chemin de l'exil, madame de La Fayette avait remis à l'un des directeurs, La Reveillère-Lépeaux, une lettre dans laquelle le général demandait la rentrée de ses compagnons :

« En offrant de loin, mes vœux pour la liberté, la gloire et le bonheur de mon pays, je viens solliciter la rentrée du petit nombre d'officiers qui, dans une occasion dont la responsabilité appartient à moi seul, ne pouvant pas prévoir où les conduisait l'obligation d'accompagner leur général, tombèrent avec lui dans les mains des ennemis. Leur patriotisme éprouvé dès les premiers temps de la Révolution, s'est conservé dans toute son ardeur, comme dans toute sa pureté, et la République ne peut pas avoir de plus fidèles défenseurs. »

La Reveillère lut cette lettre en présence de madame de La Fayette et lui dit qu'il en ferait part au Directoire. Aucune résolution ne fut prise.

L'exil fut moins dur en Hollande. Depuis que Pichegru en avait chassé les Anglais, le stathoudérat avait été aboli, et les sept provinces, sous le nom de République batave étaient gouvernées par une assemblée législative directement nommée par le peuple. Un traité d'alliance entre la France et les Provinces-Unies avait été signé depuis le mois de mai 1795. La Fayette et son fils étaient les amis du général Van Ryssel et ils avaient été reçus par ce grand patriote de la façon la plus touchante[1]. Le général Brune commandait les troupes auxiliaires françaises ; la présence de La Fayette dans la République batave n'était pas sans réveiller les haines de ses ennemis et leurs accusations.

« Il serait facile à mes amis d'y répondre, écrivait-il le 4 avril 1799, si l'apathie générale ne trouvait plus commode de répéter des mots en l'air sur les prétendues fautes du temps passé, que d'encourir le malheur d'avoir une volonté en cherchant à tirer parti du temps présent. J'ai fait des fautes sans doute et je les connais bien ; mais les accusateurs ne sont

---

1. *Correspondance*. t. V, pages 6 et 16.

pas heureux dans leur choix. Dois-je ajouter un manifeste de plus à tous ceux qui ont inondé le public? Je ne le crois pas. Attendons pour que je prenne la parole une occasion; la situation actuelle ne peut pas durer. »

Le général Brune se plaignit au gouvernement du séjour de La Fayette dans la République batave. On le gênait dans le choix d'un asile ; il songea à chercher un refuge en Amérique, mais Washington y voyait des inconvénients politiques pour son ami.

Il se donna, pour tout oublier, aux joies de la famille, laissant madame de La Fayette, essayer de réunir les débris de leur fortune. Madame de Montagu et madame de Grammont, au printemps de 1799, arrivèrent à Vianen. L'entrevue des trois sœurs fut pleine d'émotion. Il s'agissait de partager la succession encore indivise de la duchesse d'Ayen. Il y avait des mineurs, M. de Thésan vivait en Allemagne, le vicomte de Noailles en Amérique. Les *Mémoires* de madame de Montagu indiquent qu'on faisait très mauvaise chère chez le général. Tout y manquait[1]. Les trois sœurs, dès le premier jour, avaient dû mettre en commun leur génie et leur bourse pour se procurer à peu de frais quelques-uns des objets les plus indispensables. « La seule ressource de la maîtresse du logis était de faire des œufs à la neige, lorsqu'il s'agissait d'ajouter un plat de résistance à l'ordinaire de quinze ou seize convives, mourant de faim. » Mais, au sein de cette détresse, que de bonheur ! Il faudrait copier toute la correspondance de ce temps-là pour en donner une idée.

Après un mois de vie commune, on se sépara de nouveau. Madame de La Fayette retourna en France. Jamais son esprit cultivé et juste ne montra autant de ressources qu'à cette époque, en même temps que ses qualités de résolution trouvèrent leur emploi. Toutes les lettres de La Fayette à sa femme, pendant cette longue absence, avec les années de plus,

---

1. *Mémoires de madame de Montagu*, par M. Callet, p. 184.

rappellent par leur tendresse, le temps de la guerre en Amérique.

« 16 mai 1799.

» Je suis revenu bien tristement tout seul, ma chère Adrienne, et quoique je ne puisse regarder cette séparation comme celle de l'année dernière, il y en a plus qu'il ne faut pour me faire bien de la peine. Déjà je commence à éprouver l'impatience de vous revoir; c'est m'y prendre de bonne heure.

» Nous attendons de vos nouvelles. J'ai trop de confiance en vous pour craindre que vous ayez oublié les soins de votre santé, que vous m'avez solennellement et tendrement promis. — Notre jardin a tous les jours de nouveaux charmes; mais une fouine a mangé ma pauvre femelle ramier et ses œufs. J'ai rencontré avant-hier chez la nourrice trois charbonniers du Cantal; ce sont des hommes de fort bon sens, et dont le jugement pour les questions que je leur faisais est très supérieur à celui des salons. Il en résulte évidemment que la Révolution, malgré les crimes et les violences qui en ont souillé le cours et arrêté les effets, a cependant déjà beaucoup amélioré le sort des paysans de ce département. Je vous fais part de cette consolation que j'ai attrapée en passant et qui m'a fait grand plaisir.

» Adieu, ma chère Adrienne, mon cœur vous suit, vous regrette, vous prêche et vous aime bien tendrement. »

Madame de La Fayette avait pu aplanir les difficultés des règlements de famille. Le château de La Grange-Bléneau lui était échu en partage, à la satisfaction de son mari qui rêvait d'agriculture. « Ma lettre, lui écrivait-il (29 mai 1799), vous trouvera vraisemblablement à La Grange, mon cher cœur, dans cette retraite où nous sommes destinés, j'espère, à nous reposer ensemble des vicissitudes de notre vie. » Et il lui demande des détails sur la maison, surtout sur la ferme et les bois. Il s'enfonce dans l'étude des questions agricoles.

Il ne peut s'habituer maintenant à la pensée d'aller s'installer dans l'État de Virginie, ou bien aux portes de la ville de Boston. « D'ailleurs, il ne nous manque que le premier dollar pour acheter notre ferme. Cette incertitude, dit-il à son admirable femme, doit être ajoutée à bien d'autres, sans que vous deviez vous en tourmenter. » Il apportait dans ces années de gêne une sérénité et une force morale sans égales[1].

Pendant ce temps, Pitt avait reformé la coalition, l'armée anglaise envahissait la Hollande, George La Fayette et Victor Latour-Maubourg, le frère du prisonnier d'Olmütz, s'étaient engagés comme grenadiers dans les troupes hollandaises. Le général ne savait où reposer sa tête. Dans une lettre du 19 septembre 1799 il écrivait à sa femme :

« Il y a aujourd'hui deux ans, chère Adrienne, que nous sortîmes de cette prison où vous êtes venue me porter la consolation

---

1. *Correspondance*, t. V, pp. 70 et 81.

et la vie. Que ne puis-je, après deux ans d'exil ajoutés à cinq ans de captivité, vous porter dans une paisible retraite, l'assurance d'être réunis pour toujours !... Comment nous arrangerons-nous, en attendant, pour passer ensemble une partie de l'hiver ? Voilà, mon cher cœur, la question que je me fais à moi-même, sans trop savoir comment y répondre. J'ignore si la Hollande sera suffisamment défendue par le général Brune et son armée gallo-batave. »

C'est alors que madame de La Fayette, effrayée aussi de ce qu'elle entendait dire à Paris, tremblant de voir de nouvelles barrières s'élever entre son mari et elle, si la coalition parvenait à amener en Hollande une contre-révolution, prit la résolution de s'adresser à Siéyès, un des nouveaux directeurs.

La Fayette a tracé de Siéyès un portrait ressemblant[1] : « Il est peureux, prend de l'humeur, ne sait pas plaire; il ne peut ni

---

[1] Lettre à M. de Maubourg. *Correspondance*, t. V.

parler d'abondance, ni monter à cheval; c'est un abbé dans toute la force du terme, de manière qu'avec beaucoup d'esprit, de grandes facultés pour l'intrigue, et d'excellentes intentions à présent, il est resté au-dessous de sa besogne et de l'attente publique, surtout de celle de l'Europe où sa réputation en bien et en mal a été fort exagérée. Il est dans la Révolution, ce que l'archevêque de Toulouse a été dans l'ancien régime. Tout le monde l'attendait sur le piédestal, et on s'étonne de le voir si petit. »

Siéyès reçut madame de La Fayette. Elle lui parla des dangers que courait son mari[1] et le prévint que si les armées étaient victorieuses en Hollande, il viendrait chercher un asile sur le territoire français. Siéyès se disculpa d'être l'ennemi du général, l'assura de son désir de le voir rentrer, mais il ajouta qu'actuellement ce serait imprudent et que La Fayette serait plus en sûreté dans les États du roi de Prusse. « Comment! du roi de Prusse

---

1. *Vie de madame de La Fayette*, p. 401.

qui l'a retenu prisonnier! répondit madame de La Fayette; mon mari préférerait, s'il le faut, une prison dans sa patrie, mais il a en elle plus de confiance. » Et sur ce mot, ils se séparèrent. Heureusement le duc d'York, commandant de l'armée anglaise, fut réduit, le 18 octobre, à accepter une capitulation qui l'obligeait à rembarquer sans délai son armée, à relever les batteries détruites et à rendre à l'armée batave huit mille prisonniers, sans conditions, ni échanges.

Un autre événement, dont La Fayette voyait avec perspicacité les conséquences, venait modifier du tout au tout la situation. Bonaparte revenait d'Égypte. « Il peut devenir le maître de la France, écrivait La Fayette à Latour-Maubourg; quant à ses dispositions à notre égard, elles dépendent essentiellement de son intérêt et de ses projets actuels. Vous savez que son premier mot en Italie fut que je ne devrais jamais rentrer en France. »

Madame de La Fayette savait tout cela. Sur ses conseils, son mari adressa cependant une lettre nouvelle de remerciements à Bonaparte;

elle resta sans réponse. Bonaparte avait autre chose à faire. Il préparait le 18 brumaire. Quand la partie fut gagnée, madame de La Fayette, avec cette appréciation juste des choses, qui ne lui faisait jamais défaut, jugea sur-le-champ que son mari, sans hésitation et sans rien demander à personne, devait rentrer en France, au moment même où l'on proclamait le retour à la justice. Elle obtint un passeport sous un nom supposé, Alexandre Romeuf le porta à La Fayette. Sans aucune autre information, il partit et débarqua à Paris chez M. Adrien de Mun. Dans une dernière lettre à sa femme, du 30 octobre 1799, La Fayette lui montrait le fond de son âme :

« Terminer la Révolution à l'avantage de l'humanité, influer sur des mesures utiles à mes contemporains, rétablir la doctrine de la liberté, fermer des blessures, rendre hommage aux martyrs de la bonne cause, seraient pour moi des jouissances qui dilateraient mon cœur ! Mais je suis plus dégoûté que jamais, je le suis invinciblement de prendre racine dans les affaires publiques; je n'y entrerais que pour un coup de collier, comme on dit; et rien au monde, je vous le jure sur mon honneur, par ma tendresse pour vous et par les mânes de ce que nous pleurons, ne me persuadera de renoncer au plan de retraite que je me suis formé et dans lequel nous passerons tranquillement le reste de notre vie. »

C'est dans ces sentiments que dans les premiers jours de novembre, La Fayette revenait de l'exil. Il y avait plus de sept ans qu'il avait quitté la France et pendant de longues années de souffrance, son âme ne s'était pas aigrie, son enthousiasme libéral ne s'était pas éteint. Mais s'il restait toujours le représentant le plus vrai de 1789, la nation, dégoûtée de troubles civils et folle de batailles, avait oublié son idole du 14 juillet. Elle était aux pieds du jeune capitaine qui allait fonder la société issue de la Révolution et lasser la fortune et la gloire.

II

Le premier acte de La Fayette à Paris fut d'écrire à Bonaparte :

« Citoyen consul, depuis l'époque où les prisonniers d'Olmütz vous durent leur liberté, jusqu'à celle où la liberté de ma patrie va m'imposer de plus grandes obligations envers vous, j'ai pensé que la continuation de ma proscription ne convenait ni au gouvernement ni à moi-même; aujourd'hui j'arrive à Paris. Avant de partir pour la campagne éloignée où je vais réunir ma famille, avant même de voir ici mes amis, je ne diffère pas un instant de m'adresser à vous, non que je doute d'être à ma place partout où la République sera fondée sur des bases dignes d'elle, mais parce que mes devoirs et mes sentiments me pressent de vous porter moi-même l'expression de ma reconnaissance. »

Le général Clarke voulut bien se charger de remettre cette lettre à Bonaparte. Il s'était mis en colère à la nouvelle de l'arrivée de La Fayette. Talleyrand s'était empressé de donner rendez-vous à l'ancien prisonnier[1]. Regnault de Saint-Jean-d'Angély s'y trouvait. Tous deux lui peignirent la fougue du Premier Consul et pressèrent leur interlocuteur, dans la crainte de mesures violentes, de retourner en Hollande. La Fayette était résolu à ne plus quitter la France. Il était prêt à se laisser arrêter, comme il le déclara à Louis Romeuf. Il chargea madame de La Fayette de revoir Bonaparte ; elle fut gracieusement accueillie par lui. « L'arrivée de M. de La Fayette, dit-il, entrave ma marche pour le rétablissement de mes principes et me force à serrer le vent. Je le conjure donc d'éviter tout éclat ; je m'en

---

1. *Mes rapports avec le Premier Consul*, pp. 154 et suiv.

rapporte à son patriotisme. » Elle répondit que telle avait toujours été l'intention de son mari.

Rœderer et Volney vinrent le voir et lui répéter un propos semblable de Bonaparte. La Fayette quitta Paris et se rendit à La Grange. Le Premier Consul adopta un système de silence à son égard, à ce point que lorsque le 1er février 1800, Fontanes prononça aux Invalides l'éloge de Washington, Bonaparte lui demanda de ne pas nommer La Fayette ; il parut même contrarié d'apprendre que son fils George assistait à la cérémonie.

Retiré à la campagne, le prisonnier d'Olmütz ne cherchait que l'occasion de servir ses anciens compagnons. Cette occasion se présenta bientôt : un arrêté des consuls du 11 ventôse an VIII (1er mars 1800) avait décidé qu'on effacerait de la liste des émigrés ceux des membres de l'Assemblée constituante qui présenteraient au ministre de la police des attestations constatant « qu'ils avaient voté pour l'établissement de l'égalité et pour la suppression de la noblesse ». La Fayette, après avoir rempli les formalités, écrivit à Fouché en réclamant les mêmes avantages pour les officiers qui avaient signé avec lui, le 19 août 1792, la déclaration faite à Rochefort. Elle témoignait que les signataires, ne pouvant plus servir la liberté de leur pays et défendre sa constitution, demandaient, non comme militaires en activité, et moins encore comme émigrés, mais en qualité d'étrangers, un libre passage sur territoire neutre. La Fayette eut le bonheur de voir ses camarades, rayés en même temps que lui, de la liste de proscription.

Son fils George souhaitait passionnément d'entrer dans l'armée. Il fut proposé pour une sous-lieutenance ; le Premier Consul le plaça dans un régiment de hussards dont Horace Sébastiani était colonel. Enfin La Fayette fut présenté à Bonaparte aux Tuileries, en même temps que Latour-Maubourg par le consul Lebrun.

« Je me rappelai, écrit La Fayette, le premier accueil que j'avais reçu autrefois du Grand Frédéric. » Après les compliments réciproques, Bonaparte, répondant aux félicitations sur les succès de l'armée d'Italie : « Les Autrichiens, dit-il, en veulent pourtant encore ; c'est Moreau qui fera la paix ; je ne sais ce que diable vous leur avez fait, général La Fayette, ajouta-t-il avec grâce, en parlant des puissances, mais ils ont eu bien de la peine à vous lâcher. » Et, comme, à leurs remerciements, La Fayette et Maubourg joignaient ceux de Bureaux de Puzy, alors aux États-Unis, avec Dupont de Nemours dont il était le beau-fils : « Il reviendra, dit Bonaparte, et Dupont de Nemours aussi, on en revient toujours à l'eau de la Seine. »

Peu de temps après, comme La Fayette allait rendre visite à Talleyrand, il le vit sortir de son cabinet avec quelqu'un qui ressemblait au Premier Consul, c'était Joseph Bonaparte. Après quelques mots de politesse, il invita La Fayette à une fête qu'il donnait à Morfontaine pour célébrer le traité d'amitié et de commerce, signé le 30 septembre 1800 avec les États-Unis. La Fayette rencontra les ministres américains, plusieurs généraux, et toute la famille Bonaparte. Ce fut une bonne fortune pour lui, durant les deux jours que dura la fête d'avoir plus d'une occasion de causer avec le Premier Consul ; les lambeaux de conversation que La Fayette a transcrits sont pleins d'intérêt et font connaître le héros des campagnes d'Italie, dans ses premiers mois d'éclat et de grandeur incontestés.

« Vous avez dû trouver les Français bien refroidis sur la liberté ? — Oui, mais ils sont en état de la recevoir. — Ils sont bien dégoûtés, vos Parisiens, par exemple ! oh ! les boutiquiers n'en veulent plus. — Je n'ignore pas l'effet des crimes et des folies qui ont profané le nom de la liberté ! mais, je le répète, les Français sont plus que jamais peut-être en état de la recevoir ; c'est à vous à la donner ; c'est de vous qu'on l'attend. »

Bonaparte parla sans affectation des intrigues royalistes et de la coopération des partis extrêmes ; puis, comme La Fayette, tout en ne le croyant pas l'inspirateur de la constitution de l'an VIII, le rendait cependant responsable de la part trop grande faite au pouvoir exécutif : « Que voulez-vous, répondit-il, vous savez que Siéyès n'avait mis partout que des ombres : ombre de pouvoir législatif, ombre de pouvoir judiciaire, ombre de gouvernement ; il fallait bien de la substance quelque part... ma foi, je l'ai mise là. » Revenant à La Fayette, il le questionna sur ses campagnes d'Amérique, mais, avec sa modestie de bon goût, l'ami de Washington se contenta de lui dire : « Ce furent les plus grands intérêts de l'univers décidés par des rencontres de patrouilles. » Et, lui parlant à son tour de l'idée, qu'avaient eue quelques membres de la Convention fédérale, de faire en Amérique une présidence à vie, il vit les yeux de Bonaparte s'animer ; et, comme il lui donnait quelques détails sur cette présidence américaine, sans faste et sans garde :

« Vous conviendrez, répliqua-t-il vivement, qu'en France cela ne pourrait pas aller. »

Il joignait alors à la simplicité du génie, la profondeur de l'esprit et la sagacité du jugement. La Fayette dut à cette rencontre à Morfontaine un des grands plaisirs de sa vie : il obtint que M. et madame de Tessé fussent rayés de la liste des émigrés.

Du reste, dans ces premiers mois du Consulat, il eût pu obtenir pour lui-même de grandes fonctions publiques, il s'y refusa. « J'ai souhaité la gloire et non la puissance, écrivait-il ; la fortune m'a fait manquer l'année 1792. D'ailleurs tant d'amis n'étaient plus ; on avait à me pardonner tant de torts envers moi ; je suis si peu enclin aux liaisons et aux mesures jugées nécessaires, que je préférais sincèrement ma retraite sous la magistrature de Bonaparte[1]. »

La première proposition qu'il reçut fut honorable et séduisante. Elle vint de Cabanis

---

1. *Mes rapports avec le Premier Consul.*

qui, après avoir appartenu au Conseil des Cinq-Cents, était entré au Sénat, après le 18 brumaire. Talleyrand lui renouvela de son côté l'offre d'être sénateur. Enfin le général Mathieu Dumas vint s'expliquer avec lui sur son attitude, au nom du Premier Consul.

« Personne n'aime passer pour un tyran, avait dit Bonaparte; le général La Fayette semble me désigner comme tel. — Le silence de ma retraite, répondit-il, est le maximum de ma déférence; si Bonaparte veut servir la liberté, je lui suis dévoué; mais je ne veux ni approuver un gouvernement arbitraire, ni m'y associer. » Il n'accepta que le titre d'électeur départemental, quoiqu'il fût à vie, et il profita d'une élection au Corps législatif pour motiver son refus de candidature auprès des électeurs de la Haute-Loire, en quelques mots, publiés au Puy (19 juillet 1800) :

« C'est dans la retraite, et me consacrant enfin au repos de la vie privée que je forme des vœux ardents pour que la paix intérieure soit bientôt le fruit des miracles de gloire qui viennent de surpasser les prodiges des campagnes précédentes, et pour que la paix extérieure se consolide sur les bases essentielles et invariables de la vraie liberté. Heureux que vingt-trois années de vicissitudes dans ma fortune, et de constance dans mes principes, m'autorisent à répéter, comme le 11 juillet 1790 : si pour recouvrer ses droits, il suffit toujours à une nation de le vouloir, elle ne les conserve que par une austère fidélité à ses obligations civiques et morales. »

Il ne fut donc pas ébloui par le génie et la fortune, il eut néanmoins jusqu'au consulat à vie des rapports avec Bonaparte ; l'explosion de la machine infernale, le 3 nivôse, fut pour La Fayette une occasion d'aller lui rendre visite. En recevant ses compliments, le Premier Consul lui rappela leur conversation à Morfontaine sur la constante coopération des partis extrêmes dans les temps révolutionnaires. Comme La Fayette l'engageait à publier les preuves du complot, il lui fit observer qu'elles n'étaient pas susceptibles de publicité, il ajouta que Louis XVIII lui avait écrit pour désavouer ce crime. « Sa lettre est bien, dit-il, la mienne aussi, mais il finit par me demander une chose que je ne puis faire, c'est de le mettre sur le trône. » Alors il lui conta gaiement les propositions dont on chargeait sa femme Joséphine. « Ils me promettent une statue qui me représentera tendant la couronne au roi. J'ai répondu que je craindrais d'être enfermé dans le piédestal... Leur rendre le pouvoir serait de ma part une infâme lâcheté ! Vous pouvez désapprouver mon gouvernement, me trouver despote; on verra, vous verrez un jour si je travaille pour moi ou pour la postérité !... Mais enfin, je suis maître du mouvement, moi que la Révolution, que vous et tous les patriotes ont porté où je suis, et si je rappelais ces gens-là, ce serait nous livrer tous à leur vengeance. » Il parla si éloquemment de la gloire et de la France que La Fayette lui prit la main.

Ses visites furent en ce temps-là assez nombreuses; elles avaient pour objet des radiations de parents ou d'amis ou quelque autre service à rendre. Bonaparte et lui restaient deux ou trois heures tête-à-tête, causant de tout avec une liberté mutuelle; et le Bonaparte de ce temps-là était singulièrement intéressant.

Il étalait un jour ses projets de concordat : « Vous ne vous plaindrez pas, disait-il, je replace les prêtres au-dessous de ce que vous les avez laissés; un évêque se croira très honoré de dîner chez le préfet. » La Fayette l'interrompit pour dire en riant : « Avouez que cela n'a d'autre objet que de casser la *petite fiole?* — Vous vous moquez de la *petite fiole*, et moi aussi, répondit-il, mais croyez qu'il nous importe au dehors et au dedans de faire déclarer le pape et tous ces gens-là contre la légitimité des Bourbons ; je trouve tous les jours cette sottise dans les négociations. Les diocèses de France sont encore régis par des évêques à la solde des ennemis. »

Jamais il ne parlait à La Fayette des grands

seigneurs et des rois de l'Europe, sans lui témoigner combien il avait été frappé de leur malveillance envers lui. « Je suis bien haï, disait-il un jour, et d'autres aussi, par ces princes et leurs entours, mais, bah! tout cela n'est rien auprès de leur haine pour vous... J'ai été à portée de le voir, je n'aurais jamais cru que la haine humaine pût aller si loin! Comment diable les républicains ont-ils eu la sottise de croire un instant leur cause séparée de la vôtre? Mais à présent ils vous rendent bien justice, mais justice complète. » Et ce mot fut appuyé d'un regard très significatif.

Les entretiens se continuèrent encore une année. Un jour que La Fayette était venu l'entretenir de Lally-Tollendal, pour lequel il avait témoigné la plus bienveillante considération. « J'ai reçu une lettre de lui, répondit-il, celui-là a le sang rouge. » Il fut ensuite question d'un autre député à la Constituante qui avait eu des rapports avec le cabinet britannique : « Pourquoi, dit Bonaparte, ne pas faire comme un avocat du Dauphiné, Mounier, qui préféra être maître d'école? Tenez, mon cher, une belle conduite, c'est la vôtre ! Mener les affaires de son pays, et, en cas de naufrage, n'avoir rien de commun avec ses ennemis, voilà ce qu'il faut ! »

— « A-t-il porté les armes ? » répondait-il à toutes les demandes de radiation d'émigrés.

Il était dans un moment d'épanchement, lorsqu'il dit à La Fayette en riant : « Vous vous sentez encore trop d'activité pour être sénateur? — Ce n'est pas cela, répondis-je, mais je crois que la retraite est ce qui me convient le mieux. — Adieu, général La Fayette, reprit-il avec un dépit concentré, fort aise d'avoir passé ce temps avec vous. » La Fayette, en lui disant adieu, le remerciait de l'intérêt qu'il avait pris à la radiation d'une personne qui l'intéressait, Bonaparte saisit le mot pour reprendre la conversation : « Permettez-moi, lui dit La Fayette, de reparler d'un point sur lequel je ne veux pas vous laisser d'injustes impressions; j'ai besoin de vous répéter que, d'après les circonstances de ma vie orageuse, vous devez trouver naturel et convenable que je vive en simple citoyen, au sein de ma famille. Déjà même, je vous aurais demandé ma retraite militaire, si je ne voulais pas que tous mes compagnons aient passé avant moi. — Votre retraite militaire aussi ! répondit-il, mais si vous y êtes décidé, il ne faut pas que la considération de vos compagnons vous arrête. Parlez à Berthier pour qu'il presse votre demande. »

L'affaire fut terminée aussitôt et La Fayette eut la pension de retraite au maximum de son grade.

Au moment du traité d'Amiens (27 mars 1802) ses discussions avec le Premier Consul devinrent plus vives. La Fayette avait fait une visite à lord Cornwallis, de passage à Paris et il avait été invité avec lui chez Joseph Bonaparte; le Premier Consul dit en ricanant à La Fayette, la première fois qu'il le revit : « Je vous préviens que lord Cornwallis prétend que vous n'êtes pas corrigé. — De quoi? reprit La Fayette assez vivement. Est-ce

d'aimer la liberté? Qui m'en aurait dégoûté?
Les extravagances et les crimes de la tyrannie
terroriste? Je n'ai pu qu'en haïr davantage
tout régime arbitraire et m'attacher de plus
en plus à mes principes. — Voilà pourtant,
continua Bonaparte, ce que prétend lord Cornwallis; vous lui avez parlé de nos affaires,
et voilà ce qu'il dit. — Je ne me rappelle
rien; personne n'est plus loin que moi d'aller chercher un ambassadeur anglais pour
dénigrer ce qui se passe dans mon pays; mais
s'il m'a demandé si j'appelais cela de la liberté, je lui aurais dit non, quoique plutôt à
tout autre qu'à lui. » Bonaparte reprit d'un
ton sérieux : « Je dois vous dire, général La
Fayette, que je vois avec peine que, par votre
manière de vous exprimer sur les actes du
gouvernement, vous donnez à ses ennemis le
poids de votre nom. — Que puis-je faire de
mieux? reprit La Fayette, j'habite la campagne, je vis dans la retraite, j'évite les occasions de parler; mais toutes les fois qu'on
viendra me demander si votre régime est

conforme à mes idées de liberté, je répondrai que non, car enfin, général, je veux bien être prudent, mais je ne veux pas être renégat. — Qu'entendez-vous, répliqua-t-il, avec votre régime arbitraire? Le vôtre ne l'était pas, j'en conviens; mais vous aviez contre vos adversaires la ressource des émeutes. Je n'étais encore qu'au parterre, lorsque vous étiez sur le théâtre, mais je regardais bien. Oui, pour mettre à la raison ces gueux, vous aviez besoin de faire des émeutes. — Si vous appelez émeute, reprit son interlocuteur, l'insurrection nationale de juillet 1789, je réclame celle-là, mais, passé cette époque, je n'en ai plus voulu. J'en ai réprimé beaucoup. La plupart se faisaient contre moi, et, puisque vous en appelez à mon expérience, je vous dirai que je n'ai vu dans la Révolution aucune injustice, aucune déviation de la liberté qui n'ait nui à la Révolution elle-même, et finalement aux auteurs de ces mesures. — Mais ne conviendrez-vous pas vous-même, dit Bonaparte, que, dans l'état où j'ai trouvé la

France, j'étais forcé à des mesures irrégulières ? — Ce n'est pas la question, répondit La Fayette; je ne parle ni du moment, ni de tel ou tel acte; c'est la direction, oui, général, c'est la direction dont je me plains et m'afflige. — Au reste, reprit le Premier Consul, je vous ai parlé comme chef du gouvernement, et, en cette qualité, j'ai à me plaindre de vous; mais, comme particulier, je dois être content; car, dans tout ce qui m'est revenu de vous, j'ai reconnu que, malgré votre sévérité sur les actes du gouvernement, il y a toujours eu de votre part, de la bienveillance personnelle pour moi. »

Il avait raison : un gouvernement libre et Bonaparte à sa tête, voilà ce qu'il fallait à La Fayette; et, au contraire, on tournait de plus en plus le dos à la liberté. Le consulat à vie, au lieu d'être entouré de barrières constitutionnelles, était présenté à la sanction des électeurs, comme une consécration du despotisme; La Fayette crut devoir motiver son vote. Il écrivit sur le registre de sa commune :

« Je ne puis voter pour une telle magistrature, jusqu'à ce que la liberté publique soit suffisamment garantie ; alors je donnerai ma voix à Napoléon Bonaparte. »

Et, pour ne laisser aucune incertitude planer sur son opinion, il lui fit remettre la lettre suivante :

« La Grange, 20 mai 1802.

» Général,

» Lorsqu'un homme pénétré de la reconnaissance qu'il vous doit, et trop sensible à la gloire pour ne pas aimer la vôtre, a mis des restrictions à son suffrage, elles sont d'autant moins suspectes que personne ne jouira plus que lui de vous voir premier magistrat à vie d'une république libre.

» Le 18 brumaire sauva la France, et je me sentis rappelé par les professions libérales auxquelles vous avez attaché votre honneur. On vit depuis dans le pouvoir consulaire cette dictature réparatrice, qui, sous les auspices de votre génie, a fait de si grandes choses, moins grandes cependant que ne le sera la restauration de la liberté.

» Il est impossible que vous, général, le premier dans cet ordre d'hommes qui, pour se comparer et se placer, embrassent tous les siècles, vouliez, qu'une telle révolution, tant de victoires et de sang, de douleurs et de prodiges, n'aient pour le monde et pour vous d'autre résultat qu'un régime arbitraire. Le peuple français a trop connu ses droits pour les avoir oubliés sans retour; mais peut-être est-il plus en état aujourd'hui que dans son effervescence de les recouvrer utilement; et vous, par la force de votre caractère et de la confiance publique, par la supériorité de vos talents, de votre existence, de votre fortune, vous pouvez, en rétablissant la liberté, maîtriser tous les dangers, rassurer toutes les inquiétudes; je n'ai donc que des motifs patriotiques et personnels pour vous souhaiter, dans ce complément de votre gloire, une magistrature permanente; mais il convient aux principes, aux engagements, aux actions de ma vie entière, d'attendre pour lui donner ma voix, qu'elle ait été fondée sur des bases dignes de la nation et de vous.

» J'espère que vous reconnaîtrez ici, général, comme vous l'avez déjà fait, qu'à la persévérance de mes opinions politiques se joignent des vœux sincères pour votre personne.

» Salut et respect. »

Personne alors en France n'aurait osé écrire cette lettre. Elle honore un homme autant qu'une victoire. Une femme seule en eût été capable et cette femme envoyait de Rome à La Fayette ces lignes éloquentes : « J'espérerai toujours de la race humaine, tant que vous existerez. Je vous adresse ce sentiment du haut du Capitole et les bénédictions des ombres vous arrivent par ma voix. » On a reconnu madame de Staël.

III

L'établissement de l'empire ne fit que maintenir La Fayette dans sa ligne de conduite.

La retraite lui était de plus en plus commandée par l'honneur. Jamais madame de La Fayette ne fut plus heureuse; il lui fut enfin permis dans ses dernières années, de goûter un bonheur dont elle n'avait jamais conçu l'espérance; sa félicité ne fut troublée que par les inquiétudes que lui donnait son fils George qui faisait vaillamment son devoir sur le champ de bataille et qui fut blessé au combat du Mincio.

Pendant le voyage qu'il fit en France pour guérir sa blessure, il s'était marié à mademoiselle Émilie de Tracy dont le père, M. Destutt de Tracy, un des plus fermes esprits, une des rares intelligences philosophiques de son temps, député de la noblesse du Bourbonnais à la Constituante, avait été l'ami de La Fayette, un des confidents de ses idées, et, comme maréchal de camp, commandait sous ses ordres la cavalerie, à la frontière en 1792. Il y avait harmonie de sentiments et d'éducation entre les deux époux; toute la famille était venue à Chavaniac partager cette nouvelle joie avec la vieille tante [1] octogénaire « qui conservait toutes ses facultés dans un cœur aimant ». C'est pendant ce séjour en Auvergne que madame de Montagu présenta au général le marquis de Lasteyrie du Saillant qui bientôt épousa mademoiselle Virginie, celle qui a écrit ce beau livre, digne d'être mis entre les mains de toutes les femmes et qu'elle avait modestement intitulé : *Notice sur madame de La Fayette par sa fille.*

Le mariage allait se célébrer, lorsque M. de La Fayette, en tombant sur la glace, se cassa le col du fémur ; avec l'imperfection de la science chirurgicale d'alors, il souffrit cruel-

1. *Vie de madame de La Fayette,* par madame de Lasteyrie.

lement pendant quarante jours et quarante nuits. Il éprouva le maximum de douleurs que le corps humain peut supporter avec un courage et un stoïcisme au-dessus de tout éloge. « Nous sommes sur la roue », disait madame de Lasteyrie, au milieu de si atroces douleurs. Le mariage de Virginie de La Fayette et de Louis de Lasteyrie put se célébrer; et dans une chambre voisine de celle où le général était encore étendu, le Père Carrichon, qui avait assisté madame d'Ayen dans son martyre, bénit le jeune couple. Madame de Tessé toujours généreuse avait envoyé le trousseau, le reste de la famille s'était cotisé pour offrir à la mariée[1], au lieu de diamants et de bijoux, un portefeuille contenant deux mille francs. La fortune des Noailles et celle des La Fayette étaient loin d'être refaites.

Quelque réduites que fussent ses ressources, madame de La Fayette ne prit pas moins la résolution avec sa sœur, madame de Montagu,

1. *Mémoires de madame de Montagu.*

d'élever un monument, au lieu même où madame d'Ayen et madame de Noailles avaient été ensevelies. Grâce au dévouement obscur d'une pauvre ouvrière, mademoiselle Pâris, les deux sœurs apprirent que les guillotinés de la barrière du Trône, dans les dernières semaines de la Terreur, avaient été entassés dans un puits, creusé dans un terrain presque désert, sur le chemin de Saint-Mandé, et voisin d'un monastère en ruine. Treize cents personnes suppliciées en quarante-trois jours avaient été jetées dans le trou de Picpus. Un an après l'installation du Directoire, madame la princesse de Hohenzollern, dont le frère avait été enfoui dans ce champ des morts, l'acheta et le fit sans bruit clore de murs pour le mettre à l'abri des profanations.

Quand madame de Montagu et madame de La Fayette, guidées par mademoiselle Pâris, allèrent pour la première fois à Picpus, et qu'elles virent ce cimetière inconnu, elles furent saisies de tristesse. Le projet, qu'elles avaient conçu dans l'exil, d'élever une tombe à leur mère, à leur aïeule, à leur sœur, se transforma. Une souscription fut ouverte parmi les parents des victimes ; avec le temps, l'œuvre se développa, la chapelle fut agrandie, les terrains contigus furent achetés, une partie du vieux monastère fut restaurée. Des religieuses vouées à l'adoration perpétuelle y furent installées ; des plaques de métal furent scellées aux murs, et l'on y grava les noms des treize cents victimes de la barrière du Trône, dans l'ordre où on les avait trouvées inscrites sur les registres de la Conciergerie. Cette œuvre de Picpus fut une consolation pour madame de La Fayette.

Sa santé était sérieusement atteinte, mais son courage simple était comme un charme qui trompait ceux qui l'approchaient, et elle recevait de la plus noble façon les visiteurs. La Grange eut, après la paix d'Amiens, des hôtes illustres : Charles Fox et sa femme, Fitz Patrick, les amis des mauvais jours y passèrent deux semaines, apportant avec eux leur grand souffle libéral et jugeant avec sagesse les événements extraordinaires qui se déroulaient. Madame de La Fayette se prêtait à tout. Elle supportait avec douceur les inquiétudes que lui causaient les batailles auxquelles son fils assistait. Napoléon gardait rancune à George de l'attitude de son père. Bien qu'il eût sauvé à Eylau la vie du général Grouchy dont il était l'aide de camp, bien qu'il eût été présenté deux fois pour le grade de capitaine, deux fois il avait été rayé de la main même de l'empereur. George attendait la paix pour donner sa démission.

Les années de ce tranquille séjour à La Grange s'écoulèrent rapides comme la joie; La Fayette était tout entier à ses travaux agricoles; même dans ses lettres à Jefferson, avec lequel il avait un commerce épistolaire suivi, il parlait avec réserve des événements, tout en les jugeant avec hauteur. Il ne se désintéressait jamais des affaires de l'Amérique, se réjouissant avec Jefferson du développement des institutions républicaines.

Le 20 février 1807, il écrivait à cet ami fidèle

qui l'avait invité à venir le voir avec la famille :

« George a dû renoncer à l'espoir d'obtenir de l'empereur aucun avancement ; mais son zèle dans l'armée active déplaît assez pour qu'il ait à craindre d'être envoyé avec son grade de lieutenant dans quelque régiment éloigné. C'est pourquoi il est décidé à revenir près de nous, aussitôt que les circonstances lui permettront de quitter la division à laquelle il est attaché, à moins qu'il ne survienne quelque explication à ce sujet. Ma situation personnelle est toujours la même, ma femme éprouve dans ce moment une crise de souffrance ; vraiment, mon cher ami, je ne sais comment elle aurait pu traverser l'Atlantique, ni comment dans la situation actuelle des affaires, nous pourrions espérer de vous rejoindre. »

George La Fayette découragé avait en effet quitté l'armée et était revenu à La Grange ; sa mère était entrée dans un état de souffrance dont elle ne sortit plus. On profita d'une trêve dans ses douleurs pour la transporter à Aulnay, chez madame de Tessé, à trois lieues de Paris. Puis le mal faisant des progrès, la malade s'établit à Paris, toujours chez sa tante dévouée. Dans son délire, madame de La Fayette reconnaissait ses enfants. Elle appela un jour sa fille aînée, madame de Latour-Maubourg pour lui dire : « Avez-vous l'idée de ce que c'est que le sentiment maternel ? En jouissez-vous comme moi ? Y a-t-il quelque chose de plus doux, de plus intime, de plus fort ? Sentez-vous comme moi le besoin d'aimer et d'être aimée [1] ? »

Dieu et son mari furent l'occupation de ses derniers moments ; au milieu de la fièvre, elle répétait le cantique de Tobie, qu'elle avait dit en apercevant la ville d'Olmütz, et s'éteignit la nuit de Noël 1807. Ses dernières paroles à ses enfants furent : « Je vous souhaite la paix du Seigneur ! » et à M. de La Fayette : « Je suis toute à vous ! » Elle fut inhumée à Picpus dans le funèbre asile que sa sœur, madame de Montagu et elle avaient fondé.

1. *Vie de madame de La Fayette*, par madame de Lasteyrie.

Quelques jours après cette mort, M. de La Fayette écrivait à M. de Latour-Maubourg cette lettre admirable qui mérite d'être conservée, tant par sa sincérité, son élévation, elle honore deux âmes; c'était la seule oraison funèbre que rêva madame de La Fayette. Dans ce livre, où elle tient presque autant de place que son mari, ce cri de douleur, ces larmes doivent être recueillis.

« Je ne vous ai pas encore écrit, mon cher ami, du fond de l'abîme de malheur où je suis plongé. J'en étais bien près, lorsque je vous ai transmis les derniers témoignages de son amitié pour vous, de sa confiance dans vos sentiments pour elle. Ma douleur aime à s'épancher dans le sein du plus constant et cher confident de toutes mes pensées, au milieu de toutes les vicissitudes où souvent je me suis cru malheureux; mais jusqu'à présent, vous m'avez trouvé plus fort que les circonstances. Aujourd'hui la circonstance est plus forte que moi. Je ne m'en relèverai jamais.

» Pendant les trente-quatre années d'une union où sa tendresse, sa bonté, l'élévation, la délicatesse, la générosité de son âme charmaient, embellissaient, honoraient ma vie, je me sentais si habitué à tout ce qu'elle était pour moi, que je ne la distinguais pas de ma propre existence. Elle avait quatorze ans et moi seize, lorsque son cœur l'amalgama à tout ce qui pouvait m'intéresser. Je croyais bien l'aimer, avoir besoin d'elle, mais ce n'est qu'en la perdant que j'ai pu démêler ce qui reste de moi pour la suite d'une vie qui m'avait paru livrée à tant de distractions et pour laquelle, néanmoins, il n'y a plus ni bonheur, ni bien-être possible...

» Le jour où elle reçut les sacrements, elle mit du prix à voir que j'y assistais. Elle tomba ensuite dans un délire constant, le plus extraordinaire et le plus touchant qui ait été jamais vu. Imaginez-vous, mon cher ami, une cervelle tout à fait dérangée, se croyant en Égypte, en Syrie, au milieu des événements du règne d'Athalie que les leçons de Célestine avaient laissés dans son imagination, brouillant presque toutes les idées qui ne tenaient pas à son cœur; enfin le délire le plus constant, et en même temps une douceur inaltérable et cette obligeance qui cherchait toujours à dire quelque chose d'agréable; cette reconnaissance pour tous les soins qu'on prenait d'elle, cette crainte de fatiguer les autres, ce besoin de leur être utile, tels qu'on aurait trouvé tous ces sentiments, toute cette bonté en elle, dans l'état de parfaite raison. Il y avait aussi une définition de pensées, une finesse dans ses définitions, une justesse, une élégance d'expressions qui faisaient l'étonnement de tous les témoins ou de ceux à qui on transmettait les paroles admirables ou charmantes qui sortaient de cette tête en délire.

» Ne croyez pas que ce cher ange eût des terreurs pour la vie future, sa religion était tout amour et confiance...

» La crainte de l'enfer n'avait jamais approché d'elle. Elle n'y croyait même pas pour les êtres bons, sincères et vertueux, d'aucune

opinion. « Je ne sais ce qui arrivera au mo-
» ment de leur mort, disait-elle, mais Dieu
» les éclairera et les sauvera... » « Il fut une
» époque, me disait-elle, il y a quelques mois,
» où lors d'un retour d'Amérique, je me sen-
» tis si violemment entraînée, au point d'être
» prête à me trouver mal, lorsque vous entriez,
» que je fus frappée de la crainte de vous
» être importune; je cherchai donc à me mo-
» dérer. Vous ne devez pas être mécontent
» de ce qui m'est resté. »

« Que de grâces je dois à Dieu, disait-elle
» dans sa maladie, de ce qu'un entraînement
» si violent ait été pour moi un devoir ! Que
» j'ai été heureuse, disait-elle le jour de sa
» mort; quelle part d'être votre femme ! » Et
lorsque je lui parlais de ma tendresse : « C'est
» vrai ! répondait-elle d'une voix si touchante,
» quoi, c'est vrai ! Que vous êtes bon ! Répétez
» encore. Cela fait tant de plaisir à entendre !...
» Si vous ne vous trouvez pas assez aimé, disait-
» elle, prenez-vous-en à Dieu, il ne m'a pas
» donné plus de facultés que cela. Je vous aime,

» disait-elle au milieu de son délire, chrétien-
» nement, mondainement, passionnément. »

» Quelquefois on l'entendait prier dans son lit. Elle s'est fait lire les prières de la messe par ses filles, et s'apercevait de ce qu'on passait pour ne pas la fatiguer. Il y eut dans les dernières nuits quelque chose de céleste dans la manière dont elle récita deux fois de suite, d'une voix forte, un cantique de Tobie, le même qu'elle avait récité à ses filles en apercevant les clochers d'Olmütz. Je ne l'ai vue se tromper sur moi qu'un ou deux moments, en se persuadant que j'étais devenu chrétien fervent. — Vous n'êtes pas chrétien ? me disait-elle un jour. Et, comme je ne répondais pas : — Ah ! je sais ce que vous êtes, vous êtes fayettiste. — Vous me croyez bien de l'orgueil, répondis-je, mais vous-même ne l'êtes-vous pas un peu ? — Ah ! oui, s'écria-t-elle, de toute mon âme, je sens que je donnerais ma vie pour cette secte-là.

» Un jour, je lui parlais de sa douceur angélique. — C'est vrai, dit-elle, Dieu m'a faite douce, ce n'est pourtant pas comme votre douceur ; je n'ai pas de si hautes prétentions vous êtes si fort en même temps que si doux ; vous voyez de si haut ! Mais je conviens que je suis douce et vous êtes si bon pour moi ! — C'est vous qui êtes bonne, répondis-je, et généreuse par excellence. Vous souvenez-vous de mon premier départ pour l'Amérique ? Tout le monde était déchaîné contre moi, vous cachiez vos larmes au mariage de M. de Ségur. Vous ne vouliez pas paraître affligée, de peur qu'on ne m'en sût mauvais gré. — C'est vrai, me dit-elle, c'était assez gentil pour une enfant, mais que c'est aimable à vous de vous souvenir de si loin.

» Je trouve de la douceur à me redire avec vous tout ce qui rappelle combien elle était tendre et heureuse. Mon Dieu ! qu'elle l'aurait été cet hiver ! Les trois ménages réunis, la guerre finie pour George, Virginie ayant un enfant, et je pourrais ajouter, après ma maladie où nos craintes avaient encore redoublé notre tendresse ! N'avait-elle pas la bonté dans ces derniers temps de s'occuper de mes amusements de La Grange, de ma ferme, de ce qui était resté dans sa tête. Quand je lui parlais de notre retour chez nous : — Ah! disait-elle, ce serait trop délicieux! Mon Dieu, mon Dieu, s'écriait-elle un jour, encore six pauvres années de La Grange!

» Dans ces derniers temps, comme elle s'agitait pour y aller avec moi, pour que je partisse le premier, je la priai de me laisser près d'elle; je l'engageai au repos. Elle me promettait d'y faire ce qu'elle pourrait, et, se calmant : — Eh bien! dit-elle, restez. Attendez un peu, je vais m'endormir tout doucement... La pauvre femme! C'était un pressentiment de notre sort.

» Malgré le désordre et l'embarras de ses idées, elle a eu quelque prévoyance de sa mort. Je l'entendais, l'avant-dernière nuit, dire à la garde : — Ne me quittez pas, dites-moi quand je dois mourir... Je m'approchai, son effroi se calma; mais lorsque je lui parlai guérison, retour à La Grange : — Ah! non, dit-elle, je mourrai. Avez-vous quelque rancune contre moi? — Et de quoi? chère amie, lui dis-je; vous avez été toujours si bonne, si tendre. — Je vous ai donc été toujours une douce compagne? — Oui, sans doute. — Eh bien! bénissez-moi.

» Tous ces derniers soirs, lorsque je la quittais ou qu'elle le croyait, elle me demandait de la bénir. Le dernier jour, elle me dit : — Quand vous verrez madame de Simiane, vous lui direz mille tendresses pour moi... C'est ainsi que son pauvre cœur était tout en vie, et déjà ses pauvres jambes n'avaient plus de mouvement.

» Sans doute elle avait l'idée de sa mort prochaine lorsque, après m'avoir dit d'une manière touchante, comme elle le faisait souvent : — Avez-vous été content de moi? Vous avez donc la bonté de m'aimer? Eh bien! bénissez-moi... Lorsque je lui répondis : — Vous m'aimez aussi, vous me bénirez, elle me donna sa bénédiction pour la première et la dernière fois, avec la plus solennelle tendresse. Alors chacun de ses six enfants s'approcha tour à tour, lui baisa les mains et le visage. Elle les regardait avec une affection inexprimable. Plus sûrement encore elle avait l'idée de la mort lorsque, craignant une convulsion, elle me fit signe de m'éloigner, et, comme je restais, elle prit ma main, la mit sur ses yeux avec un regard de tendre reconnaissance, m'indiquant ainsi le dernier devoir qu'elle attendait de moi. C'est sans apparence de souffrance, avec le sourire de la bienveillance sur son visage et tenant toujours ma main, que cet ange de tendresse et de bonté a cessé de vivre. J'ai rempli le devoir qu'elle m'avait indiqué...

» Vous savez comme moi tout ce qu'elle a été, tout ce qu'elle a fait pendant la Révolution. Ce n'est pas d'être venue à Olmütz que je veux la louer ici, mais c'est de n'être partie qu'après avoir pris le temps d'assurer, autant qu'il était en elle, le bien-être de ma tante et les droits de nos créanciers; c'est d'avoir eu le courage d'envoyer George en Amérique.

» Quelle noble imprudence de cœur à rester la seule femme de France compromise par son nom et qui n'eût jamais voulu en changer. Chacune de ses pétitions ou déclarations commençait toujours par ces mots : la femme La Fayette. Jamais cette femme, si indulgente pour les haines de partis, n'a laissé passer, lorsqu'elle était sous l'échafaud, une réflexion contre moi sans la repousser, jamais une occasion de manifester mes principes sans s'en honorer et dire qu'elle les tenait de moi…

» Ma lettre ne finirait pas, mon cher ami, si je me laissais aller aux sentiments qui la dictent. Je répéterai encore que cette femme angélique a été environnée de tendresses et de regrets dignes d'elle…

» Je vous embrasse en son nom, au mien, au nom de tout ce que vous avez été pour moi depuis que nous nous connaissons.

» Adieu, mon cher ami. »

Il est difficile de ne pas être ému en lisant ces lignes mouillées de larmes; y ajouter serait un manque de goût.

La Fayette perdait plus qu'une compagne :

il perdait sa conscience. Sa vie publique peut être divisée en deux parties, avant et après 1807. Ces deux parties ne se ressemblent pas; nous aurons plus d'une occasion de le faire remarquer. Pendant les années qui suivirent ce deuil irréparable, il vécut de la vie de fermier à La Grange. C'est à peine s'il reprend sa correspondance avec Jefferson, ne se désintéressant jamais des affaires d'Amérique.

C'était beaucoup de se tenir debout au milieu des prosternations du dedans et du dehors. Son isolement volontaire était pour l'empereur le plus grand signe de désapprobation. Il fallut les malheurs de la patrie et la première invasion pour faire sortir La Fayette de la solitude.

IV

Ces longues années silencieuses remplies par la vie de famille, par le charme que répandait la femme de George, furent seulement troublées par les visites de Destutt de Tracy, dont l'influence a été, comme celle de Cabanis, considérable et féconde dans le champ de la spéculation. La Fayette avait beaucoup désiré devenir possesseur de La Grange. Lorsqu'il y fut convenablement installé, il se livra avec ardeur à l'agriculture, qui rétablit sa santé délabrée par les souffrances de sa captivité, et par les ennuis de sa carrière politique[1]. Les travaux agricoles occupaient La Fayette tout le jour : on causait et on lisait le soir.

Après la mort de sa femme, il avait fait murer la porte de communication, et l'appartement, tel qu'il était à cette époque, était resté clos. Seulement, à certains jours consacrés, il y pénétrait seul ou avec ses enfants, par une porte dérobée, afin de rendre hommage à une mémoire qui resta toujours vénérée.

---

1. *Souvenirs sur la vie privée de La Fayette*, par Jules Cloquet.

Pendant les heures de réflexion et de repliement sur lui-même où ses vertus privées, sa bonté morale, l'excellence de son cœur pour tout ce qui l'approchait, se développaient sans contrainte loin des yeux du public, il restait de plus en plus attaché à ses doctrines libérales. Pendant un court séjour à Chavaniac, où sa tante octogénaire, désespérée de ne plus le revoir, l'avait appelé, il écrivait à Masclet :

« Maintenant, je vois une nouvelle organisation sociale dont il est inutile dans cette lettre de discuter le mérite, eu égard à la liberté publique, d'autant plus que mes principes vous sont déjà connus ; et, puisque les psaumes sont devenus à la mode, j'ai le droit de m'appliquer le *Sicut erat in principio et nunc et semper* [1]. »

Le 20 février 1810, dans une letttre à Jefferson, nous lisons : « Le récit des actes de ce pouvoir impérial, singulier mélange de grandeur empruntée à la Révolution et d'abaisse-

---

1. *Correspondance*, t. V, p. 285-287.

ment contre-révolutionnaire, vous apprendra nos triomphes sur nos ennemis étrangers, le récent agrandissement de notre territoire, ainsi que de nouvelles mesures contre les libertés publiques. » Il ne désespérait pas de l'avenir. « Quelles qu'aient été, ajoutait-il le 4 juillet 1812, la violation, la corruption, et, en dernier lieu, la proscription avouée des idées libérales, je suis convaincu qu'elles se sont conservées plus qu'on ne le croit généralement et qu'elles ranimeront encore l'Ancien comme le Nouveau-Monde. » Et il fêtait dans sa famille l'anniversaire de la proclamation de l'indépendance américaine.

Il n'y avait que madame de Staël et La Fayette pour conserver ainsi le feu sacré ! L'empereur le savait bien. Il avait cru au mois de juillet 1808 pouvoir envelopper le solitaire de La Grange dans une accusation capitale ; Fouché avait détourné le coup ; mais La Fayette avait dû surtout son salut à l'imperturbable fermeté de M. Jacquemont, membre du conseil supérieur de l'instruction publique, qui fut puni de son amitié aussi éclairée que généreuse par un long emprisonnement et la perte de son emploi. L'isolement de La Fayette était un signe permanent de désapprobation. « Votre existence, lui disait Bernadotte, en partant pour la Suède, est vraiment miraculeuse; votre péril est moins encore dans le caractère de l'empereur que dans l'acharnement des gens de l'ancien régime à l'irriter contre vous. »

Napoléon connaissait bien son caractère inflexible. En 1812, à propos d'une discussion au Conseil d'État, sur le rétablissement de la garde nationale, il disait : « Tout le monde en France est corrigé; un seul ne l'est pas, c'est La Fayette! Il n'a jamais reculé d'une ligne. Vous le voyez tranquille; eh bien, je vous dis, moi, qu'il est tout prêt à recommencer. »

Sa retraite n'était donc pas sans danger, lorsque les calamités accumulées par les fautes de Napoléon vinrent à fondre sur la France. Les armées étrangères avaient passé la frontière, La Fayette avait été appelé à Paris par la mort de ses deux plus chers parents, M. de

Tessé et surtout madame de Tessé, cette maternelle amie de quarante ans. La même maladie les avait emportés à quelques jours d'intervalle. Au milieu du désarroi du gouvernement, La Fayette s'offrit pour commander la garde nationale. Il convint avec M. Ternaux, chef de la troisième légion, que si un bataillon voulait résolument marcher contre l'ennemi, il se mettrait à la tête. Il tenta une démarche auprès de l'un des principaux maréchaux pour l'amener à arracher l'abdication de l'empereur. Toutes les démarches furent inutiles. La Fayette fut trouvé téméraire. Le lendemain, pendant que les ennemis entraient dans Paris, il s'enferma dans son appartement et fondit en larmes.

Ses relations de jeunesse avec le comte de Provence et le comte d'Artois ses contemporains, ses liaisons de parenté avec des personnes appartenant au pur royalisme, tout l'avertissait que cette première Restauration ne serait

---

1. *Pièces et Souvenirs*, 1814-1815.

qu'une contre-révolution plus ou moins lente ou déguisée. Il se serait fait scrupule d'appeler les Bourbons[1]; et néanmoins telle est la force des premières impressions que la vue du comte d'Artois dans la rue l'émut vivement. « Pardonnant leurs torts, même ceux envers la patrie, je souhaitai de tout mon cœur que la liberté pût s'amalgamer avec le règne des frères et de la fille de Louis XVI. »

Il adressa alors à Monsieur ces quelques lignes :

« Monseigneur, il n'y a point d'époque et de sentiment dans ma vie qui ne concourent à me rendre heureux de voir votre retour devenir comme un signal et un gage de bonheur et de liberté publique. Profondément uni à cette satisfaction nationale, j'ai besoin d'offrir à Monsieur l'hommage de mon attachement personnel et du respect avec lequel je suis, etc... »

---

1. *Pièces et Souvenirs*, 1814-1815.

Le comte d'Artois, ne sachant trop que répondre, s'en tira par des compliments, il chargea Alexis de Noailles de les porter à La Fayette dont il était le neveu. Le général crut devoir se présenter à la première audience aux Tuileries, en uniforme; il fut reçu poliment par Louis XVIII et par son frère, mais la fureur des royalistes, en l'entendant annoncer, fut telle qu'il ne put se méprendre sur leur état d'esprit[1] et il ne songea plus à renouveler ses politesses. Au contraire, la manière dont le duc d'Orléans demanda de ses nouvelles à George fit un devoir au père d'aller au Palais-Royal. Le duc d'Orléans fut sensible à cette démarche. Ils parlèrent de leur temps de proscription, de la communauté de leurs opinions. « Il causa, dit La Fayette, en termes trop supérieurs aux préjugés de sa famille, pour ne pas faire reconnaître en lui le seul Bourbon compatible avec une constitution libre. »

---

1. *Mémoires de M. de Vitrolles.* — *Souvenirs du duc de Broglie,* t. Ier.

La Fayette eut une occasion plus solennelle de manifester ses idées politiques à l'empereur de Russie, dans une soirée célèbre, chez madame de Staël. Nous savons que le général avait voué à la fille de Necker, presque depuis son enfance, un profond attachement. La constance de sa généreuse affection, pendant l'emprisonnement à Olmütz, avait resserré les liens de leur cœur. Alexandre venait rendre hommage à la haute société française, en entrant dans le salon de madame de Staël. Lorsqu'elle lui eut présenté La Fayette, l'empereur de Russie lui fit signe de le suivre, et, l'emmenant dans une embrasure [1], il se plaignit de ce que ses bonnes intentions avaient si mal tourné, de ce que les Bourbons n'avaient que des préjugés d'ancien régime, et, comme son interlocuteur se bornait à répondre que le malheur devait pourtant les avoir en partie corrigés : « Corrigés, lui dit-il, ils sont incorrigés et incorrigibles. Il n'y en a qu'un, le duc d'Orléans,

---

1. *Pièces et Souvenirs*, 1814-1815, p. 311.

qui ait des idées libérales; mais, pour les autres, n'en espérez jamais rien. — Si c'est votre opinion, Sire, pourquoi les avez-vous ramenés? — Ce n'est pas ma faute, on m'en a fait arriver de tous les côtés, je voulais du moins les arrêter, pour que la nation eût le temps de leur imposer une constitution, ils ont gagné sur moi, comme une inondation. Vous m'avez vu aller à Compiègne au-devant du roi ; je voulais le faire renoncer à ses dix-neuf ans de règne et autres prétentions de ce genre. La députation du Corps législatif y était aussitôt que moi pour le reconnaître, de tout temps, sans condition. Que pouvais-je dire quand les députés et le roi étaient d'accord? C'est une affaire manquée, je pars bien affligé. » La Fayette soutint qu'on pouvait encore s'en tirer et qu'il devait à la cause de la liberté, au roi lui-même, de persister dans ses bons conseils.

Les événements allaient donner raison à l'empereur Alexandre. La Fayette, durant la première Restauration, ne manqua ni de perspicacité, ni de tenue d'esprit. Il vit clairement que peu de mois suffiraient pour rendre la popularité à Napoléon. Il fait observer dans ses notes que : si Louis XVIII venant s'asseoir sur le trône constitutionnel de Louis XVI, en avait repris les couleurs, emblème de l'affranchissement du peuple et de la gloire de nos soldats, « il n'eût pas laissé à Napoléon ce talisman de l'insurrection ». Mais on voulut, autour de Louis XVIII, que la nation et les troupes fussent marquées du sceau de l'ancien régime et de l'émigration. En vain les maréchaux pressaient le roi d'adopter la vieille garde, il leur déclara qu'ils avaient raison et n'en fit rien. La Fayette tenait de la bouche même du général Letort, des dragons de la garde, qu'ayant dit en leur nom, au comte d'Artois : « Prenez-nous, monseigneur, nous sommes de braves gens ! — La paix est faite, répondit-il, nous n'avons pas besoin de braves. » C'est ainsi que cette troupe intrépide fut à jamais ennemie des Bourbons.

« Pensez-vous, demandaient à La Fayette ses amis du faubourg Saint-Germain, que si le roi maintient la Charte, la garde nationale le défendra? — Oui, sans doute, répondait-il, d'autant mieux qu'elle y croit plus que moi. — Mais si l'on revenait à d'autres principes, qu'arriverait-il? — Elle chasserait les Bourbons. » Huit mois se passèrent aux Tuileries à hésiter sur cette alternative.

Il apprit à ses dépens, s'il l'avait oublié, que les rancunes des émigrés envers les premiers constitutionnels de la Révolution étaient implacables; ainsi, les journaux avaient retenti de la mort du commandant de bataillon Carle, un des riches joailliers de Paris, massacré le 10 Août, après avoir fait des prodiges de dévouement et de courage en défendant le roi et la reine; mais il avait fêté la prise de la Bastille en 89; mais il avait demandé en 92 de lever à ses frais une compagnie de volontaires pour courir à la frontière; son sang versé, presque sous les yeux de la famille royale, n'avait pu laver ces torts. Jamais La Fayette et des personnages plus en crédit que lui, ne purent obtenir une marque de bienveillance pour une famille dont la ruine avait expié l'héroïsme de son malheureux chef.

Des pamphlets commencèrent alors à présenter, sous un jour faux, le rôle et la conduite du général vis-à-vis de Louis XVI et de Marie-Antoinette pendant la Révolution. On vit même sortir de l'Imprimerie royale un ouvrage du premier valet de chambre de Louis XVIII, M. Hue, où La Fayette était calomnié avec acharnement, particulièrement à propos des événements du 6 octobre. Dans un autre écrit, sanctionné par le suffrage authentique de madame la duchesse d'Angoulême, il était appelé un misérable et l'on soutenait que Bailly et lui avaient poussé le roi au voyage de Varennes.

Quoique indifférent aux injures, La Fayette, sous prétexte de répondre à ses calomniateurs, avait tracé en vingt pages une esquisse de l'ancien régime et un résumé des conditions indispensables « pour nationaliser la Restauration ». Cet écrit devait paraître dans les premiers jours d'avril 1815. Le retour de l'île d'Elbe en arrêta la publication. S'adressant aux ultra-royalistes, La Fayette leur disait : « C'est vous qui repoussâtes les réformes de Turgot, Malesherbes et Necker acceptées par Louis XVI ; ce sont les intrigues de vos parlements contre les ministres qui nécessitèrent ces assemblées de notables, où vous défendîtes vos privilèges en 1787 contre le roi, en 1788 contre le peuple, et puis ces états généraux convoqués, au milieu des émeutes civiles et de l'indiscipline militaire, dont vous étiez alors les fauteurs. A l'Assemblée constituante, votre opposition furieuse, où vos perfides votes n'ont cherché qu'à empêcher le bien ou à empirer le mal ; et depuis, vos espérances et vos menées n'ont-elles pas, sans cesse, en haine de la liberté, invoqué les excès et les crimes de l'anarchie? C'est en allant solliciter partout l'invasion étrangère et la ruine de votre patrie, en déclarant une guerre d'extermination aux partisans de la Révolution, c'est-à-dire à presque tous les Français, que vous avez abandonné le roi et accrédité la méfiance contre lui ; que vous avez affaibli les défenseurs de l'ordre public, fortifié les Jacobins, amené la Terreur, la destruction de la famille royale et de tant d'autres victimes! Et, vous venez mesurer l'honneur et le blâme aux citoyens qui ont défendu le pays et ses lois, protégé vos familles et vos biens, aussi longtemps que vos intrigues l'ont permis, et aux guerriers qui ont déjoué vos complots parricides en couvrant l'Europe de la gloire française! Mais en supposant toutes choses égales entre vous et les patriotes, du moins est-il vrai que l'opinion de ceux-ci tendait à l'amélioration générale, au lieu que la vôtre a pour base le maintien de vos privilèges!... »

Certes, si La Fayette péchait par le flegme et la froideur, ce n'était pas le jour où il écrivait des pages semblables à celles-là! Ce n'était pas non plus le jour, où malgré la charte, il fut porté atteinte à la liberté individuelle, dans la personne des généraux Grouchy et Exelmans. Le premier, à qui l'on reprochait une lettre inconvenante, à propos du titre de colonel général, enlevé aux titulaires pour en qualifier les princes (ordonnance du 15 mai), avait reçu l'invitation d'aller à la campagne. Il consulta La Fayette qui l'engagea vivement à ne pas obéir. Quant au général Exelmans, dont on avait saisi une lettre insignifiante, adressée au roi de Naples, il ne se laissa point exiler. On entoura sa maison, il menaça de se défendre. La Fayette lui fit proposer de venir à La Grange, mais il échappa au blocus et se réfugia chez un ami.

Cependant, malgré ces désenchantements, la France avait recouvré plus de liberté qu'elle n'en avait eue pendant le règne de Napoléon,

La Fayette était obligé de le reconnaître. C'étaient les résultats sociaux et égalitaires de la Révolution qui étaient menacés plus que le régime représentatif, et les masses tenaient plus aux uns qu'aux autres. Le mécontentement grandissait donc, lorsque tout à coup on apprit que Napoléon était en Provence. Le cri d'alarme fut porté à La Grange, où La Fayette était retourné. Il n'avait eu, depuis sa visite au roi et au comte d'Artois, aucun rapport avec la cour. Il s'était même abstenu d'y paraître au jour de l'an, trouvant dans les injures presque officielles dont il avait été l'objet de quoi autoriser cette commode attitude de brouillerie personnelle. Il se rendit néanmoins à Paris pour être à portée de servir la cause libérale.

Malgré son antipathie pour les opinions et les hommes de la contre-révolution, malgré la haine implacable dont il avait eu récemment les témoignages les plus choquants, tandis qu'au contraire le souvenir reconnaissant de la délivrance d'Olmütz n'était pas effacé dans son âme, La Fayette n'apportait de sa retraite que des vœux contraires au succès de Napoléon.

La conduite du général, pendant les Cent-Jours, a été et est encore l'objet des plus vives critiques. Il importe de faire connaître avec exactitude ses sentiments, ses idées, le but auquel il tendait, avant d'asseoir un jugement. Les notes qu'il a laissées sur cette dramatique époque sont précises et portent un visible cachet de sincérité[1].

Il semblait encore possible à La Fayette, à ce premier moment du retour de l'île d'Elbe de tirer un meilleur parti de la situation des Bourbons, que du rétablissement de celui qu'il appelait le plus habile et le plus intraitable ennemi de la liberté. « Si l'on avait pu, disait-il, obliger les Bourbons à tirer leur charte de l'ornière du 4 juin, pour en faire un pacte national, on les aurait liés par des démarches et des institutions plus fortes qu'eux et leur parti, et de nature à les renverser eux-mêmes, s'ils eussent tenté de les violer. Cela valait mieux que de reprendre le système de l'empereur, de livrer la France aux caprices et aux machinations de cet homme indomptable, portant avec lui une guerre générale, dont le résultat probable devait être notre ruine, tandis que son succès eût rétabli le pouvoir, employé pendant quatorze ans à la

---

1. *Pièces et Souvenirs*, 1814-1815.

corruption de tous les sentiments généreux, à la destruction de toutes les idées libérales. »

Les dispositions de La Fayette furent bientôt connues. On lui demanda s'il répugnerait à une conférence chez le président de la Chambre, M. Lainé. Il s'y rendit sur-le-champ et conseilla un appel immédiat des membres de toutes les assemblées nationales depuis 1789, qui se trouveraient à Paris, afin d'opposer une grande force morale à cet entraînement irréfléchi pour l'empereur. Il ajouta qu'il serait prudent d'éloigner les neveux du roi, le duc d'Angoulême et le duc de Berry, et de n'employer que son cousin, le duc d'Orléans, le seul prince populaire. Son avis n'excita que de l'effroi et du soupçon. « M. de Chateaubriand proposa de nous ranger tous autour du roi, pour y être égorgés, afin que notre sang devînt une semence d'où renaîtrait un jour la monarchie. » Benjamin Constant se mit à rire du dédommagement qu'on lui offrait.

La réunion s'arrêta à la résolution de faire remplacer par la Chambre elle-même, les sièges vacants. La Fayette promit d'accepter cette élection irrégulière et calma à cet égard les scrupules de son ami d'Argenson. Mais le gouvernement eut soin de faire écarter dans les bureaux cette proposition.

Au milieu de l'effarement général, on apprit que dans la nuit du 20 mars, le palais des Tuileries avait été évacué, la précipitation avait été telle que Louis XVIII avait oublié son portefeuille et son grand aumônier.

Le lit du roi était encore chaud, lorsque l'empereur y entra.

CHAPITRE III

LA FAYETTE PENDANT LES CENT-JOURS

I

La Fayette ne crut pas à la conversion de Napoléon, malgré son nouveau langage.

Il raconte que le Conseil d'État ayant en effet pris au sérieux la situation nouvelle où l'empereur sentait la nécessité de se placer : « Vous l'avez voulu, répondit-il avec colère ; on ne reconnaît plus mon vieux bras ; mais vous le sentirez », ajoutait-il entre ses dents. La Fayette avait plus que de l'humeur de ce que le retour de l'île d'Elbe était venu troubler la paix du monde et les probabilités de l'éveil de l'opposition parlementaire.

Après être resté trois jours à Paris, et

presque seul fidèle aux idés libérales. Il revint s'enfermer dans sa solitude de La Grange.

La grande réunion du Champ de Mai, annoncée avec emphase, lui paraissait une jonglerie pour éviter la convocation d'une assemblée constituante. Ses méfiances répondaient à celles de cette bourgeoisie de Paris, paisible, modérée, désintéressée, ne recherchant pas les emplois, ne demandant que la renaissance des affaires, et, avec la paix, une liberté sage et un régime qui ne blessât pas ses sentiments, ses opinions, sa dignité. Dans une lettre à Benjamin Constant devenu conseiller d'État, malgré son célèbre article du *Journal des Débats*, La Fayette (9 avril 1815) dévoile sans réserves l'état de son esprit.

« Il n'a tenu qu'à moi, pendant plusieurs années, d'être accueilli par l'empereur. Mes obligations envers lui n'ont jamais été plus reconnues par moi que depuis sa chute; je n'en suis pas moins convaincu, bien à regret, que son gouvernement, avec ses talents et ses passions, est celui de tous qui offre le moins de chances à l'établissement d'une véritable liberté. Je souhaite de toute mon âme me tromper; et alors, j'en conviendrai avec autant de bonne foi que de plaisir. En attendant, je crains que l'homme auquel il a suffi autrefois, pour attraper tant de gens d'esprit, de signer *membre de l'Institut, général en chef*, qui aujourd'hui vient de soulager tant d'amours-propres et tant d'intérêts, et qui succède à tant de sottises, ne finisse par tromper, comme il y a quinze ans, l'honnête espérance des patriotes. Il ne peut exister de liberté dans un pays, à moins qu'il n'y ait une représentation, librement et largement élue, disposant de la levée et de l'emploi des fonds publics, faisant toutes les lois, organisant la force militaire et pouvant la dissoudre, délibérant à portes ouvertes dans les débats publiés dans les journaux; à moins qu'il n'y ait liberté complète de la presse soutenue par tout ce qui garantit la liberté individuelle; à moins que tous les délits ne soient soustraits aux tribunaux d'exception et soumis au jugement de jurys convenablement formés... Je désire être assuré que l'empereur puisse se résigner à de pareilles institutions ; jusqu'à présent je ne vois pas qu'il le veuille... Je vous offre mon incrédulité, et j'y joins mille amitiés. »

Il était dans cette disposition d'esprit, et dans une visite à La Grange, M. Crawfurd, ministre des États-Unis, n'avait fait que l'aggraver, en lui parlant de la guerre inévitable et des forces de la coalition, lorsque le 19 avril, le général Mathieu Dumas, très anciennement lié avec La Fayette, lui envoya par exprès la lettre suivante :

« Le prince Joseph, qui vous a toujours conservé les mêmes sentiments d'estime que votre caractère et votre attachement à la liberté lui ont dès longtemps inspirés, désire vous voir. Il m'a chargé de vous le faire savoir et de vous engager à venir passer quelques heures à Paris, le plus tôt possible... Si vous avez quelque confiance en mon jugement, si vous croyez à la constance de mon opinion et de mes vœux pour l'indépendance de ma chère patrie, venez... Je vous attends demain. »

La Fayette répondit sur-le-champ :

« L'appel que je reçois dans la crise où nous sommes ne me permet pas d'hésiter. Vous me trouverez un grand fonds d'incrédulité qui compense ma trop grande confiance de l'an VIII. Je vous embrasse de tout cœur. »

Le prince Joseph, qui l'appelait, avait toujours déploré la faculté laissée à Napoléon[1] de tout faire jusqu'à se perdre. Il partageait les sentiments du parti constitutionnel et cherchait à nouer avec ses chefs, particulièrement avec La Fayette et madame de Staël, des relations politiques. Il espérait persuader à son frère de se mettre en rapport avec les libéraux. Dès

---

1. Thiers, *Histoire du Consulat et de l'Empire*, t. XVIII.

le lendemain de l'arrivée de La Fayette, il le reçut avec une grande affabilité; après lui avoir tracé un tableau trop vrai des dangers de la patrie, il chercha à le convaincre que les puissances étrangères en voulaient à la liberté et à la France, autant qu'à l'empereur. Sur ces points, La Fayette pensait comme Joseph; mais leurs dissidences éclatèrent au moment où le prince déclara que les dispositions de son frère étaient amendées.

La Fayette rappela qu'il avait souvent regretté que son caractère fût inconciliable avec les libertés publiques. « Quelle que soit, ajouta-t-il, mon admiration pour le génie de l'empereur et ma reconnaissance individuelle envers lui, je l'ai cru tellement incompatible avec la liberté de mon pays, que, l'an dernier, j'ai souhaité ardemment qu'une insurrection nationale fût suscitée à la fois contre l'invasion étrangère et contre le despotisme intérieur... Je me livrai à quelque espoir de voir les Bourbons eux-mêmes devenir constitutionnels et j'ai fait jusqu'au dernier jour des vœux pour eux contre la brillante entreprise de votre frère. J'avoue que je ne puis encore partager votre confiance; mais il n'est jamais trop tard pour chercher à réparer ses fautes et les maux faits à l'humanité; et le moyen le plus efficace, le seul moyen de ramener la confiance publique, de susciter un esprit national, était de surmonter la répugnance que l'empereur paraissait avoir pour la convocation immédiate d'une chambre de représentants. »

Le prince Joseph avoua que cette répugnance était grande; l'empereur, en partant pour la frontière, craignait de laisser derrière lui une Assemblée constituante; Joseph regretta que l'acte additionnel eût été arrêté, avant d'avoir pu le montrer à La Fayette. « Il y a une Chambre des pairs, dit-il, et vous jugez bien que vous êtes le premier sur la liste[1].

— Il ne me convient pas, répondit son interlocuteur, de rentrer dans les affaires par la pairie, ni par aucune autre faveur de l'empe-

---

1. *Pièces et Souvenirs*, 1814-1815, p. 418.

reur ; je suis un homme *populaire*, c'est par le choix du peuple que je dois sortir de ma retraite. Si je suis élu, je m'unirai à vous, comme représentant de la nation, pour repousser l'invasion et l'influence étrangères, en conservant néanmoins toute mon indépendance. »

Le prince Joseph alla rendre compte à l'empereur de cette conversation, et le lendemain il écrivait à La Fayette le billet suivant :

« Dimanche matin.

» L'acte constitutionnel sera publié aujourd'hui (22 avril) dans le *Moniteur* et soumis à l'acceptation de l'universalité des citoyens. Je ne serai pas aujourd'hui, ni ce soir chez moi, étant obligé d'être chez l'empereur ; je ne pourrai donc pas avoir l'avantage de vous recevoir aujourd'hui. J'espère que vous me dédommagerez de ce contre-temps un autre jour à votre choix. »

La Fayette, en le revoyant, convint que, sauf le dernier article, l'acte additionnel valait beaucoup mieux que sa réputation et il en tirait un argument de plus pour que la constitution fût immédiatement soumise à la délibération de la Chambre des représentants ; et le surlendemain, à un dîner chez le prince Joseph, dîner où se trouvaient Benjamin Constant, le principal rédacteur de l'acte constitutionnel, Mathieu Dumas, Sébastiani et Lavalette, La Fayette répéta : « Votre constitution vaut mieux que sa réputation ; mais il faut y faire croire et pour qu'on y croie, la mettre immédiatement en vigueur. »

D'après lui, une fois que les hommes marquants du parti libéral seraient réunis dans une assemblée, Napoléon n'était plus à craindre ; et il était prêt à se tenir pour satisfait, si on ne faisait pas attendre la convocation des Chambres. Or, La Fayette était l'homme qu'on mettait le plus de prix à contenter, parce qu'il était le plus respecté des survivants de la Révolution. Benjamin Constant se faisait alors son courtisan et lui disait : « Vous êtes ma conscience ! » Et certes il en avait besoin.

Cependant Napoléon hésitait à mettre en pratique la nouvelle constitution, redoutant toujours une Chambre, en son absence. Durant ces hésitations, que le prince Joseph s'efforçait de combattre, le gouvernement sollicitait de La Fayette un autre service que son patriotisme était prêt à rendre : M. Crawfurd, ministre des États-Unis, avec lequel le général avait les meilleures relations, retournait en Amérique :

« Croirait-on que le puissant empereur dont jadis les ordres volaient sans obstacle d'Anvers à Naples, des portes de Cadix à Dantzick, eût dans ce moment besoin de moi, dit La Fayette, pour envoyer une lettre, hors du cercle que ses ennemis avaient tracé autour de la France ? A peine Joseph m'eut-il parlé du départ de M. Crawfurd que je pressentis son vœu, et, comme j'étais résolu à seconder Bonaparte dans tous nos intérêts extérieurs, j'offris de faire passer pour mon compte un paquet à Londres, destiné aux principaux personnages d'Angleterre. »

Le décret convoquant les Chambres le trouva à La Grange. Ce fut Benjamin Constant qui le lui envoya (1er mai 1815). « Je suppose, lui écrivait-il, que vous allez vous faire élire; je regarde votre élection comme un grand pas vers notre ordre constitutionnel. Si, quand vous et tout ce qui vous intéresse, serez nommés, il reste une place, je la réclame, parce que je serais bien content d'être votre collègue. Dites-moi si vous êtes satisfait. »

« Oui, je suis content répondait La Fayette, et j'aime à vous le dire. La convocation immédiate d'une assemblée de représentants me paraît, comme à vous, l'unique moyen de salut. »

L'acte additionnel étant soumis à l'acceptation des citoyens, il crut devoir s'expliquer sur le registre de sa commune, dans les termes suivants :

« Le nouvel acte additionnel à des constitutions de l'empire qui, pour la plupart, ne furent jamais soumises à la délibération nationale, est lui-même présenté, par une autorité provisoire, non à la discussion légale, mais à la signature individuelle des citoyens. Il renferme des articles que tout ami de la liberté doit à mon avis adopter, d'autres que je rejette pour ma part, sans que le mode imposé permette de les distinguer, encore moins de les discuter ici, mais que je me réserve de discuter ailleurs.

» Cependant comme les droits de la souveraineté du peuple ont été reconnus, et qu'ils ne peuvent, non plus que les droits essentiels de chacun de nous, être aliénés sur aucun point, je dis *oui*, malgré les illégalités et sous les réserves ci-dessus. »

C'est toujours la même doctrine libérale qu'il pratique sans déviation, ni faiblesse.

Le 8 mai, il fut élu membre de la Chambre des représentants par le collège départemental de Seine-et-Marne ; il ne put disposer d'un siège pour Benjamin Constant.

Ainsi, après vingt-trois ans d'interruption, La Fayette était jeté au milieu de la vie politique, au moment d'une des crises les plus graves qu'ait traversées notre malheureux pays. Il se préparait à reprendre son rôle de 1789 interrompu par la République, par un long emprisonnement, par l'empire et par une retraite de plus de dix années, dans la solitude. Il sentit que les événements l'appelaient, comme il l'avait senti dans sa jeunesse, comme il devait le sentir encore en 1830, avant de mourir ; et il n'hésita pas à redevenir un homme d'action.

II

L'opinion de la Chambre des représentants se dessina dès le premier jour par le choix du président. Le candidat du gouvernement était le procureur général Merlin de Douai ; les voix de l'Assemblée se partagèrent entre Lanjuinais, Flaugergues et La Fayette. Au second tour de scrutin, Lanjuinais l'emporta. Le choix était significatif. Lanjuinais, un des esprits les plus distingués de l'Assemblée constituante, adversaire inflexible des Jacobins à la Convention, non seulement s'était élevé au Sénat contre les entreprises de Napoléon, aussi longtemps que la liberté le permit, mais encore s'était fait remarquer parmi les cinq rédacteurs de l'acte de déchéance en 1814. La Fayette fut élu vice-président par deux cent cinquante-sept suffrages.

Il n'accepta la formalité du serment qu'en se réservant le droit d'introduire dans la constitution les changements que sa conscience exigeait.

L'empereur ouvrit le 7 juin avec beaucoup de pompe la Chambre des représentants. Le bureau était allé le recevoir, Napoléon s'adressa à La Fayette.

— Il y a douze ans que je n'ai eu le plaisir de vous voir.

— Oui, Sire, répondit le général, il y a douze ans.

Il raconte la scène entière[1] dans une lettre à sa belle-fille, Émilie de Tracy, et il ajoute :

« Vous serez contents de son discours, je ne l'ai pas été de sa figure qui m'a paru celle d'un vieux despote, irrité du rôle que sa position le forçait à jouer. Nous sommes restés longtemps près de lui, Flaugergues et moi, pendant qu'on montait en voiture. « Je vous » trouve rajeuni, m'a-t-il dit, l'air de la cam- » pagne vous a fait du bien. — Il m'en a fait » beaucoup, » lui ai-je répondu. Je ne pouvais lui rendre son compliment, car je le trouvais bien changé et dans une contraction de muscles bien extraordinaire. Comme ni l'un ni l'autre ne voulait baisser les yeux, nous y avons lu ce que chacun pensait. »

L'opinion de La Fayette sur la Chambre

---

1. *Correspondance*, t. V, p. 504.

était tout entière dans une phrase de cette même lettre : « Si nous pouvons tirer l'Assemblée de la dépendance où elle est de Bonaparte et de l'idée que la France ne peut être sauvée que par lui, elle acquerra une existence qui peut sauver notre patrie ; si elle reste bonapartiste, elle se perdra avec lui. »

Le 12 juin à trois heures du matin, l'empereur partait pour le champ de bataille de Waterloo ; le 20, à demi mort de fatigue et de douleur, il rentrait à Paris et descendait à l'Élysée.

A peine les fatales nouvelles furent-elles confirmées, que la Chambre se réunit. Elle était fiévreuse et inquiète ; les rumeurs les plus troublantes circulaient sur les bancs. La Fayette avait été averti de l'arrivée de Napoléon et de la discussion qui avait eu lieu au conseil des ministres, dès les premières heures de la matinée. On lui avait répété ces paroles de l'empereur : « J'ai besoin d'être revêtu d'un grand pouvoir, d'une dictature. » Il courut s'assurer de la vérité des faits chez Fouché, qui tenait le fil de toutes les intrigues et qui trompait tout le monde pour se rendre indispensable. Fouché lui dit : « Oui, il est furieux ; il veut chasser les pairs et les députés, et devenir dictateur. » Ces paroles lui furent confirmées à la Chambre par Regnault de Saint-Jean d'Angély qui assistait au conseil [1]. Déjà les voitures de parade se préparaient pour la cérémonie où aurait été prononcée la dissolution.

C'est alors que La Fayette résolut de défendre la représentation du pays. Se poser hardiment au nom de la liberté menacée, en face du despotisme qui s'agitait encore, était une attitude qui devait le tenter. Il la prit avec promptitude et énergie. Il n'est pas exact qu'il eût assisté, le soir du 20 et le lendemain, à une réunion chez le duc d'Otrante, où tout aurait été concerté. La Fayette ne mit personne dans la confidence de sa résolution, ne prenant conseil que de lui-même, ne s'informant même

---

1. *Pièces et Souvenirs*, p. 451, t. V, pp. 522, 523.

pas si sa motion serait appuyée. Il prévint seulement Lanjuinais qu'il avait une proposition à soumettre à l'Assemblée et le pressa d'ouvrir la séance. Aussitôt après la lecture du procès-verbal, il monte à la tribune. L'indignation le devançait, les regards le suivaient; un frémissement courut dans toute l'Assemblée.

« Messieurs, dit-il d'une voix ferme, lorsque pour la première fois depuis bien des années, j'élève une voix, que les vieux amis de la liberté reconnaîtront encore, je me sens appelé à vous parler des dangers de la patrie que, vous seuls à présent, avez le pouvoir de sauver. Des bruits sinistres s'étaient répandus; ils sont malheureusement confirmés. Voici l'instant de vous rallier autour du vieil étendard tricolore, celui de la liberté, de l'égalité et de l'ordre public; c'est celui-là seul que nous avons à défendre contre les prétentions étrangères et contre les tentatives intérieures. Permettez, messieurs, à un vétéran de cette cause sacrée, qui fut toujours étranger à l'esprit de faction, de vous soumettre quelques résolutions préalables, dont vous apprécierez, j'espère, la nécessité :

» ARTICLE PREMIER. — La Chambre des représentants déclare que l'indépendance de la nation est menacée;

» ART. II. — La Chambre se déclare en permanence; toute tentative pour la dissoudre est un crime de haute trahison. Quiconque se rendrait coupable de cette tentative sera traître à la patrie et sur-le-champ jugé comme tel.

» ART. III. — L'armée de ligne et les gardes nationales qui ont combattu et combattent encore pour défendre la liberté, l'indépendance et le territoire de la France, ont bien mérité de la patrie.

» ART. IV. — Le ministre de l'intérieur est invité à réunir à l'état-major général, les commandants et majors de la légion de la garde nationale parisienne, afin d'aviser au moyen de lui donner des armes et de porter au plus grand complet cette garde citoyenne dont le patriotisme et le zèle éprouvés depuis vingt-six ans offrent une sûre garantie à la liberté, aux propriétés, à la tranquillité de la capitale, et à l'inviolabilité des représentants de la nation.

» ART. V. — Les ministres de la guerre, des relations extérieures, de la police et de l'intérieur, sont invités à se rendre sur-le-champ dans le sein de l'Assemblée. »

Tous les mots portaient. L'empereur était frappé! Une main venait de soulever le poids d'incertitude qui pesait depuis vingt-quatre heures sur toutes les âmes.

La proposition fut couverte d'applaudissements réitérés et suivie de cris nombreux : « Aux voix ! Appuyé ! » Pas un membre ne demanda la parole pour combattre les trois premiers articles qui furent adoptés avec la précipitation du péril. Le quatrième, sur l'avis de M. Merlin, fut ajourné jusqu'après la comparution des ministres. Le cinquième, qui ordonnait cette comparution, fut ensuite accepté. Après le vote sur l'ensemble de la proposition, M. Dubois (de la Seine), appuyé par M. Dupin, demanda qu'elle fût imprimée, affichée dans Paris et transmise à tous les départements. Un autre membre proposa de la notifier à la Chambre des pairs et à l'empereur. Toutes ces motions furent votées avec entraînement.

Cet acte considérable était la fin légale d'une révolution déjà accomplie dans les esprits. La bourgeoisie, dont La Fayette était l'organe autorisé, entendait séparer la cause de Napoléon de celle de la France. Tandis que les ouvriers, autour de l'Élysée, criaient : « Vive l'empereur », la classe moyenne gardait le silence.

III

En lisant les termes de la proposition de La Fayette, Napoléon, affectant autant de mépris qu'il éprouvait de colère[1], s'était écrié : « J'aurais dû ajourner cette Chambre avant mon départ; Regnault ne m'avait pas trompé. J'abdiquerai, s'il le faut. » Mais, comme s'il se repentait d'avoir ainsi aventuré son dernier mot dans l'oreille de ceux qui épiaient ses irrésolutions ou ses audaces, il s'indigna de la prétention de la Chambre d'appeler devant elle les ministres. Ne cédant, ni ne résistant tout à fait, il tourna la difficulté et chargea les ministres d'un message à la Chambre des représentants. Puis, dans un éclair, revoyant sa jeunesse et le 18 brumaire, il pria son frère Lucien, nommé commissaire extraordinaire, de tenter encore pour lui cet ascendant de la parole qui avait une fois relevé ses défaillances.

Pendant que le jour se consumait dans des chicanes d'attributions avec les Chambres, Fouché soufflait la méfiance par ses affidés. On réitérait aux ministres l'injonction de

1. Benjamin Constant, *Mémoires sur les Cent-Jours*. — *Mémoires de La Fayette*, t. V, pp. 453 et suivantes.

paraître. Cependant un des amis de La Fayette M. Dupont (de l'Eure), lui exprimait ses scrupules : « Je comprendrais votre précipitation, disait-il, si vous vous sentiez assez fort pour arrêter l'étranger d'une main et contenir les royalistes à l'intérieur de l'autre. — Ne craignez rien, répondait La Fayette, toujours plein de foi dans ses idées, débarrassons-nous d'abord de cet homme et tout s'arrangera de soi-même. » Croyait-il que son nom pourrait être le gage de la réconciliation des partis dans la liberté, et qu'il pourrait devenir, la république étant impossible, l'arbitre de la situation entre la France et les Bourbons? Il ne le dit pas dans ses notes; mais il dut un instant le rêver dans cette journée où la tribune resta vide et où Napoléon n'osait prendre une résolution suprême.

Le soir était venu[1]. Lucien et les ministres entrèrent dans la salle des séances, les huissiers reçurent l'ordre de faire évacuer les tri-

---

1. Voir *Annales parlementaires*, 1815.

bunes et Lucien lut un message de l'empereur :
il invitait les deux Chambres à s'unir à lui
pour préserver la France du sort de la Pologne et du joug des Bourbons ; et il proposait de nommer cinq commissaires qui s'entendraient avec les ministres sur les moyens
de sauver la patrie et de traiter de la paix
avec les puissances coalisées. Ainsi, les frontières violées, la renommée de l'armée perdue,
le trésor sans ressources, un pays épuisé d'efforts, ce n'était rien. Mais les débris du
trône impérial auraient été sauvés ! Les murmures et les apostrophes éclatèrent sur tous
les bancs de la Chambre. Jay, l'ami de
Fouché, s'élançant à la tribune, demande aux
ministres de déclarer, si dans l'état présent
la patrie est en mesure de résister aux armées
de l'Europe et si la présence de Napoléon n'est
pas un invincible obstacle aux négociations et
à la paix. Les ministres gardèrent le silence.
Fouché, embarrassé et hésitant, se décida
néanmoins à déclarer que ses collègues et lui
n'avaient rien à ajouter aux deux rapports qui

avaient été récemment adressés à la Chambre. Jay alors, faisant le tableau de notre situation intérieure, montra que la liberté publique ne s'établirait jamais en France sous un chef militaire. Puis s'adressant à Lucien : « Retournez vers votre frère, s'écria-t-il, dites lui qu'en abdiquant le pouvoir il peut sauver la France! Dites-lui que sa destinée le presse! » Et il termina en demandant à la Chambre la nomination d'une commission chargée de solliciter de Napoléon son abdication « et de lui annoncer qu'en cas de refus l'Assemblée prononcerait sa déchéance ».

Lucien se lève, et, prenant la parole, il défend avec beaucoup de talent les intérêts de son frère. Il accuse la nation de manquer de persévérance : « Songez enfin que notre salut dépend de notre union et que vous ne pouvez vous séparer de l'empereur et l'abandonner à ses ennemis, sans perdre l'État, sans manquer à vos serments, sans flétrir à jamais l'honneur national. »

A ces mots, La Fayette se dresse sur son

banc et lance à Lucien cette véhémente réplique :

— Eh quoi, c'est vous qui osez nous accuser de manquer à nos devoirs envers l'honneur, envers Napoléon ! Avez-vous oublié tout ce que nous avons fait pour lui ? Avez-vous oublié que les ossements de nos enfants, de nos frères, attestent partout notre fidélité, dans les sables de l'Afrique, sur les bords du Guadalquivir et du Tage, sur les rives de la Vistule et dans les déserts glacés de la Moscovie ? Depuis plus de dix ans, trois millions de Français ont péri pour un homme qui veut encore lutter aujourd'hui contre l'Europe. Nous avons assez fait pour lui ! Maintenant notre devoir est de sauver la patrie !

L'effet de cette imprécation fut puissant. Vingt orateurs se disputent la tribune pour appuyer La Fayette ; Jay, Manuel, Lacoste, Dupin, s'approchent de Lucien et le pressent de déterminer Napoléon à abdiquer. C'est à peine si les ministres et Lucien peuvent obtenir un peu de temps pour consulter la Chambre des pairs.

La Fayette était avisé de toutes les fluctuations de l'esprit de l'empereur par Benjamin Constant, tour à tour accusateur, complice, et conseiller de Napoléon, et, à la dernière heure, son négociateur officieux. Il rapportait au général les propos qu'il tenait de la bouche même du grand vaincu : « Quel est le titre de la Chambre pour me demander mon abdication ? Elle sort de sa sphère légale ; elle n'a plus de mission. Mon droit, mon devoir, c'est de la dissoudre. » Telles avaient été les dernières paroles prononcées à l'Élysée. L'antagonisme était de plus en plus aigu.

C'est alors qu'il fut convenu (21 juin) de tenir aux Tuileries un grand conseil. Là se réunirent sous la présidence de Cambacérès le président et les quatre vice-présidents de la Chambre des représentants, cinq délégués de la Chambre des pairs, les ministres à portefeuille et les ministres d'État. La séance dura jusqu'à trois heures du matin. Les premiers moments furent employés à prendre des mesures pour les finances, le recrutement de l'armée et pour assurer la défense nationale ; mais tous les assistants sentaient qu'une autre discussion était inévitable. La Fayette se chargea de l'ouvrir. Après avoir demandé aux ministres s'ils avaient quelques autres sacrifices à obtenir, et quelques autres mesures à prendre pour résister à l'ennemi, et après avoir déclaré qu'il y souscrivait d'avance, il aborda nettement la question de l'abdication.

Il fut poli dans les termes, implacable dans les résolutions. « Si les amis de Napoléon, expliqua l'un des ministres, avaient cru son abdication nécessaire au salut de la France, ils auraient été les premiers à la lui demander. — C'est parler en vrai Français, reprit La Fayette ; j'adopte cette idée et je la convertis en motion ; je demande que nous allions tous chez l'empereur lui dire que, d'après tout ce qui s'est passé, son abdication est devenue nécessaire au salut de la patrie. »

Cambacérès refusa de mettre aux voix la proposition quoiqu'elle fût appuyée par Lanjuinais et Flaugergues. Le bureau de la Chambre chargea le général Grenier, un des vice-présidents de faire un rapport aux représentants sur la conférence.

Paris était agité, les fédérés des faubourgs avaient devancé le lever du soleil (22 juin) par groupes frémissants et nombreux, sous les fenêtres de l'Élysée. En un mot, les choses étaient en tel état que Napoléon n'avait que deux partis à prendre : ou dissoudre la représentation nationale ou abdiquer.

Les représentants étaient tellement surexcités que, dès la matinée, ils s'étaient rendus au Corps législatif, impatients de connaître le résultat de la délibération du Conseil tenu aux Tuileries. « Ils étaient presque irrités de ce que l'affaire de l'abdication ne fût pas plus avancée. » Pour eux tous, la présence de l'empereur était de plus en plus un obstacle à la paix ; ils étaient las de la guerre ; ils aspiraient au travail, au développement des forces industrielles et commerciales du pays. Napoléon pressé par Fouché, par Regnault, par Caulaincourt, par Joseph lui-même, n'avait plus de volonté.

« On pouvait remarquer en lui, a dit Benjamin Constant, je ne sais quelle insouciance sur son avenir, quel détachement de sa propre cause, qui contrastaient singulièrement avec sa gigantesque entreprise; sa puissance d'attention semblait à son terme. » Lucien seul persistait à vouloir que son frère bravât les représentants, s'appuyât sur les troupes présentes à Paris et prononçât l'ajournement des Chambres.

L'empereur hésitait toujours.

La Fayette, avant tout préoccupé du triomphe de ses idées, fit dire à l'Élysée « que si l'on n'avait pas l'abdication, il proposerait la déchéance ». La Chambre était dans un état d'excitation indicible. On disputait les heures et les minutes à celui à qui l'on n'avait disputé ni le trône, ni le sang de la France. Les propositions les plus violentes contre Napoléon circulaient, lorsqu'un billet de Fouché à Manuel annonça que l'empereur dictait son abdication. Peu d'instants après, les ministres la remirent à Lanjuinais. Il en donna aussitôt lecture.

Lorsque la députation de la Chambre se présenta chez l'empereur pour le remercier, il redevint maître de son attitude et de sa physionomie; et, suivant l'expression de La Fayette, témoin de cette scène tragique, « il prit avec grandeur le rôle que la nécessité lui donnait ».

Nous n'avons pas à raconter tous les autres incidents qui se produisirent. Aux yeux de La Fayette « l'objet avoué de la guerre avait cessé d'exister ». La constitution d'une commission exécutoire fut résolue. Elle devait être composée de cinq membres dont trois élus par les représentants et deux par les pairs. La Fayette fut ballotté avec le général Grenier qui l'emporta.

A son grand honneur, La Fayette n'intrigua jamais pour une nomination quelconque. C'était la fierté même. Les bonapartistes le repoussèrent comme ennemi du roi de Rome, et engagé, disait-on, avec le duc d'Orléans; les autres, parce qu'il se tenait trop en dehors des intérêts de parti. Il n'obtint que cent quarante-deux voix. Si la garde nationale de Paris avait eu à nommer son chef ou si la Chambre s'était attribué un tel choix, un grand nombre de suffrages se seraient probablement portés sur La Fayette. Mais Fouché préférait qu'il fût éloigné pour une autre mission; il le trouvait embarrassant et il se hâta d'appeler au commandement de la garde nationale Masséna, qui avait sauvé la France à Zurich et à Gênes [1],

Comme l'envoi de plénipotentiaires chargés d'arrêter la marche des alliés et d'en obtenir un traité de paix constituait pour le gouvernement nouveau la principale condition de son avènement, La Fayette fut désigné avec d'Argenson, Sébastiani, membres de la Chambre des députés, Pontécoulant, membre de la Chambre des pairs, et Laforêt ancien diplo-

---

1. *Mémoires*, t. V. pp. 463 et suivantes.

mate. Benjamin Constant leur fut adjoint en qualité de secrétaire.

IV

Attristé de ses déceptions, mécontent de l'ordre du jour dans lequel la Chambre avait reconnu les droits de Napoléon II, La Fayette eut d'abord l'intention de refuser la mission de plénipotentiaire. Ses hésitations cédèrent devant la pensée d'une négociation directe avec l'empereur Alexandre qu'il avait rencontré un an auparavant dans le salon de madame de Staël. Il ne partit toutefois que lorsque la commission exécutive eut écarté toutes les craintes d'une régence.

Dans la conférence qu'il eut avant son départ avec Fouché, puis avec les membres du gouvernement, La Fayette avait manifesté l'intention de passer par Metz; le gouvernement provisoire se crut autorisé, par quelques avis sur la marche des alliés, à préférer la route de Laon.

La Fayette, dans les notes qu'il a laissées sur son rôle à cette époque, attache une grande importance à cette mission. C'était se faire bien des illusions, alors que les délégués se heurtaient contre deux armées en pleine marche et pénétrant sans résistance jusqu'au cœur de la France. Il leur fallut beaucoup d'efforts pour obtenir des passeports des généraux ennemis. Ces passeports obtenus, et une conversation ayant eu lieu avec les officiers qui les avaient remis, les plénipotentiaires adressèrent de Laon, le 26 juin, une dépêche dont M. Bignon donna lecture à la Chambre des représentants.

Pleins de confiance dans la déclaration des deux aides de camp de Blücher, le prince de Schoënburg et le comte de Noslitz, les négociateurs ne craignaient pas d'affirmer « qu'ils avaient l'espérance de voir prendre un cours heureux aux négociations; qu'il résultait des conversations qu'une des grandes difficultés serait la personne de l'empereur, et que son évasion pourrait compromettre le salut de la France ».

Ces affirmations légères furent prises au sérieux par la commission exécutive[1]. Pendant qu'elle en délibérait, nos plénipotentiaires couraient de Kaiserlautern à Weissembourg, de Weissembourg à Haguenau, pour tâcher de rencontrer les souverains. Lorsqu'après avoir écrit à l'empereur Alexandre, La Fayette se présenta chez lui, le chef d'état-major prétendit qu'il ne lui était pas permis de l'annoncer. Alexandre lui fit porter ensuite des excuses par Capo d'Istria, alléguant que ses engagements avec les alliés ne lui permettaient pas de le recevoir et en l'assurant que ses sentiments d'estime n'avaient pas varié. Quant à Wellington, par une dépêche du 26 juin 1815, il déclarait à nos commissaires qu'il regardait son souverain et les puissances dont il

---

1. *Mémoires*, t. V, pp. 470, 473. *Recueil de dépêches*, n°s 963 et 966.

commandait les armées, comme étant en guerre avec le gouvernement de la France, et qu'il ne considérait pas l'abdication de Napoléon, comme remplissant complètement le but désigné dans les traités. Blücher, avec sa brutalité ordinaire, allait plus loin (Dépêche au comte Bathurst). Il répondait « qu'il suspendrait les hostilités seulement quand il arriverait à Paris et si Bonaparte lui était livré avec le château de Vincennes et diverses places fortes sur la frontière ».

Il n'y avait pas d'espoir que La Fayette et ses collègues pussent réussir. Depuis leur dépêche datée de Laon, le 26 juin, il y eut un malentendu qui dura tout le cours de cette mission ; une conférence fut cependant convenue. Les quatre cours y étaient représentées, savoir : pour l'Angleterre, lord Stewart, pour l'Autriche, le général Walmoden, pour la Russie, le comte Capo d'Istria, et pour la Prusse, le général Kenesbeck ; mais ces quatre personnages déclinaient formellement tout titre officiel.

Les plénipotentiaires français parlèrent dignement. Sébastiani avait déclaré, avec l'adhésion de ses collègues, que le fils de Napoléon, détenu à Vienne, était d'autant moins inquiétant, que le gouvernement provisoire était absolument opposé à l'établissement d'une régence. La Fayette prit à son tour la parole et exposa que la mission dont ses collègues et lui étaient chargés avait pour but principal la conclusion d'un armistice.

La conférence, interrompue par le repas, allait être reprise, lorsque sir Charles Stewart entra, tenant le *Moniteur* à la main : « Vous prétendez, messieurs, dit-il, qu'aucune question n'est préjugée, et voilà une proclamation de votre gouvernement qui annonce que le roi de Rome est à la tête de l'empire. » La Fayette fit observer que si un article du *Moniteur* devait former un obstacle à l'armistice, il eût été bien imprudent à lui de prêter ce journal, comme il l'avait fait, à un aide de camp, et, renouvelant les explications fournies dans la première entrevue, il leva tous les doutes sur l'impossibilité d'un retour au pouvoir du parti bonapartiste.

C'est alors qu'à bout de raisons, Charles Stewart, apostrophant ses collègues, s'écria : « Si vous traitez avec les Français, ce sera sans l'Angleterre, car je déclare que je n'en ai pas le pouvoir. » Après ces paroles, avançant son siège de quelques pas, il donna à la conversation une tournure plus générale ; s'adressant plus particulièrement à La Fayette : « Monsieur, lui dit-il, je dois vous prévenir qu'il n'y a pas de paix possible avec les puissances alliées, à moins que vous ne nous livriez Bonaparte. — Je suis bien étonné, répondit La Fayette, que, pour proposer une telle lâcheté au peuple français, vous vous adressiez de préférence à un prisonnier d'Olmütz! » Et, comme l'ambassadeur contestait la légitimité de la Chambre des représentants, convoquée par Napoléon : « Je m'étonnerais, répliqua le général, qu'un homme public de votre pays ne reconnût pas que le pouvoir d'une Assemblée nationale dérive de ceux qui élisent, plutôt que de celui qui convoque. » Benjamin Constant fit alors remarquer que l'Angleterre n'avait pas fait une pareille objection au Parlement de sa glorieuse révolution de 1688. La Fayette ajouta : « Puisque nous parlons de ce temps-là, je prierai milord de se rappeler que, dans cette même révolution que j'appellerai aussi glorieuse, la situation de l'armée et de Jacques II était un peu différente de celle de l'armée française relativement à Louis XVIII. Jacques II l'avait formée, il avait combattu avec elle; elle lui devait de la reconnaissance; ce qui n'empêcha pas toutes ces troupes, et nommément le favori du roi, votre grand Marlborough, de déserter dans la nuit, non pour se réunir au drapeau national, mais pour aller rejoindre un prince et des drapeaux étrangers. »

Ces dissertations historiques ne faisaient pas avancer d'un pas la solution.

Le lendemain de cette conversation (1er juillet), nos plénipotentiaires reçurent des trois commissaires russe, autrichien et prussien, une note indiquant que les traités d'alliance portaient que l'une des parties contractantes ne négocierait jamais séparément; que, dès lors, les trois seules cours présentes ne pouvaient continuer les pourparlers; ils ajoutaient que leurs souverains regardaient comme une condition préalable que Napoléon fût mis hors d'état de troubler la tranquillité publique, et, par conséquent, remis à leur garde [1].

La Fayette et ses collègues n'avaient donc plus rien à faire. Une escorte les conduisit à Bâle, et ils rentrèrent à Paris le 4 juillet, accompagnés de deux officiers ennemis. La capitulation venait d'être signée, l'armée française était en marche vers la Loire. Il y eut le soir aux Tuileries un conseil composé du gouvernement provisoire, des plénipotentiaires d'Haguenau, du général en chef et des ministres. La discussion fut très vive; La Fayette déclara « que dans les circonstances qu'on traversait, il pouvait être nécessaire de faire

---

1. *Mémoires*, t. V, p. 474.

des transactions, mais qu'elles devaient être résolues en commun, et être telles qu'on pût toujours en rendre compte à la Chambre et au pays, toute transaction particulière étant une lâcheté et une infamie ».

Tous les membres présents au conseil, Fouché surtout, convinrent de ces vérités ; mais, malgré son adhésion de forme, le duc d'Otrante ouvrait effectivement des négociations avec les représentants des armées alliées. Une note, publiée au *Moniteur* le 5 juillet et rédigée sous ses yeux, avait le tort grave, alors que la conférence d'Haguenau était dérisoire, de la transformer en acte sérieux. Résolus à ne rien céder, les souverains et les diplomates avaient joué nos plénipotentiaires tout juste assez pour donner aux armées le temps d'arriver à Paris.

De leur côté, La Fayette et ses collègues fournissaient un nouvel aliment aux illusions dont la Chambre des représentants se repaissait. Ne voyant pas leur rôle effacé, ils persistaient à affirmer de très bonne foi que les cours étrangères n'avaient pas la prétention[1] de se mêler du gouvernement du pays. Ils citaient, à l'appui de leur opinion, deux proclamations récentes, l'une du prince Schwarzenberg, l'autre du général Barclay de Tolly, qui distinguaient toujours Napoléon de la France et promettaient de ne point empiéter sur les droits d'une grande nation. Aussi, l'Assemblée imagina-t-elle encore de nommer une députation composée de La Fayette, de Dupont (de l'Eure), de La Rochefoucauld-Liancourt, de Sorbier et de Laffitte, pour aller porter une déclaration aux souverains alliés. Cette députation ne put même pas sortir de Paris, dont les barrières étaient occupées par l'ennemi ; M. Laffitte vint le confesser tristement le lendemain devant la Chambre. L'idée d'une résistance sur la Loire traversa l'esprit de La Fayette. C'était trop tard !

---

1. Voir *Moniteur*, séance du 6 juillet.
Lettre de La Fayette à Capo d'Istria, 17 juillet 1815, t. V, p. 528.
Mémoires, t. V, p. 478.

Il ne restait plus à la Chambre, impuissante et sans autorité, que de mourir le plus dignement possible. Elle consacra sa dernière séance à discuter platoniquement les principes d'une constitution libérale. Le 7 juillet, pendant un discours de Manuel sur l'hérédité de la pairie, elle recevait un message lui annonçant la démission de la commission exécutive et l'arrivée prochaine de Louis XVIII. Blücher entrait à la même heure solennellement à Paris.

Dans la nuit du 7 au 8, M. Decazes, nommé préfet de police par le gouvernement royal, avait fait fermer les portes du Palais Bourbon et placer une compagnie de la dixième légion de la garde nationale, avec consigne de ne laisser approcher personne. La Fayette se présenta à la grille, désirant que sa protestation fût entendue; il demanda si c'était le prince régent d'Angleterre qui avait donné les ordres.

Le jardin des Tuileries était déjà occupé par une division prussienne. La Fayette alors annonça qu'il recevrait chez lui tous ses collègues; sa maison fut bientôt remplie. On se transporta ensuite chez le président Lanjuinais et l'on signa une protestation.

Ainsi finit le rôle incomplet de La Fayette pendant les Cent-Jours. Il n'était plus jeune et il n'était plus heureux. Avec sa conscience irréprochable, il lui manquait les qualités supérieures de l'homme d'État pour suppléer à la fortune.

Le sort de la France eût-il changé si le général n'eût pas déposé le 21 juin sa célèbre motion? Peut-on un seul instant se poser la question? Soutenir la guerre contre toute l'Europe pour ne pas sacrifier un homme quelque grand qu'il fût, était, suivant le mot de Benjamin Constant, ou absurde ou coupable. La dépêche de Laon, comme le disent les ennemis de La Fayette, a-t-elle empêché de conclure entre la Révolution et la vieille royauté un pacte d'alliance? Les Bourbons eussent-ils été replacés sur le trône par un vote de l'Assemblée? Tout en regrettant profondément l'erreur où La Fayette et ses trois collègues tombèrent, nous pensons qu'on eût échoué aussi bien contre l'obstination de la Chambre des représentants que contre le refus de Louis XVIII et de son entourage. Le parti royaliste était excité au plus haut degré; il n'eût rien voulu entendre. Les événements qui se sont accomplis jusqu'à l'ordonnance du 5 septembre 1816 l'ont bien prouvé.

La Fayette eut le sentiment de n'avoir pas réussi et de n'avoir pas su faire un usage décisif de la popularité qu'il avait conquise. Dès que La Grange ne fut plus occupé par une garnison prussienne, il s'y rendit fort attristé. Cette année 1815 avait été pour lui lugubre. Son oncle, M. de Tessé, était mort, sa spirituelle et aimable femme n'avait pu supporter une telle douleur; six jours après la mort de son mari, madame de Tessé n'existait plus. En annonçant cette dernière perte à Jefferson, La Fayette ajoutait : « Sa maladie a été légère et sa mort a été douce. Vous savez quelle femme a été enlevée à la société, quelle amie j'ai perdue ! Vous conservez le souvenir des heures heureuses et des conversations animées de Chaville? Que ces temps et ceux du vénérable hôtel La Rochefoucauld sont loin de nous! Et nous, qui comptons encore parmi les vivants, n'appartenons-nous pas surtout à ceux qui ne sont plus[1]? »

---

1. *Correspondance*, t. V, p. 484.

CHAPITRE IV

LA FAYETTE PENDANT LA RESTAURATION
ET LE DERNIER VOYAGE EN AMÉRIQUE

I

C'est dans la solitude de La Grange, que La Fayette vit de loin l'explosion des ressentiments, des colères, de toutes les passions de parti, qui caractérisent les débuts de la seconde Restauration.

L'esprit d'ancien régime qui éclata, dès les premières heures, et qui se concentra dans la Chambre introuvable, révolta sa conscience et détermina son attitude de violente opposition. Sa correspondance témoigne des sentiments d'indignation que la réaction ultra-royaliste lui inspirait. Il n'enviait pas encore un poste de combat à la Chambre des députés : entouré de sa famille patriarcale, de son fils, de sa belle-fille, de ses deux filles, de leur mari et de onze petits-enfants, il recevait tous les étrangers de distinction que l'éclat de son nom attirait dans son hospitalière demeure. Il en faisait les honneurs, avec une simplicité de bon goût, à tous les Américains qui remplissaient un devoir en venant saluer l'ami de Washington et des grands hommes de la guerre de l'indépendance.

Les défenseurs de la Révolution française tournèrent bientôt leurs regards vers lui, et peu de temps après le vote de la loi portant l'établissement des cours prévôtales, il eut à s'expliquer sur les événements, avec l'un de ses anciens amis, très haut placé dans le monde de la cour [1].

« Je ne dirai pas avec Charles Fox dans ses Mémoires sur Jacques II qu'une restauration est la pire des révolutions, parce qu'elle a les

---

1. *Mémoires de La Fayette*, t. VI, p. 30.

inconvénients d'une révolution de plus, en même temps qu'elle prive les peuples de ce qu'il y avait d'avantageux dans les révolutions précédentes; mais je dirai qu'une restauration n'a pas plus que tout autre événement le pouvoir de réparer nos véritables pertes; que son objet ne doit pas être de satisfaire des intérêts ou des vanités de privilégiés, encore moins des vengeances de partis; qu'elle n'est enfin préférable aux autres combinaisons qu'autant qu'elle offre à tous une plus grande sécurité pour les droits et les avantages dont la nation est en possession ou qu'elle a voulu recouvrer. Si la dynastie actuelle avait offert aux intérêts publics et privés un égal degré de sécurité, elle eût été préférable à toute autre. Malheureusement elle n'a jamais voulu s'associer à la régénération de toutes choses en France : Elle s'est constituée étrangère aux principes, aux succès, à la politique de ce pays pendant plus de vingt ans. Si elle s'était unie à tout ce qu'il y avait d'honnête et d'utile dans nos institutions, à tout ce que la grande majorité de la nation regardait comme un gage de sa liberté et de ses acquisitions civiques, alors vous auriez pu me dire : « Pourquoi n'êtes-vous pas » ce que vous étiez en 1792? » Il y aurait eu encore bien des choses à répondre ; mais j'aurais tout oublié pour me rallier de bon cœur à une restauration patriotique. Je le dis avec sincérité aujourd'hui (malgré la preuve acquise que les personnes royales ne cesseront jamais de me haïr et de vouloir me nuire) ; je les préférerais encore si je pouvais me persuader qu'elles céderont enfin à l'évidence de leur intérêt, de leur sûreté, et qu'elles voudront autre chose que ce qu'elles font aujourd'hui pour la destruction de ce que j'ai voulu passionnément, en me consacrant à la défense des droits et des intérêts de ma patrie, comme du genre humain pendant toute ma vie. »

Cette lettre est le résumé de l'opinion de La Fayette et des libéraux sur les Bourbons de la branche aînée. Si le général se fût contenté de lutter, sur le terrain de la légalité, contre les doctrines et les passions du parti ultra-royaliste, il fût resté fidèle à son passé ; mais nous le verrons dévier de la ligne droite, par dédain du péril et par intrépidité. Pour le connaître à fond dans cette nouvelle évolution, il faut écouter un des esprits les plus libres et les plus sincères, un de ses meilleurs amis de ce temps-là, M. le duc Victor de Broglie[1].

Il venait de perdre sa belle-mère, madame de Staël ; sa femme, dans son profond désespoir, voulait fuir Paris où sa mère adorée venait de s'éteindre. Ils profitèrent de la délicate invitation de La Fayette et s'établirent quelques semaines à La Grange. C'était la seconde fois que M. le duc Victor de Broglie y séjournait. Il avait conduit, l'année précédente, un jeune Américain, l'historien Ticknor, recommandé à madame de Staël par Jefferson et dont le nom est devenu célèbre. Dans cette seconde visite, il rencontra Ary Scheffer qui a laissé un ad-

---

1. *Souvenirs du duc de Broglie*, année 1817.

mirable portrait du général. C'est dans des conversations intimes que le duc de Broglie apprit à lire dans l'âme de son hôte, ne lui dissimulant jamais une de ses observations, le mettant en garde contre ses entraînements :

« Il fallait, a-t-il dit, aimer M. de La Fayette pour lui-même, ce qui du reste était facile, car on ne gagnait rien à être de ses vrais amis. Il ne faisait de différence qu'entre celui qui lui disait et celui qui ne lui disait pas ce qu'il disait lui-même. C'était un prince entouré de gens qui le flattaient et le pillaient. Toute cette belle fortune s'est éparpillée entre les mains des aventuriers et des espions. »

Tel était l'état moral de La Fayette au moment où il allait rentrer dans la vie politique; tel était aussi son entourage. En 1817, il avait été porté à Paris comme candidat à la Chambre des députés; le gouvernement l'avait fait échouer; au mois de novembre 1818, il fut élu par le collège électoral de la Sarthe, malgré des intrigues honteuses[1]. Cette élection avait ébranlé toute la France et presque l'Europe. Louis XVIII avait mieux pris son parti de l'élection de Grégoire que de celle de La Fayette.

Au moment où il entrait à la Chambre, le ministère du général Dessoles, avec M. Decazes, comme ministre de l'intérieur, et M. de Serre, comme garde des sceaux, venait d'être formé. Les ultra-royalistes, irrités contre l'auteur de l'ordonnance du 5 septembre, contre le favori de Louis XVIII, mécontents de l'élection d'un plus grand nombre de députés libéraux ou indépendants, avaient résolu de modifier la loi électorale. Dans la séance du 20 février 1819, le marquis de Barthélemy, l'ancien membre du Directoire, instrument de la majorité hostile au cabinet, avait fait voter par la Chambre des pairs une résolution suppliant le roi de présenter un projet de loi tendant à introduire dans l'organisation des collèges

---

1. *Correspondance*, t. VI, p. 34.

électoraux des modifications reconnues indispensables. A Paris et dans les départements du centre, de l'est et du nord, la secousse, à cette nouvelle, avait été vive. La Chambre des députés, à une majorité considérable, formée par les libéraux unis aux ministériels avait repoussé la proposition.

La Fayette avait fait ses débuts dans la séance du 22 mars 1819. Lorsqu'il monta à la tribune, toute la Révolution parut aux royalistes y remonter avec lui pour la première fois depuis 1789. Son élocution sobre, étudiée, son geste rare, contenu, sa voix faible, le flegme de son visage, ne faisaient pas de lui un orateur! Mais c'était une figure détachée du tableau de l'autre siècle et l'effet fut puissant. La Fayette fut ce jour-là l'écho de l'opinion publique, en déclarant que la loi électorale était la première des institutions politiques, une sauvegarde pour la liberté et les conquêtes de la Révolution.

Cette question de la loi électorale, sans cesse agitée dans les conseils du gouvernement, inquiétait les esprits, faisait naître des désordres dans la jeunesse des grandes écoles et donnait une impulsion à la Société appelée : *les Amis de la liberté de la Presse*. La Fayette en était l'âme. Il avait ouvert sa demeure aux associés et il s'efforçait avec un comité d'action, de créer un centre de résistance. Déjà se dessinait son attitude d'opposition violente, opposition grandissant au fur et à mesure que la discussion mettait, avec plus d'énergie, en présence la vieille France et la nouvelle. Le résultat des élections du troisième cinquième des députés, en faisant gagner aux libéraux vingt-huit sièges, avait effrayé même M. Decazes. Une crise de cabinet avait amené la retraite du général Dessoles, de Gouvion Saint-Cyr et du baron Louis, opposés à toute modification de la loi électorale, et leur remplacement (19 novembre 1819) par MM. Pasquier, Roy et le général Latour-Maubourg.

La session qui s'était ouverte le 20, par l'expulsion de Grégoire, député de l'Isère, promettait d'être une des plus agitées, lorsque l'assassinat du duc de Berry, en entraînant la chute de M. Decazes, amena momentanément l'alliance du second ministère du duc de Richelieu et du parti ultra-royaliste.

La Fayette prit part aux débats de ces projets de loi célèbres qui s'appelaient : la loi suspensive de la liberté individuelle, la loi sur la censure ; mais ce fut la discussion du projet de loi électorale, créant le double collège et le double vote, qui mit aux prises le plus violemment les deux partis qui divisaient la Chambre. La France était aussi inquiète qu'attentive. On se passionnait dans les salons, surtout à Paris, pour un discours de Manuel ou du général Foy. La jeunesse, pleine d'enthousiasme pour la liberté, escortait M. de Chauvelin malade, quand il se faisait conduire en chaise à porteurs au Palais Bourbon, pour déposer son vote. Les rixes, les duels, se succédaient tous les jours.

Dans les séances des 23 mars et 27 mai 1820, La Fayette déclarait que de semblables projets de loi violaient la Charte, et que violer la

Charte c'était dissoudre les garanties mutuelles de la nation et du trône, et rendre chaque citoyen à l'indépendance de ses droits et de ses devoirs. C'est dans un de ces incidents qui agitaient fréquemment la discussion, que M. de Serre eut à répondre au général. Demi-mourant, attaqué par la gauche, délaissé par le côté droit, le grand orateur faisait tête à tous. La Fayette un jour n'avait pas craint de se dégager du serment prêté à la Charte et de pousser à des actes révolutionnaires. M. de Serre lui lança cette apostrophe éloquente : « Quand la guerre civile éclate, le sang est sur la tête de ceux qui l'ont provoquée. Le préopinant le sait mieux qu'un autre. Il a plus d'une fois appris, la mort dans l'âme et la rougeur sur le front, que qui soulève les bandes furieuses est obligé de les suivre et presque de les conduire. » Cette allusion au 6 octobre avait fait frémir l'Assemblée.

Le parti royaliste avait pris La Fayette en exécration. Il arriva un moment où ses discours étaient interrompus par des exclamations telles que celles-ci : « Vos doctrines sont abominables ! — Voulez-vous vous taire ! — Allons ! Proclamez le plus saint des devoirs ! — Il se croit encore sur son cheval blanc ! — Vous avez donc toujours dormi depuis le 6 octobre? » Un autre jour, MM. de Castelbajac et Pasquier, ayant, en parlant de lui, employé l'épithète habituelle et banale d'honorable membre, trois fois le côté droit en masse protesta avec force et fit entendre ces cris : « Ne dites pas honorable; il ne l'est pas pour nous ! Qu'il le soit pour ces messieurs (en désignant les députés de la gauche) à la bonne heure ! » Les menaces venaient s'ajouter aux outrages. Ses amis lui disaient de se tenir sur ses gardes. Son courage tranquille lui faisait dédaigner tout péril. Mais ces violences des ultras n'étaient pas faites pour l'arrêter.

Déjà vers la fin d'avril 1820, s'entretenant avec ses amis, Voyer d'Argenson, Dunoyer, chez M. Mérilhou, de la nouvelle oligarchie que préparait la loi du double vote, il s'écriait : « Cette loi est une déclaration de guerre à mort contre la Révolution. Les royalistes veulent en finir avec le principe de liberté et d'égalité. Nous n'avons plus contre ce parti et ses attaques que la ressource d'une résistance à coups de fusil. »

Ces ouvertures étaient avidement saisies. Déjà il s'était mis à la tête de la souscription nationale destinée à indemniser les citoyens qui seraient victimes des lois sur la suspension de la liberté de la presse et de la liberté individuelle. Adjoignant aux souscripteurs quelques amis politiques, dont il connaissait le caractère décidé, il avait formé un comité séparé, avec Voyer d'Argenson, Manuel, Merilhou, de Corcelle, le général Tarayre. L'irritation n'étant pas moins vive dans une partie de l'armée que dans la bourgeoisie, le comité s'efforçait de rallier toutes les pensées de résistance et de les coordonner.

La Fayette dans une note confidentielle[1] s'exprimait ainsi : « Je ne puis prendre d'en-

---

1. *Sociétés secrètes. Mémoires*, t. VI, p. 135.

gagement en faveur d'un ancien parti spécial, parce qu'étant un homme d'institutions, et non un homme de dynastie, et ne voulant pas plus du pouvoir que je n'en voulais, il y a trente ans, je crois être bon à défendre les intérêts généraux contre les usurpations ou les intrigues du pouvoir qui s'établirait, mais je serai toujours prêt à m'entendre avec les bons Français qui voudront et pourront rétablir la liberté, l'indépendance nationale, et mettre la nation à portée de se donner un gouvernement de son choix. Républicain d'inclination et d'éducation, j'ai prouvé que, pourvu qu'une constitution consacrât les bases de la liberté, définies dans ma déclaration des droits du 11 juillet 1789, et lorsqu'elle exprimait la volonté générale réellement représentée, je savais non seulement m'y soumettre, mais m'y sacrifier. Je tiens trop aux premiers principes pour n'être pas très facile sur les combinaisons secondaires. Si dans la crise actuelle, dans les dispositions que je connais, sur plusieurs points de la France, et dans les moyens de mettre en avant ces dispositions, on veut bien convenir d'une direction commune, homogène, nationale, notre patrie, l'Europe entière seront sauvées! Sinon, nous risquons de n'être que des provocateurs de l'asservissement des peuples et des jouets de toutes les intrigues domestiques et étrangères. »

Telles étaient ses déclarations au sein du *Comité directeur*. L'entente, complète dans l'action, cessait parmi les membres, dès qu'on parlait des arrangements à adopter après la victoire. Aveuglément dévoué à son idée comme un chevalier du moyen âge, La Fayette était toujours prêt à payer de sa personne. Ainsi, dès la première conspiration militaire, celle du 19 août 1820, on était convenu que la forteresse de Vincennes, une fois occupée, un gouvernement provisoire, présidé par le général, s'y installerait sur-le-champ. Il avait accepté cette présidence, afin de veiller à ce qu'aucune usurpation sur les droits de la souveraineté du peuple ne fût tentée par les nombreux bonapartistes, entrés dans le complot. Il avorta.

Pendant ce temps[1] le moindre événement soulevait à la Chambre de véritables tempêtes. Tantôt c'était à propos du mot de *glorieuse* cocarde tricolore, prononcé par le général Foy, tantôt à propos de l'Assemblée constituante, de qui Manuel disait : « la postérité a commencé pour elle », tantôt, à propos de l'épithète de constitutionnel que M. Demarçay avait donnée au roi, tantôt à propos de la pétition d'un vieux soldat de l'armée de la Loire, mourant de faim. Souvenirs, affections, intérêts, tout était inconciliable entre les deux côtés de la Chambre. La Révolution creusait entre chaque parti un infranchissable abîme.

Tandis qu'à propos d'une réclamation pour la conservation d'une pyramide élevée à la mémoire de Marceau, M. de Courtavel, de la droite, criait : « La France entière a désavoué la Révolution », la gauche se levait en di-

1. Voir *Archives parlementaires*, séances 2 février, 7 février, 21 février, 19 mars 1820. V. séances des 23, 24, 25 mai 1821.

sant : « La France entière a adopté et béni les bienfaits de la Révolution ! » Les officiers et les soldats de la République et de l'Empire étaient l'objet d'accusations sans mesure. M. Duplessis de Grenedan, à propos du projet de loi destiné à indemniser les donateurs français, entièrement dépossédés de leurs dotations situées en pays étranger, appelait *assassins* des généraux qui se nommaient Drouet, Lefebvre-Desnouettes, Mouton-Duvernet, Exelmans, Miollis, Lamarque ; et, comme Manuel prenait la défense des morts, des absents : « Concluez, avocat, lui criait-on, vous serez bien payé... — Oui, ripostait Manuel, ce discours me sera bien payé, mais dans une monnaie inconnue de ceux qui m'interrompent ; quand on parle justice et raison, quand on défend les intérêts de son pays, il est impossible qu'on ne trouve pas tôt ou tard sa récompense dans l'estime publique et c'est là le seul prix que j'ambitionne. » — « Encore quelques discussions comme celle-ci, ajoutait M. de Saint-Aulaire, et la guerre civile est à nos portes. »

C'est au milieu de ces luttes ardentes que le carbonarisme s'organisait. La Fayette s'était empressé de devenir un des initiés. La présidence de la haute *Vente* lui avait été déférée. L'organisation dans l'ouest et l'est avait pris un développement inattendu. Les discours les plus vifs des députés de la gauche n'étaient que l'écho très affaibli de l'irritation que provoquait, dans les classes moyennes, l'influence de plus en plus marquée du parti ultra-royaliste sur la marche du gouvernement. C'est ce qui explique la rapidité avec laquelle le carbonarisme s'étendait. La mort de Napoléon à Sainte-Hélène ne changea ni n'affaiblit l'énergie de la résistance. L'opposition aux Bourbons puisa même une force nouvelle dans la disparition du héros. Du jour où le faux libéralisme ne craignit plus son retour sur la scène du monde, il en fit son idole. Il lui fallait, a-t-on dit éloquemment, un nom à jeter à l'armée pour grouper les mécontentements, les haines et les ambitions autour d'une ombre. On assista à la coalition des passions les plus contradictoires, de la liberté et du despotisme, entre les hommes de la Révolution et les hommes de l'Empire.

Dominé par ses antipathies contre l'élément militaire, La Fayette[1], confiant dans les seuls efforts des amis de la liberté, n'entendait invoquer que les principes et le drapeau de 89. Aussi traçait-il le programme à l'un de ses collègues, engagé comme lui dans le carbonarisme :

« Il faut n'employer vos efforts qu'à mettre la nation à portée de se donner un gouvernement de son choix, de ne prendre d'engagement avec aucun parti, aucune dynastie, de rétablir immédiatement et à mesure des progrès dans les villes, les municipalités, les administrations électives, la garde nationale nommant ses officiers, les assemblées primaires et une convocation de députés d'après la loi de 1791, et de regarder tout pouvoir

---

1. *Mémoires*. t. VI. p. 141.

comme provisoire, jusqu'à ce qu'une véritable représentation, émanée du peuple, ait fait connaître la volonté nationale. »

Cependant le second ministère du duc de Richelieu touchait à sa fin.

Attaqués dans les deux Chambres par les violences de la droite, dépopularisés au dehors par la ligue des bonapartistes et des libéraux maîtres de la tribune, affaiblis dans l'esprit du comte d'Artois, les ministres remirent leur démission à Louis XVIII. L'homme d'affaires de la Restauration, M. de Villèle, entrait au pouvoir. Il était arrivé par cet ascendant lent et continu que les partis politiques acceptent même involontairement d'un homme, qui en inspirant confiance à leurs passions, les délivre cependant de l'étude des intérêts matériels. M. de Villèle en s'adjoignant M. de Corbière, M. de Peyronnet, le duc de Bellune, M. de Clermont-Tonnerre, et Mathieu de Montmorency, indiquait clairement les tendances du ministère. Le parti royaliste était arrivé.

La Fayette puisa dans cet événement un redoublement d'énergie. Nous ne reprendrons pas dans leurs détails l'histoire de toutes les conspirations de la Restauration. On les connaît et nous n'avons trouvé dans les sources où nous avons puisé, rien qui puisse contredire les faits qui sont dans toutes les mémoires.

Les sociétés secrètes et les *ventes* du carbonarisme partaient de La Fayette et aboutissaient à lui. La nature lui avait donné des qualités qui le rendaient éminemment propre à son rôle : une froideur extérieure qui masquait l'enthousiasme concentré de son âme, un courage de sectaire et de martyr, et une absence d'esprit de domination qui écartait de sa personne l'envie. Il avait auprès de lui, le premier de ses affidés, son fils George, aussi froid, aussi téméraire que celui dont il portait le nom, résolu par tendresse filiale à suivre partout et à défendre partout son père. Ceux qui approchaient La Fayette étaient convaincus qu'il était ambitieux de perdre héroïquement sa vie pour grandir encore sa mémoire : « J'ai déjà beaucoup vécu, disait-il à ses familiers qui lui recommandaient la prudence, il me semble que je terminerais dignement ma carrière, en montant sur l'échafaud, victime de la liberté. »

De toutes les conspirations, celle de Belfort paraissait la mieux nouée. Toutes les circonstances semblaient devoir la faire réussir. Un gouvernement provisoire devait être proclamé à Belfort, installé à Colmar, jusqu'au moment où Strasbourg pourrait ouvrir ses portes. La Fayette, Voyer d'Argenson et Jacques Kœcklin en étaient les membres désignés. La nuit du 29 au 30 décembre était fixée pour le soulèvement. La Fayette avait déjà quitté Paris et s'était rendu à La Grange, afin de pouvoir se porter plus librement en Alsace. On l'attendait pour donner le signal des mouvements militaires dans les garnisons; mais la fin de l'année rappelait au général le plus pieux des anniversaires. Madame de La Fayette était morte le 24 décembre; jamais à aucune époque de sa vie, il n'avait manqué de consacrer ce jour-là au deuil et à la mémoire de sa compagne du cachot d'Olmütz, et il s'enfermait dans la chambre où elle avait rendu le dernier soupir. Vainement, M. Chevalier, un des membres du comité-directeur, le pressait de partir. Rien ne put vaincre l'obstination du souvenir dans son cœur aimant. Il ne voulait jouer sa tête qu'après avoir fait ses adieux à l'existence, près du lit de la femme qu'il vénérait.

Le jour du deuil écoulé, il montait la nuit en voiture pour cacher son départ. Le père et le fils s'étaient assis l'un auprès de l'autre, sans échanger la moindre parole, lorsqu'un vieux serviteur, qui devait rester au château de La Grange, s'élança sur le siège de la calèche. « Bastien, lui dit La Fayette, que fais-tu ? Mon fils et moi nous allons risquer notre vie, je dois t'avertir que la mort attend peut-être ceux qui seront saisis avec nous. — Vous ne m'apprenez rien, répondit d'une voix ferme le domestique, je sais ce que nous allons faire; mais que cela ne vous inquiète pas; j'y vais pour mon compte; d'ailleurs, c'est mon opinion. »

On sait comment la conjuration échoua. M. de Corcelle fils, avec un autre carbonaro de Paris, M. Bazard, volent au-devant du général. Ils rencontrent sa voiture à quelque distance de Lure, lui racontent les événements, et lui font rebrousser chemin. Prévenu assez à temps pour que sa présence ne soit pas un indice, La Fayette se rend à la campagne, aux environs de Gray, chez M. Martin, ancien député de la Haute-Saône, lié d'opinion avec lui, et y réside quelques jours sous l'apparence d'une simple visite de délassement.

A Marseille, à Toulon, avaient échoué d'autres conspirations militaires; mais aucune affaire, autant que celle des sergents de La Rochelle, n'excita à un plus haut degré l'émotion publique. Bories, l'un d'entre eux, convaincu d'avoir eu des relations avec La Fayette, avait gardé le silence le plus stoïque. Les carbonari tentent à prix d'or de faire évader ses compagnons et lui. Le directeur de la prison qui veut assurer, en fuyant avec les prisonniers, le sort de sa famille, demande soixante-dix-mille francs pour la rançon. On porte ces propositions à La Fayette. Il fournit presque toute la somme; la police avertie, surprend les libérateurs, au moment où ils comptaient l'or au geôlier. Les quatre jeunes gens montent intrépidement sur l'échafaud devant des milliers de spectateurs dont le cœur battait de pitié et d'indignation. Peu de temps après, le supplice du général Berton et de deux autres condamnés politiques, frappés sur les places publiques de Poitiers et de Thouars, mettait fin aux conjurations organisées dans les départements de l'ouest. Baudrillet, l'un des conjurés, avait d'abord confessé un voyage à Paris, ainsi que deux visites à La Fayette. Puis, se ravisant, il avait donné un faux signalement du général.

Grâce à ce subterfuge, l'accusation n'avait pu encore cette fois trouver des preuves contre le président du comité supérieur du carbonarisme. M. de Villèle n'attendait que cette preuve légale, pour demander sa mise en accusation. Il s'arrêta. Peut-être aussi, en ministre avisé, craignait-il de rencontrer trop haut des coupables.

Les supplices qui se succédèrent pendant les mois de mai, juin, septembre et octobre 1822 produisirent une impression profonde et mirent fin à toute tentative d'insurrection. Mais le procès du général Berton avait amené, dans la presse royaliste, les plus graves accusations contre La Fayette. Il était signalé ouvertement comme le principal instigateur de tous les mouvements politiques dirigés contre le gouvernement. M. Mangin, procureur général à Poitiers, l'avait fortement inculpé dans son réquisitoire. Plusieurs des collègues de La Fayette, Benjamin Constant, Laffitte, le général Foy, accusés également par M. Mangin, avaient demandé en s'indignant une enquête solennelle sur leur conduite. M. de Saint-Aulaire, voulant mettre fin à ce système[1] de procès de ten-

---

1. Séance du 1ᵉʳ août 1822.

dance, fit la proposition de traduire à la barre de la Chambre M. le procureur général de Poitiers. Le cabinet et le côté droit, tout en défendant M. Mangin, repoussaient toute enquête. Alors La Fayette, avec son flegme de grand seigneur et une bonne grâce ironique, prit la parole, et, visant directement le roi, prononça ces paroles audacieuses qui mirent fin à toute tentative de poursuites :

« Quelle que soit mon indifférence habituelle pour les inculpations et les haines de parti, je crois devoir ajouter aujourd'hui quelques mots à ce qu'ont dit mes honorables amis. Pendant le cours d'une carrière dévouée tout entière à la cause de la liberté, j'ai constamment mérité d'être en butte à la malveillance de tous les adversaires de cette cause, sous quelque forme, despotique, aristocratique, anarchique, qu'ils aient voulu la combattre ou la dénaturer. Je ne me plains donc pas, quoique j'eusse le droit de trouver un peu leste, le mot *prouvé*, dont M. le procureur général s'est servi à mon occasion. Mais je m'unis à mes amis pour demander, autant qu'il est en nous, la plus grande publicité, au sein de cette Chambre, en face de la nation. C'est là que nous pourrons, mes accusateurs et moi, dans quelque rang qu'ils soient placés, nous dire, sans compliment, ce que depuis trente-trois années nous avons eu mutuellement à nous reprocher. »

La bravade était aussi transparente que fière. M. de Villèle en sentit la portée. L'enquête ne fut pas ordonnée.

Soixante-dix années se sont écoulées depuis ces complots et il est permis aujourd'hui de porter un jugement sur le rôle de La Fayette. Jusqu'alors le respect de la loi avait été son arme et son bouclier contre les pouvoirs qu'il attaquait. Jusqu'alors, suivant l'heureuse expression d'un homme qui l'a beaucoup aimé, il avait été fidèle à son rôle de tribun légal, à ses habitudes d'opposition en plein jour. Il s'était obstiné au triomphe de la liberté en 1815, même en face de l'ennemi. Son caractère se modifie sous la Restauration. Il oublie « qu'efficaces contre les personnes, les conjurations sont impuissantes pour renverser ou détruire tout un ordre établi; et que leur seul résultat est de faire des victimes ».

Ce n'est pas ainsi qu'on sert les idées libérales. Le carbonarisme, emprunté aux mœurs italiennes ou espagnoles, agitait stérilement, en cachant la main qui tenait le fil. Les idées ne progressent pas avec ces procédés. L'obscurité est un défaut dans les luttes d'opinion. La Fayette n'y réfléchissait pas[1]. « Il était toujours prêt à s'engager dans une entreprise quelconque, sur le premier appel du premier venu, comme un gentilhomme du bon temps, qui se battait pour la beauté même de la chose, pour le plaisir du péril et l'envie d'obliger un ami. » Ce n'est pas le rôle d'un chef de parti plus que sexagénaire! Et puis, il y a quelque chose qui serre le cœur de voir

---

1. *Souvenirs du duc de Broglie*, t. Ier et *Mémoires de M. Guizot*, t. 1er.

des victimes obscures, jeunes gens ou vieux soldats, monter à l'échafaud, pendant que les chefs des comités, entourés de mystères, défiaient toutes les accusations. Était-ce là une bonne éducation politique? Toutes nos sympathies vont à ces vaillants qui mouraient invinciblement silencieux, « qui méritaient des chefs plus prévoyants et des ennemis plus généreux ».

Qu'on ne croie pas que La Fayette fût ému du danger! Quoiqu'il donnât prise de tous les côtés, par sa facile approche et par sa confiance sans bornes, il gardait toute sa sérénité. « Vous êtes une statue qui cherche son piédestal! lui disait un jour Laffitte. Peu vous importerait que ce fût un échafaud. — C'est vrai », lui répondait La Fayette.

Qu'on ne croie pas davantage que ses qualités natives, la bonté, la générosité, se fussent refroidies avec les années! Même dans le feu des conspirations, et en proie à toutes les antipathies contre les Bourbons, il s'écriait : « Ce qui me tourmente, c'est de savoir comment nous sauverons ces malheureux qui courent à leur perte, car enfin, il faudra bien les sauver ! » — Toute sa noblesse d'âme, inaltérable en lui, ne lui fit pas voir qu'il ouvrait une voie où d'autres plus habiles devaient s'engager plus tard, et périlleuse pour la liberté. Le général Foy, par ses attaques incessantes à la tribune, par ses répliques éloquentes et enflammées, a plus agi sur l'esprit public que toutes les conspirations; les harangues incisives de Manuel et de Benjamin Constant, les pamphlets de Paul-Louis Courier ont plus fait pour entretenir en France le sentiment des conquêtes de 89 que les *Ventes du Carbonarisme*. La Fayette se trompa en attribuant au travail des conjurations une puissance qu'il n'avait pas.

Quoiqu'il ne fût pas abattu, il ne prit aucune part aux discussions de la Chambre pendant une année. Mais l'expulsion de Manuel et les incidents qui s'y rattachent lui donnèrent une des émotions les plus vives de sa vie publique. Il n'y a pas d'épisode plus connu.

De tous les orateurs de l'opposition, Manuel était le plus odieux à la majorité et le plus redouté. Son expulsion allait être votée, lorsque La Fayette, debout à son banc et d'une voix forte, dominant le tumulte, s'écrie : « Oui, nous adhérons tous à ce que M. Manuel vous a déclaré. Nous faisons cause commune avec lui. » Manuel avait promis qu'il ne céderait qu'à la violence. On sait que le lendemain du vote, le 4 mars 1823, trompant la vigilance des huissiers, il apparut tout à coup revêtu de son costume de député et assis à son banc entre Casimir Périer et le général Demarçay. — L'intervention de la garde nationale était le seul point qui préoccupât La Fayette. Que ferait-elle? On sait ce qu'elle fit : l'attitude du sergent Mercier, ses soldats, citoyens comme lui, se regardant pour chercher dans leurs yeux une pensée commune, puis se détournant avec répulsion, les cris de « Vive la garde nationale! » éclatant dans la salle. Toute cette scène dramatique est encore vivante. Le vicomte de Foucault, à la tête des gendarmes, somme les députés de ne pas protéger plus longtemps leur collègue contre les efforts des gardes nationaux. « C'est faux ! s'écrie La Fayette, laissez à la garde nationale toute sa gloire ! » Le colonel de Foucault prononce alors le mot historique inséparable de son nom. Manuel est saisi au bras et au collet. Il cède et sort de la salle, suivi par le cortège de l'opposition tout entière, qui se déclare solidaire de son inviolabilité. Pendant toute la durée de la session, les bancs de la gauche furent vides. Aux yeux de La Fayette, la scène du 4 mars était digne des premiers temps de la Révolution[1].

Le 9 mars, il écrivit au rédacteur du *Constitutionnel* pour protester contre l'ordre du jour du colonel de la 4e légion, ordre du jour qui désavouait la conduite du sergent Mercier et de ses camarades. La Fayette affirmait une fois de plus « que la garde nationale avait été instituée pour le maintien de la liberté, de égalité et de l'ordre légal, et qu'il avait retrouvé en elle les sentiments qui créèrent la garde nationale de 89 ». Il crut devoir rendre

---

1. *Mémoires*, t. VI, p. 153.

compte à ses électeurs de Meaux du parti qu'il avait pris avec soixante-trois de ses collègues, en ne paraissant plus aux séances de la Chambre, et il rappelait ces nobles paroles du général Foy : « La liberté n'est pas perdue dans un pays qui renferme de si généreux citoyens. » Il terminait en dénonçant un système qui « conduisait la France à entreprendre une guerre injuste au dehors (la guerre d'Espagne) pour consommer au dedans la contre-révolution et pour ouvrir notre territoire à l'invasion étrangère ».

Le 24 décembre 1823, la Chambre ayant été dissoute, les nouvelles élections régies par la loi du double vote furent fixées au 25 février suivant. Les efforts du gouvernement pour faire échouer La Fayette réussirent. Il obtint cent cinquante-deux voix contre cent quatre-vingt-quatre données au candidat ministériel. La vie parlementaire lui étant fermée, il prit une grande résolution.

II

La Fayette avait toujours nourri le désir de revoir l'Amérique, sans prévoir cependant l'époque de ce voyage. Éloigné de la représentation nationale par les intrigues du ministère, il était de plus en dissidence ouverte et sérieuse avec quelques-uns des membres du comité supérieur du carbonarisme et particulièrement avec Manuel. Dominé par d'instinctives antipathies contre les hommes de l'Empire et contre le parti militaire, La Fayette n'entendait invoquer que les principes et le drapeau de 89. Manuel, au contraire, pensait que, pour soulever les masses, il fallait le nom de Napoléon II.

Ces divisions ne faisaient qu'ajouter à la tristesse de La Fayette, lorsque le président des États-Unis, M. Monroë, le sachant libre de tout engagement et ayant sondé ses intentions, fit prendre par le Congrès la résolution suivante :

« Le général La Fayette ayant exprimé le désir de visiter ce pays, le président sera chargé de lui communiquer l'assurance de l'attachement affectueux et reconnaissant que lui conservent le gouvernement et le peuple des États-Unis ; et, de plus, en témoignage de respect national, le président tiendra à sa disposition un vaisseau de l'État et invitera le général à y prendre passage. »

Le 7 février 1824, le président Monroë[1] écrivait à La Fayette :

« Je vous ai adressé, il y a environ quinze jours, une lettre que j'ai confiée à M. Brown et dans laquelle je vous exprimais le désir de vous envoyer, dans le port de France que vous m'indiqueriez, une frégate pour vous ramener ici dans le cas où vous seriez libre

1. *Mémoires*, t. VI, p. 162, et *La Fayette en Amérique en 1824-1825*, par M. Levasseur, son secrétaire. Baudouin, 1829, 2 vol.

maintenant pour visiter les États-Unis. Depuis, le Congrès a pris à ce sujet une résolution pour vous exprimer le sincère attachement de la nation tout entière et son ardent désir de vous revoir encore au milieu d'elle. L'époque à laquelle vous croirez pouvoir vous rendre à cette invitation est laissée tout à fait à votre choix. Quelle que soit votre décision, il vous suffira d'avoir la bonté de m'en instruire et aussitôt je donnerai des ordres, pour qu'un vaisseau de l'État aille vous prendre au port que vous désignerez et vous amène dans cette patrie adoptive de votre jeunesse et qui a toujours conservé le plus reconnaissant souvenir de vos services.

» Je vous envoie ci-jointe la résolution du Congrès et j'y ajoute l'assurance de ma haute considération et de mes sentiments bien affectueux. »

La Fayette ne pouvait se refuser à une invitation aussi honorable et aussi pressante. Son départ fut fixé au mois de juillet. Il n'avait pas accepté le bâtiment de l'État que le Congrès lui avait offert; il fut aussi obligé de repousser une foule de demandes de ses concitoyens, qui croyant peut-être qu'il était question d'une nouvelle expédition en faveur de l'indépendance, voulaient en partager avec lui les périls et la gloire. Sans autre compagnon de voyage que son fils George, et un secrétaire, M. Levasseur, il quitta Paris, et arriva le 12 juillet au Havre. Il y était attendu par le *Cadmus*, bâtiment de commerce américain. L'illustre voyageur avait soixante-six ans et n'avait pas revu l'Amérique depuis près de quarante ans.

Ce fut en présence de la population tout entière et au milieu des plus vives acclamations qu'il s'embarqua. Le 15 août, l'artillerie du fort La Fayette annonçait à la ville de New-York l'arrivée du *Cadmus* [1].

L'histoire, dans tous ses pompeux récits de victoires et de triomphes, n'offre rien d'égal à la simple narration du voyage de La Fayette en Amérique.

1. *Lettres de Lady Morgan*, 1829 et 1830.

A bord du navire, le *Chancellor Livingston*, qui vint à son approche, se trouvaient les diverses députations de la ville, les généraux et officiers des milices, de l'armée et de la marine, et plus de deux cents principaux citoyens de New-York, parmi lesquels, le général reconnut plusieurs de ses anciens compagnons d'armes. Ils se précipitèrent dans ses bras, se félicitant de le revoir encore après tant d'années. Pendant ces scènes touchantes, un orchestre exécutait l'air : *Où peut-on être mieux qu'au sein de sa famille?* — Enfin, à deux heures de l'après-midi, il débarqua, au milieu des acclamations de deux cent mille voix qui bénissaient sa bienvenue. Les *Gardes de La Fayette*, portant son portrait sur leur poitrine, l'accompagnèrent jusque devant une longue ligne de bataille formée par les milices. La Fayette en parcourut le front, suivi d'un nombreux état-major. A mesure qu'il s'avançait, chaque corps inclinait devant lui ses drapeaux; tous étaient décorés d'un ruban avec cette légende : *Welcome La Fayette!* Ces mots se trouvaient écrits partout, étaient répétés par toutes les bouches. Des croisées on lui jetait des fleurs et des couronnes.

A l'extrémité de la ligne de bataille, le général fut placé sur un char attelé de quatre chevaux blancs. Arrivé à l'Hôtel de ville, il fut reçu par le corps municipal. Le maire lui adressa cette harangue : « Vos compagnons d'armes, dont un bien petit nombre existe encore, n'ont pas oublié, leurs descendants n'oublieront jamais le jeune et brave Français qui consacra sa jeunesse, ses talents, sa fortune, tous ses efforts à leur cause, qui répandit son sang pour les rendre libres et heureux. Ils se rappelleront avec une profonde émotion, aussi longtemps qu'ils seront dignes des biens dont ils jouissent, tout ce que vous avez fait pour les leur obtenir, ils se souviendront que vous êtes venu vous joindre à leurs pères, au moment le plus sombre de leur lutte, que vous avez lié votre fortune à la leur, lorsqu'elle semblait presque sans espoir. Un demi-siècle s'est écoulé, depuis ces grands événements, et dans cet espace de temps votre nom est devenu aussi inséparablement lié à celui de la liberté, aussi cher à ses amis, dans l'ancien continent, qu'il l'était dans le Nouveau Monde.

» Le peuple des États-Unis vous chérit comme un père vénéré; la patrie vous considère comme son fils le plus aimé. Aujourd'hui comme dans la suite des temps, la conduite de mes concitoyens prouvera l'erreur de ceux qui prétendent qu'une République est toujours ingrate envers ses bienfaiteurs.

» Au nom de mes concitoyens de New-York, et organe des vifs et universels sentiments de tout le peuple des États-Unis, je répète les félicitations par lesquelles il salue votre arrivée. »

C'est sur ce ton d'enthousiasme que s'accordent les innombrables harangues adressées à La Fayette durant ce triomphal voyage. Comme l'écrivait la *North-American Review*[1] : « Il est littéralement l'hôte de la nation. Nous

---

1. *North-American Review*, 1824-1825.

nous félicitons avec les milliers de citoyens qui se pressent sur ses pas, dans tous les lieux de son passage, de pouvoir offrir notre tribut de gratitude et de vénération désintéressée à celui qui a souffert avec nos pères pour notre salut. Mais nous nous félicitons encore plus de l'effet moral que sa présence produira infailliblement sur nous; car ce n'est pas un spectacle ordinaire que celui qui s'offre aujourd'hui à nos regards. Il nous est donné de voir un homme qui, par la seule force de ses principes, une simple et ferme intégrité, a traversé avec dignité les deux extrêmes de la fortune; un homme qui, après avoir joué un rôle décisif, dans les deux plus grandes révolutions modernes, en est sorti pur et sans tâche, un homme enfin qui a professé dans la prospérité, comme dans l'adversité, le dogme de la liberté publique dans les deux mondes et conservé la même franchise confiante, sur les ruines de la Bastille, au Champ de Mars, dans les prisons d'Olmütz et sous le despotisme de Bonaparte. »

Les portes de la salle, après le discours du chef de la municipalité, furent ouvertes et, pendant plus de deux heures, La Fayette fut comme livré aux adorations du peuple; les mères de famille lui présentaient leurs enfants et le priaient de les bénir. Enfin, à cinq heures, il s'arracha avec peine aux embrassements de ses nombreux amis et fut conduit à *City-Hotel*, qui avait été magnifiquement disposé pour le recevoir. Le pavillon national, suspendu au-dessus de la porte, indiquait de loin la demeure de l'*hôte* de la nation, titre glorieux et touchant, dont il était salué.

Il partit le 20 août pour le Massachusets, escorté par des cavaliers volontaires, partout reçu, sur la route, sous des arcs de triomphe et au bruit de l'artillerie et des cloches.

A Boston, le maire, M. Quincy, lui dit ces belles paroles : « Vous voyez ce peuple pour lequel vous avez combattu, il est heureux au delà de toute espérance! Sa liberté est assurée. Il se repose maintenant dans sa force, sans crainte et sans reproche. Vous avez versé votre sang pour trois millions d'hommes, et dix millions s'avancent aujourd'hui vers vous, conduits par la reconnaissance. Ce mouvement n'est pas celui d'une populace turbulente, c'est celui d'un grand peuple qui cède à une impulsion grave, morale et tout intellectuelle. »

Un incident se produisit au dîner qui fut offert au général. Le chef de justice, M. Parker, porta un toast à la mémoire de Louis XVI, ajoutant qu'aucun de ceux qui avaient favorisé l'indépendance de l'Amérique ne devait être oublié.

Le 25, La Fayette s'était rendu à l'université de Cambridge, à une lieue de Boston, pour assister à la distribution des prix. C'est à cette occasion que M. Everett, alors professeur au collège de Horward, et dont les talents promettaient à la tribune du Congrès un grand orateur, prononça cette admirable harangue, citée par Chateaubriand comme un chef-d'œuvre d'éloquence [1].

1. *Mémoires d'outre-tombe.*

« Cette année va compléter le premier demi-siècle de l'ère la plus importante de l'Histoire humaine, l'ère de notre Révolution. Depuis cette époque, le temps a vu tomber sur la poussière, qu'ils avaient arrosée de leur sang, la plupart des grands hommes auxquels nous devons notre existence nationale. Peu d'entre eux jouissent encore parmi nous des doux fruits de leurs travaux et de leurs sacrifices. Cependant en voici un qui, cédant à la voix du peuple, vient à la fin de sa carrière recevoir les hommages d'une nation à laquelle il avait dévoué sa jeunesse.

» L'Histoire n'a point oublié que lorsque cet ami de notre pays s'adressa à nos commissaires, envoyés à Paris, en 1776, pour leur demander les moyens de passer en Amérique, ils furent obligés de lui répondre (tant notre chère patrie était pauvre et malheureuse) qu'ils n'avaient ni moyens ni crédits pour équiper un seul vaisseau dans tous les ports de France : « Eh bien, s'écria le jeune héros, j'en équiperai un moi-même ! » Et quoique l'Amérique fût trop misérable pour le faire transporter sur ses bords, il n'hésita point, dans un âge encore tendre, à quitter famille, bonheur, richesse, dignités, pour s'engager dans la lutte sanglante et douteuse de notre Révolution.

» Salut, ami de nos pères ! Soyez le bienvenu sur nos rivages ! Heureux sont nos yeux de contempler vos traits mémorables ! Jouissez d'un triomphe qui n'est réservé ni aux conquérants ni aux monarques : c'est d'être assuré que dans toute l'Amérique il n'y a pas un cœur qui ne batte de joie et de reconnaissance au bruit de votre nom ! Vous avez déjà reçu ou vous recevrez bientôt le salut de ce petit nombre de patriotes ardents, de sages conseillers, de guerriers intrépides avec lesquels vous vous étiez associé pour la conquête de notre liberté ; mais c'est en vain que vous chercherez autour de vous tous ceux qui auraient préféré, à des années de vie, un jour comme celui-ci, passé avec leur vieux compagnon d'armes. Lincoln, Greene, Knox, Hamilton sont morts, les héros de Saratoga et de New-York sont tombés devant le seul ennemi qu'ils ne pouvaient pas combattre, et le plus grand de tous, le premier des héros et des hommes, l'ami de votre jeunesse, le sauveur de la patrie, repose dans le sein de la terre qu'il a affranchie, sur les rives du Potomac. Il repose dans la paix et dans la gloire. Vous visiterez de nouveau le toit hospitalier du Mount-Vernon, mais celui que vous vénériez ne sera plus sur le seuil pour vous recevoir. Sa voix, cette voix consolatrice qui parvint jusqu'à vous dans les cachots de l'Autriche, ne rompra plus le silence pour vous faire asseoir à son foyer; mais les enfants de l'Amérique vous accueilleront en son nom et vous crient : — Bien venu, La Fayette! trois fois bien venu sur nos rivages! ami de nos pères et de notre pays! »

Il ne restait, de l'âge héroïque de la Révolution américaine, que John Adams, le second président des États-Unis et Th. Jefferson. John Adams, qui eut l'honneur de succéder à Washington, était retenu dans la retraite par le poids de quatre-vingt-neuf ans. Il habitait, à Quincy, une petite maison fort simple, bâtie en bois et en briques. Il avait réuni toute sa famille pour recevoir son ancien ami, et il l'embrassa avec une bonté touchante. Il ne pouvait se lasser de répéter combien était grande la joie que lui causait la reconnaissance de ses concitoyens[1].

Jefferson lui écrivait le 3 septembre :

« Je crains qu'on ne vous tue à force de tendresses, tant de si belles réceptions me semblent devoir entraîner de fatigues et épuiser vos forces. Quel est le lieu où l'on ne demandera pas à vous posséder? Notre village de Charlotteville insiste aussi pour vous recevoir. Je les ai réduits à ne plus vous demander que de leur faire l'honneur d'accepter un dîner, et je suis chargé de vous conjurer de ne pas refuser. Venez, mon cher ami, au moment qui vous conviendra. Que j'aie encore une fois le bonheur de parler avec vous de nos premiers travaux ici, de ceux dont j'ai été témoin dans

---

1. *Mémoires de La Fayette*, t. VI, p. 169. *Correspondance.*

votre patrie, de ses malheurs passés et présents, de ses espérances futures! Que Dieu vous bénisse et vous conserve! Qu'il me permette de vous recevoir et de vous embrasser! »

Jefferson était tellement affaibli qu'il pouvait à peine faire le tour de son jardin. La Fayette accepta son hospitalité. Ils avaient tant à se dire! Il fallut quitter aussi cet ami. Chaque État se disputait l'honneur de recevoir le général, et il y en avait alors vingt-quatre. La Fayette ne se déroba à aucune invitation, passant en revue les milices, assistant aux banquets, recevant même les adresses des élèves des écoles. A chaque pas, sa marche était retardée par les adieux les plus touchants C'était à qui lui prendrait les mains. Plus d'un détournait son visage pour dérober les larmes qu'il ne pouvait plus retenir. A Philadelphie, à Baltimore, les souvenirs de sa jeunesse lui firent battre le cœur.

Sa correspondance avec sa famille, durant l'année que La Fayette passa en Amérique, est comme éclairée par un rayon de jeunesse[1] :

« 5 septembre. — Pendant une tournée de deux cents lieues, nous avons éprouvé tout ce qui peut toucher et flatter le cœur humain. Au milieu de cette continuité d'émotions, nous éprouvions un grand plaisir, lorsque le nom de La Grange nous apparaissait sur un arc de triomphe ou dans une salle de festin. »

« 13 septembre. — Au milieu des rassemblements, des revues des fêtes, nous allons le dimanche à l'église. L'autre jour, à Boston, on priait Dieu en demandant la liberté des deux hémisphères. Cette dévotion me convient mieux que les anathèmes contre-révolutionnaires d'Europe. Je suis enivré de marques d'affection, et quand je vois arriver des députations de tous les points des États-Unis, villes et villages, ayant fait tout ce chemin pour me demander de passer une heure avec eux ; quand je vois des hommes, des femmes, arriver de deux cents

---

1. T. VI, pp. 170 et suivantes.

milles pour me toucher la main pendant quelques instants, ne dois-je pas être honteux de ne pouvoir répondre par écrit à aucune de ces adresses, de recevoir à peine les personnes qui viennent me voir. »

« 10 octobre. — Toutes les jouissances de mon voyage ne m'empêcheront pas de sentir mieux que jamais celle de revoir la ferme de La Grange, pour retrouver mes chers enfants. Vous jugez bien que, dans ces fêtes, ces bals si brillants, si charmants, je regrette sans cesse de ne pouvoir pas y transporter mes petites-filles! Cette pensée me viendrait toute seule, mais on me la rappelle d'une manière bien aimable. »

La tristesse vint cependant assombrir un jour les joies de La Fayette. Son amie de quarante-cinq ans, la princesse d'Hénin, mourait sans lui dire adieu. Il apprit cette douloureuse nouvelle, quand il allait rendre visite au tombeau de Washington.

Les neveux de ce grand homme étaient venus prendre le général. Ils le conduisirent au caveau de Mount-Vernon. Là, Washington-Curtis lui remit un anneau qui renfermait les cheveux de son oncle. La porte du caveau fut ouverte. La Fayette descendit seul les marches et baisa les tombes de son illustre ami et de sa vénérable compagne. Après quelques instants, il remonta, dans un état d'émotion inexprimable. Personne n'avait interrompu cette visite solitaire. On n'entendait d'autre bruit que les salves funèbres de l'artillerie répétées par les échos des collines sacrées de Mount-Vernon.

Qu'on ne croie pas qu'il oubliât celle qui eût été si heureuse des explosions de reconnaissance des Américains ! Le souvenir de madame de La Fayette était toujours présent à son esprit. Le 10 décembre, en arrivant à Washington, où le Congrès allait le recevoir, il écrivait à sa chère Émilie de Tracy :

« Nous approchons de ce cruel et saint anniversaire, où nous serons unis dans la même pensée et le même culte. Nous serons, George et moi, isolés de tout ce qui a pu connaître l'immensité de notre perte. Je songe souvent à cet admirable sentiment qui la portait à nous pousser, comme par instinct, vers les États-Unis. Ah! si nous l'avions conservée pour jouir de ce qu'elle semblait prévoir[1]! »

Oui, elle eût été très fière des hommages que le Congrès allait rendre à son mari et elle se fût oubliée une fois de plus.

Le 7 décembre, jour de l'ouverture de la session, le président de la République, M. Monroë, rendait compte dans son message des motifs de la visite de La Fayette, et il ajoutait :

« Partout où il s'est montré, la population s'est réunie pour le recevoir et l'honorer; partout il éveille le plus vif intérêt en appelant les regards sur les héros survivants de notre Révolution, qui en ont partagé avec lui les travaux et les dangers. Sans doute un spectacle plus digne

1. *Correspondance*, t. VI, p. 186.

d'intérêt ne pourra jamais être montré aux hommes; car il serait impossible qu'un concours pareil de sentiments et de circonstances se reproduisît. Sa présence a ému toutes les classes de citoyens, même les plus jeunes. Est-il en effet un individu dans l'Union dont la famille n'ait pris part à la guerre de l'indépendance? Est-il un enfant qui n'en ait entendu le récit? La présence de celui qui, guidé par de si nobles aspirations, prit une part si active à notre cause, ne pouvait manquer de produire une impression profonde.

» Il est naturel que nous prenions à son futur bien-être, comme nous le faisons, le plus vif intérêt. Ses droits à notre reconnaissance peuvent-ils être contestés? En conséquence, j'invite le Congrès à prendre en considération les services qu'il a rendus, les sacrifices qu'il a faits, les pertes qu'il a éprouvées, et à voter en sa faveur une dotation qui réponde dignement au caractère et à la grandeur du peuple américain. »

Après la lecture de ce message, une commission fut chargée de présenter des conclusions dans le plus bref délai.

En attendant, M. Mitchell, un des commissaires, proposa à la Chambre des représentants la résolution suivante qui fut adoptée à l'unanimité :

« Le général La Fayette sera publiquement félicité par la Chambre de ce qu'il a accédé aux désirs du Congrès qui l'appelait aux États-Unis; assurance lui sera donnée de la gratitude et du profond respect que la Chambre conserve pour les éminents services qu'il a rendus pendant la Révolution et du plaisir qu'elle éprouve à le revoir, après une aussi longue absence, sur le théâtre de ses exploits. A cet effet, le général La Fayette sera invité par une commission à se rendre dans le sein de la Chambre, vendredi prochain, à une heure. Il sera introduit par la commission, reçu par les membres, debout et découverts, et harangué par le *speaker*. »

Le Sénat avait voté une résolution identique.

Dès que ces délibérations furent connues, les milices voulurent prendre les armes pour donner à l'entrée de l'*hôte de la nation* au Congrès tout l'éclat possible. Mais La Fayette s'empressa de leur offrir ses remerciements, ne voulant pas, dans cette visite, être entouré de l'appareil militaire. A midi et demi, la commission du Sénat vint le chercher pour le conduire au Capitole. M. Barbour, président de la commission, en l'introduisant au sein de l'assemblée, dit à haute voix : « Nous présentons le général La Fayette au Sénat des États-Unis. » Les sénateurs étaient debout et découverts. Le général fut conduit à un siège, placé à la droite du président du Sénat, M. Gaillard. Immédiatement après, la motion fut acceptée de suspendre la séance, pour que les sénateurs pussent individuellement témoigner leur déférence au général. Chaque membre du Sénat vint lui serrer affectueusement la main, et la séance fut levée.

La réception par la Chambre des représentants eut lieu le lendemain; elle eut un caractère plus grandiose par sa simplicité même.

Une députation de vingt-quatre membres vint prendre La Fayette. La marche à travers la ville fut lente et silencieuse. Les citoyens s'arrêtaient et se découvraient. Dès le matin, les tribunes de la Chambre des représentants étaient remplies par les diplomates étrangers et par toutes les personnes distinguées de la ville. Le Sénat avait été invité à la séance. Alors, à un signal donné, les portes s'ouvrirent : le général parut entre M. Mitchell et M. Livingstone, suivis de toute la commission. L'assemblée se leva, se découvrit et demeura silencieuse.

Le speaker, M. Clay, prit la parole et dit :

« Général, tous sentent et reconnaissent l'étendue des obligations que vous avez imposées à la nation. Mais tout intéressantes et importantes que soient les relations qui vous ont, dans tous les temps, uni à nos États, elles ne motivent pas seules le respect et l'admiration de cette Chambre. La constante fermeté de votre caractère, votre imperturbable dévouement à la liberté, fondée sur l'ordre légal, pendant toutes les vicissitudes d'une vie longue et périlleuse, ont droit à notre profonde admiration. Souvent on a formé le vain désir que la Providence permît au patriote de visiter son pays après sa mort et d'y contempler les changements auxquels le temps a donné naissance... Votre visite actuelle offre l'heureux accomplissement de ce vœu. Vous êtes ici au milieu de la postérité... Mais il est un point sur lequel vous ne trouverez aucun changement : c'est le sentiment de notre constant dévouement à la liberté, de notre vive et profonde reconnaissance pour l'ami que vous avez perdu, le père de la patrie, pour vous, général, et pour vos illustres compagnons sur le théâtre de la guerre et dans les conseils, et pour le droit même que j'exerce en ce moment en m'adressant à vous. »

La profonde émotion qui s'était emparée de l'orateur avait passé dans le cœur de tous les assistants, et chacun attendait avec une bienveillante anxiété la réponse de La Fayette. Il s'avança de quelques pas vers M. Clay et lui répondit :

« Je suis heureux et fier de partager ces faveurs avec mes chers compagnons d'armes de la Révolution. Mes obligations aux États-Unis, monsieur, surpassent de beaucoup les services que j'ai pu leur rendre. Elles datent de l'époque où j'ai eu le bonheur d'être adopté par l'Amérique comme un de ses jeunes soldats, comme un de ses fils bien-aimés. Pendant près d'un demi-siècle, j'ai continué à recevoir les preuves constantes de leur affection et de leur confiance, et, à présent, monsieur, grâce à la précieuse invitation que j'ai reçue du Congrès, je me trouve accueilli par une série de touchantes réceptions, dont une seule heure ferait plus que compenser les travaux et les souffrances d'une vie entière... Il m'a été permis, il y a quarante ans, devant le comité d'un congrès de treize États unis d'exprimer les vœux ardents d'un cœur américain; aujourd'hui, j'ai l'honneur et j'éprouve la délicieuse jouissance de féliciter les représentants de l'Union, si grandement augmentée, sur une réalisation de ses vœux, fort au delà de toute espérance humaine, et sur la perspective presque infinie que nous pouvons maintenant apercevoir. »

Après ces honneurs inconnus jusqu'alors, il semblait que tous les témoignages de la reconnaissance nationale dussent être épuisés. Cependant, le Congrès crut qu'il restait encore quelque chose à faire. Une commission, chargée de rechercher les moyens de faire accepter à La Fayette une indemnité, fit, le 20 décembre, un rapport proposant qu'on lui offrît, comme compensation et témoignage de reconsance, une somme de deux cent mille dollars (environ un million de francs) et la propriété d'un terrain de vingt-quatre mille acres choisis dans la partie la plus fertile des États-Unis.

Cette proposition fut accueillie par le Sénat et l'on croyait qu'elle serait votée sans discussion, lorsqu'un sénateur déclara qu' « il n'avait aucune objection contre la proposition, mais qu'il pensait que chaque État en particulier réclamerait avec raison le droit de témoigner comme il l'entendrait sa reconnaissance et qu'il repoussait la proposition pour ne pas établir un précédent fâcheux[1] ».

L'éloquence de M. Hayne triompha facilement des scrupules d'une conscience timorée et le bill fut adopté par le Sénat à la presque unanimité. Les sept membres qui votèrent contre le bill étaient comptés parmi les amis les plus chauds de La Fayette. Le parti pris de se prononcer contre toute mesure extraordinaire de finances avait seulement déterminé leur opposition.

La proposition ne fut pas accueillie avec moins d'empressement à la Chambre des représentants.

Dès que le rapport eut été présenté, le bill suivant fut adopté à une immense majorité :

1. Voir discours de M. Smith. *Mémoires*, t. VI, p. 191.

« ARTICLE PREMIER. — Décrété par le Sénat et la Chambre des représentants des États-Unis d'Amérique réunis en Congrès, qu'en considération des services et sacrifices du général La Fayette, pendant la guerre de la Révolution, le ministre du Trésor public est et demeure autorisé par les présentes à lui payer la somme de deux cent mille dollars, prise sur les fonds auxquels il n'a encore été donné aucune autre destination.

» ART. 2. — Décrété encore qu'il soit accordé audit général La Fayette pour en jouir lui et ses héritiers, une pièce de terre (Township) qui lui sera allouée, de l'autorité du président, sur les terres non encore concessionnées des États-Unis. »

De toutes parts s'éleva un cri unanime d'approbation. Quelques États même voulurent ajouter à ce que le Congrès avait fait. Il fallut l'énergique volonté du général pour réprimer ces excès de gratitude. Une dernière joie lui fut donnée : les citoyens de Charlestown firent partager les honneurs du triomphe à son brave et excellent ami Hüger.

Ce fut une des meilleures journées du voyage que cette visite à l'homme qui avait failli lui ouvrir les portes du cachot d'Olmütz. Que d'années écoulées ! Que de souvenirs réveillés !

Mais une pareille vie de fêtes finissait par devenir un tourment. La Fayette sentait croître à chaque instant le besoin de se retrouver avec ses enfants. Certainement les bontés de ses hôtes étaient vivement senties, mais son cœur était malade. Il venait d'apprendre la mort de madame de Tracy; et ce deuil ne faisait que rendre plus aiguë la douleur de ne pas avoir à ses côtés madame de La Fayette[1] : « Sa confiance dans les États-Unis, écrivait-il à ses enfants, voyait pour moi tout ce que nous avons trouvé; j'aime à penser que sa bénédiction nous vaut tout ce que nous éprouvons d'heureux en ce monde. »

---

1. Voir lettres des 26 février, 28 mars, 12 juin 1825.

— « J'ai grand besoin de me retrouver avec vous pour pleurer ensemble. »

Aussi, après la célébration du cinquantenaire de Bunkers'Hill, qu'il comparait par sa grandeur patriotique à la fête de la Fédération de 1790, La Fayette songea à rentrer en France. Le nouveau président, M. Adams, qu'il avait connu jeune, lui fit ses adieux au nom de la nation, au palais fédéral, en présence des ministres :

« Allez, lui dit-il, ami que nous chérissons ! Retournez vers cette terre du brillant génie, des sentiments généreux, et de la valeur héroïque ! Vers cette belle France, où sont nés Louis XII et Henri IV, vers ce sol fécond qui produisit Bayard et Coligny, Turenne et Catinat, Fénelon et d'Aguesseau ! Déjà depuis plusieurs siècles, le nom de La Fayette était inscrit sur le catalogue de ces illustres noms, que la France s'enorgueillit d'offrir à l'admiration des peuples. A l'avenir il brillera d'un éclat plus grand encore ; et si dans la suite des temps un Français est appelé à indiquer le caractère de sa nation par celui d'un individu de l'époque où nous vivons, le sang d'un noble patriotisme colorera ses joues, le feu d'une inébranlable vertu brillera dans ses yeux et il prononcera le nom de La Fayette! C'est au nom de tout le peuple des États-Unis qu'après avoir inutilement cherché des expressions pour peindre le sentiment d'attachement qui fait battre le cœur d'une nation entière, comme battrait le cœur d'un seul homme, que je vous adresse cet affectueux et douloureux adieu. »

« — Comment pourrais-je, répondit La Fayette, trouver des paroles pour reconnaître cet accueil sans cesse renouvelé, ces témoignages illimités et universels d'affection, qui ont marqué chaque pas, chaque heure d'un voyage de douze mois, à travers les vingt-quatre États de l'Union? Dieu répande ses bénédictions sur vous, monsieur, et sur tous ceux qui vous entourent! Qu'il les répande sur le peuple américain, sur tous les États de l'Union et sur tout le gouvernement fédéral! Recevez cet adieu patriotique d'un cœur plein de reconnaissance, qui sera tel jusqu'au moment où il cessera de battre! »

Il put à peine articuler ces derniers mots. Il se précipita dans les bras du président qui mêlait ses larmes aux siennes, en répétant : « Adieu, adieu ! »

Le gouvernement de l'Union, pour ramener le général en France, avait fait choix d'une frégate récemment construite. On lui avait donné le nom de *Brandywine*, en souvenir de la victoire d'autrefois. Le commandement en avait été confié à l'un des officiers les plus distingués de la marine américaine, le capitaine Charles Morris, avec ordre de débarquer, sous la protection du pavillon des États-Unis dans celui des ports d'Europe qu'il plairait à La Fayette de désigner. Les drapeaux des milices rangées en bataille s'inclinèrent, quand il monta à bord. C'était le 8 septembre 1825. Chaque État, avec une attention délicate, était représenté sur la *Brandywine* par un aspirant.

Le 3 octobre le navire était en vue des côtes du Havre. Poussé par une inspiration soudaine, au moment où La Fayette allait descendre à terre, le premier lieutenant, M. Grégory, s'élança vers le pavillon national qui flottait à l'arrière du vaisseau, le détacha précipitamment, et, le présentant au général, il s'écria : « Nous ne pouvons le confier à de plus glorieuses mains ! Emportez-le ! et qu'il vous rappelle à jamais votre alliance avec la nation américaine ! »

III

Le retour de La Fayette ne fut pas indifférent à l'opinion publique.

La renommée avait porté en France les nouvelles de cette réception unique dans l'histoire. Le parti libéral en était fier. Son poète, Béranger, avait fait sur ce voyage en Amérique, une chanson que la jeunesse des écoles savait par cœur. Nous n'en citons que le premier couplet qui porte bien sa date :

> Républicains, quel cortège s'avance?
> — Un vieux guerrier débarqué parmi nous.
> Vient-il d'un roi vous jurer l'alliance?
> — Il a des rois allumé le courroux.
> Est-il puissant? — Seul il franchit les ondes.
> — Qu'a-t-il donc fait? — Il a brisé des fers.
> Gloire immortelle à l'homme des deux Mondes!
> Jours de triomphe, éclairez l'univers[1]!

Quand La Fayette traversa Rouen, la foule se pressa sous les fenêtres de l'hôtel, où il se reposait, pour l'acclamer; mais la gendarmerie chargea, le sabre au clair. On était loin des libres expansions du peuple américain[2].

La Fayette arrivait à La Grange le 9 octobre.

---

1. Casimir Delavigne, dans une de ses Messéniennes, *Trois Jours de Christophe Colomb*, avait aussi célébré, dans une strophe le voyage triomphal de La Fayette aux États-Unis. Nous rappelons ces deux vers :
> Et le peuple incliné dont il reçoit l'hommage
> Ne s'est jamais courbé que devant la vertu.

2. *Souvenirs de la vie privée du général La Fayette*, par le docteur Jules Cloquet.

Depuis trois jours, les villages voisins se préparaient à fêter son retour. Plus de quatre mille personnes remplissaient les appartements et les cours du château pour saluer celui qu'on appelait l'ami du peuple. Il fut conduit en triomphe à sa demeure. M. le duc Victor de Broglie fit le voyage de La Grange pour revoir son ami. Dans une lettre à sa famille (1825) il a laissé le récit très vivant de cette petite excursion [1] :

« J'ai trouvé le général, gros, gras, frais, joyeux, ne se ressentant nullement d'avoir été plusieurs mois sans dormir ou à peu près, à bavarder, à écrire, à voyager et à boire pour tout de bon, dix heures sur vingt-quatre. Il m'a dit mille tendresses pour vous, pour Fanny, pour les enfants, et m'a paru dans les meilleures dispositions, sentant désormais la dignité de son âge, de sa position, et décidé à ne plus faire de lui-même et de sa fortune

---

1. *Souvenirs du duc de Broglie,* t. II.

qu'un usage que nous pouvons tous approuver.

» Reste sa famille. Il y a à poste fixe les Tracy, les Laubespin, M. et madame de Ségur, Philippe de Ségur, ses trois enfants, et de plus est arrivé à dîner le vieux Bentham, avec un des jeunes gens de M. Thiers pour son cornac. C'est un petit vieillard d'une assez belle figure et qui ressemble à Franklin : mais il m'a paru qu'il radotait un peu. »

Il y a bien des choses, et des plus piquantes, dans cette charmante lettre : et d'abord, elle nous fait connaître l'intimité de La Fayette, sa maison toujours ouverte. Elle nous dit aussi que sa fortune avait été dévorée dans ces conspirations auxquelles il renonçait enfin.

Pendant toute l'année 1826, il resta à La Grange, tout entier à sa famille, à ses travaux d'agriculture, mais en correspondance avec tous les hommes éminents du Nouveau-Monde. Son âme libérale restait jeune pour toutes les tentatives d'indépendance qu'il voyait se produire, soit en Portugal, soit en Grèce.

Personne n'avait plus applaudi au triomphe des républiques espagnoles et Bolivar, le président libérateur, lui avait donné son amitié[1] :

« Rien ne peut surpasser, lui écrivait La Fayette (16 octobre 1826) le haut prix que je mets à votre estime et à votre affection. Mon admiration et mes vœux pour vous datent de vos premiers efforts pour la cause patriotique. Ces sentiments se sont fortifiés tous les ans, par la féconde bienfaisance de vos talents, la supériorité de votre dévouement républicain sur les ambitions subalternes qui ont méconnu la vraie gloire et par la constante pensée de votre influence sur la liberté des deux mondes. A tous ces titres qui me rattachent déjà si fortement à vous, j'aime à reconnaître que vous m'avez autorisé à joindre celui de votre ami. »

Cependant La Fayette ne pouvait rester indifférent à la politique intérieure. Depuis le commencement du règne de Charles X, l'in-

---

1. *Correspondance*, t. VI, p. 235.

fluence croissante et prédominante du parti sacerdotal dans les conseils secrets du roi et dans la distribution des emplois civils et militaires, se signalait à tous les yeux. Les projets de loi sur le sacrilège et le droit d'aînesse soulevaient toutes les consciences éclairées et semblaient un défi au bon sens. Le décri du ministère Villèle dans toute la bourgeoisie était universel. Les élections partielles tournaient contre lui avec éclat.

Peu de temps après que la garde nationale de Paris eut été dissoute et quelques jours avant la clôture de la session (21 juin 1827), La Fayette avait été réélu député par le collège électoral de Meaux. Dans sa profession de foi, après avoir signalé et flétri la violation des droits reconnus par la Charte, il se contentait de rappeler que « dévoué, dès sa jeunesse, à la cause de la liberté, et pénétré de ses devoirs envers la patrie, il ne se croyait dans aucun temps dispensé de la servir ».

Quelques semaines après sa rentrée dans la vie politique, il voyait mourir Manuel. Le discours prononcé par le général sur sa tombe eut un grand retentissement :

« Ici, disait-il, reposent deux honorables amis et collègues de Manuel, ce généreux et brave général Foy, également brillant dans les débats politiques et sur le champ de bataille, et ce franc et vigoureux Girardin, qui, à la Chambre des députés, signala les violations d'une Charte royale, comme en 1792, à l'Assemblée législative, il défendait les lois constitutionnelles que la souveraineté du peuple avait établies. »

Après avoir rappelé l'expulsion de Manuel et fait une allusion directe à la suppression de la garde nationale de Paris, La Fayette terminait son discours par ces énergiques paroles :

« Il vous a été dit et tous les amis de Manuel attesteront que, depuis le jour de sa retraite, jusqu'au dernier jour de sa vie, il a souhaité, espéré, voulu fortement, comme il faut le vouloir, la liberté de sa patrie. Quant à nous, citoyens, c'est sur la tombe des fidèles serviteurs du peuple, qu'il nous convient de nous pénétrer de plus en plus de notre respect, de notre dévouement pour ses droits imprescriptibles, s'en faire le principal objet de nos plus vertueux, de nos plus énergiques désirs, le plus important de nos intérêts et le plus saint de nos devoirs. »

M. Mignet, qui avait publié la relation des funérailles de son compatriote Manuel, fut poursuivi, en police correctionnelle, avec le libraire Sautelet. A cette nouvelle, La Fayette, dans une lettre publique, adressée au président de la septième chambre (17 septembre 1827), réclama vivement sa part dans l'inculpation et prit toute la responsabilité du compte rendu. Le tribunal acquitta les prévenus et la demande du général n'eut pas de suite.

Cependant le ministère se décidait à la dangereuse épreuve de la dissolution de la Chambre. Se présenter devant elle, à une autre session, était en effet impossible. Il avait contre lui la majorité de la Chambre des pairs, et ne pouvait pas être assuré de l'emporter au Palais Bourbon. Les élections furent fixées au 19 novembre pour les arrondissements et au 24 pour les grands collèges. L'opposition réussit à peu près partout où elle se présenta. On vit reparaître sur la scène politique La Fayette et ses amis, Chauvelin, Laffitte, Étienne, Kératry.

La France était alors dans un de ces moments critiques où la nation du lendemain ne ressemble pas à la nation de la veille, où elle se lève par un mouvement soudain et fait sentir sa toute-puissance. M. de Villèle n'était plus possible, M. de Martignac devenait l'homme principal du cabinet nouveau.

« Je ne puis dire, écrivait La Fayette[1] à Dupont de l'Eure, que tout cela soit jusqu'à présent très beau ; mais il existe un air de mieux auquel je ne suis pas insensible. L'expédition de Grèce, par exemple, a tous les caractères de la loyauté, du libéralisme et du

1. *Correspondance*, t. VI, 21 août 1828.

désintéressement. Il dépend de l'opinion publique et surtout des électeurs d'encourager la Chambre à demander et le ministère à donner des institutions. »

Ainsi, à propos du règlement définitif du budget de 1826, La Fayette signalait le premier en France l'absence de crédits pour l'instruction primaire et l'incurie où elle était laissée :

« L'instruction nationale, et surtout l'instruction élémentaire, ce grand ressort de la raison publique, de la morale pratique et de la tranquillité des peuples, est aujourd'hui le premier besoin de la population française, comme la première dette du gouvernement envers elle. Cette dette, vous savez comment elle a été acquittée. Les méthodes d'enseignement ont jusqu'à présent été protégées en raison inverse de ce qu'elles sont perfectionnées et faciles. Ce ne sont ni vos pitoyables cinquante mille francs, ni même cinq cent mille francs qu'il faudrait consacrer à ce grand devoir social. Dans un bon et loyal système d'instruction publique, cinq millions me paraîtraient être l'allocation la plus désirable d'un budget ».

Paroles peu connues et bien en avant du temps où elles étaient prononcées !

Il semblait aux yeux de La Fayette que M. de Martignac fût le ministre le mieux choisi pour présenter aux deux partis les clauses d'un traité de paix, grâce auquel Charles X reconquerrait des sympathies et la nation de la sécurité.

Le roi partait pour l'Alsace, le 31 août 1828, il était allé coucher à Meaux [1], et par courtoisie envers les libéraux, il avait demandé s'il n'était pas dans le collège électoral du marquis de La Fayette. L'évêque et le préfet avaient été fort scandalisés de cette question. « C'est que je le connais beaucoup, ajouta Charles X avec bonne grâce. Il a rendu à notre famille des services que je n'oublie pas. Nous sommes

---

1. *Lettre de La Fayette,* 1ᵉʳ octobre 1828.

nés dans la même année. Nous avons appris ensemble à monter à cheval au manège de Versailles et il était de mon bureau à l'Assemblée des notables. » — La Fayette de son côté le connaissait bien. Il savait que Charles X était resté le comte d'Artois, et que, s'il avait changé de ministres, il n'avait pas la pensée de changer la direction du gouvernement. Le premier mot du roi à M. de Martignac n'avait-il pas été celui-ci : « Vous devez savoir que je me sépare malgré moi de M. de Villèle ; son système était mon système. » Et ses lettres à son ancien ministre ne laissent aucun doute à cet égard [1].

Aussi La Fayette convenait de la nécessité d'éviter une rupture entre M. de Martignac et la majorité. Il était, dans cette circonstance, devenu modéré de conduite quoiqu'il ne le fût pas d'opinion.

Cette attitude ne déplut pas à Charles X. Un

---

1. *Mémoires de M. de Villèle*, t. V, pages 314, 322 et suivantes.

jour qu'il recevait Royer-Collard, président de la Chambre, il lui demanda des nouvelles de La Fayette qui avait été indisposé. « Je lui rends cette justice, dit-il, il n'a pas plus changé d'opinion que moi. En 1787, lors de l'Assemblée des notables, il était de mon bureau et nous eûmes une discussion fort vive sur les capitaineries. Il voulait qu'on les supprimât et moi je disais que je ne voyais pas pourquoi on donnerait pleine liberté aux braconniers qui sont tous de mauvais sujets. »

« Sire, répondit Royer-Collard, le roi pense pourtant qu'on peut être un fort honnête homme et tuer un lapin qui vient manger votre blé [1]. »

Il y eut comme un éclair de paix avec M. de Martignac. « Nous en avons pour vingt ans, » disait M. de Chauvelin à M. de Barante, en donnant sa démission de député. M. de Chauvelin se trompait ; le roi était mécontent et sa patience était à bout.

1. *Vie de Royer-Collard*, par M. de Barante, t. II.

Tandis que La Fayette défendait à la tribune, dans la session de 1829, les pétitions demandant l'abolition de la loi électorale, il devançait de vingt ans les réformes les plus libérales par ses pensées et ses tendances d'esprit: « Tous les contribuables doivent participer, par eux-mêmes ou leurs représentants, au vote des charges publiques. Il n'y a d'exception à cette règle que pour les incapacités résultant d'un défaut évident d'indépendance ou de discernement. »

Le ministère de M. de Martignac se savait menacé d'une chute prochaine, et ne pouvait imputer à ses fautes, la crise qu'il attendait. Il avait traversé non sans honneur, mais presque sans fruit, l'une des plus difficiles de nos sessions parlementaires ; et cependant dès le lendemain de la clôture des Chambres, le bruit se répandait que M. de Polignac allait être appelé à composer un ministère. Les incertitudes cessèrent à l'apparition de l'ordonnance du 8 août.

A ce moment, La Fayette avait quitté Paris.

Il avait depuis longtemps la pensée de revoir l'Auvergne, son pays natal, et de se rendre ensuite à Vizille où était établie une de ses petites filles. Ce voyage de famille allait devenir une véritable manifestation politique.

Fêté à Clermont-Ferrand, à Issoire, il était escorté par une nombreuse cavalcade de Brioude à Chavaniac. Il ne passa que vingt-quatre heures dans la demeure où s'étaient écoulées ses premières années. C'est au Puy le 11 août, qu'il apprit la formation du nouveau ministère. Un banquet lui fut immédiatement offert par les chefs de l'opinion libérale. La ville entière s'illumina. La véhémence des toasts qui furent portés indiquait la profondeur des sentiments. « Soyez sûrs, répondit le général, que, dès qu'elle apercevra un complot contre les libertés publiques, la Chambre des députés retrouvera, ainsi que la nation elle-même, l'énergie nécessaire pour le réprimer. »

Ce fut la première protestation populaire contre les nouveaux conseillers de Charles X, et il est à remarquer qu'elle partit du Velay, le pays d'origine de la maison de Polignac.

Il ne faut pas s'étonner si La Fayette prit feu tout des premiers. L'explosion de l'indignation publique fit reluire à ses yeux les beaux jours de sa jeunesse. Encore frais émoulu de sa marche triomphale à travers les États-Unis, il se prit à en rêver autant dans son pays.

Il se rendit à Grenoble par la route d'Annonay. Dans toutes les villes qu'il traversait, il était l'objet de manifestations extraordinaires. A Privas, une députation de jeunes gens de l'Isère venait au-devant de lui. A la porte de Grenoble, au milieu d'une immense population, M. Rosset-Bresson, vieillard de soixante-quatorze ans, qui avait été le premier maire de la ville, lui présenta une couronne d'argent.

« J'accepte avec respect et reconnaissance, répondit le général, cette couronne que vous m'offrez, non pour moi seul, mais en commun avec les patriotes dauphinois de toutes les époques, et particulièrement en mémoire de cette journée mémorable (6 juillet 1815), où les Autrichiens apprirent de vous, une fois de plus, tout ce que peut une garde nationale, animée de l'amour de la liberté et de la patrie. »

A la suite d'un banquet de deux cents personnes, auquel assistaient MM. Faure et Augustin Périer, députés, MM. Mérilhou et Sauzet, avocats, La Fayette, en réponse à un toast porté par M. Camille Teissère, prononça cette phrase énergique : « Ici flotta le premier pavillon de la liberté, le premier signal de la liberté politique. Ici se trouverait au besoin une ancre de salut. »

Aux acclamations de la multitude, le 29 août 1829, il arrivait à Vizille, chez Augustin Périer. Là de nouvelles fêtes lui étaient réservées. Le maire, M. Finant, ancien lieutenant-colonel en retraite, allait être destitué pour avoir exprimé les vœux de ses administrés. A Voiron, à la Tour-du-Pin, à Bourgoin, dans la plaine Saint-Georges, le général fut continuellement escorté et salué par les populations accourues.

Le 4 septembre, il entrait à Vienne, précédé de cent cinquante jeunes gens de la ville à cheval, au milieu des flots du peuple. Il rappelait à tout propos à ses hôtes les épisodes de la Révolution qui pouvaient les intéresser et finissait toujours ses harangues, en faisant appel à la fermeté des citoyens, si les libertés publiques étaient menacées [1].

Il se mit le lendemain en route pour Lyon, où le délire populaire préparait au vieux libéral une réception presque royale. Cinq cents cavaliers, huit à neuf cents jeunes gens à pied et un grand nombre de personnes en voiture, allèrent au-devant de lui, jusqu'aux limites du département. M. le docteur Prunelle, un des députés libéraux, adressa, au nom de ses concitoyens, un éloquent discours à son collègue. Le général n'hésita pas à dire ces mots

1. *Mémoires de La Fayette*, t. VI.

menaçants : « Je me trouve au milieu de vous, dans un moment que j'appellerais critique, si je n'avais reconnu partout sur mon passage, si je ne voyais dans cette puissante cité, cette fermeté calme et même dédaigneuse d'un grand peuple qui connaît ses droits, sent sa force, et sera fidèle à ses devoirs. »

Le lendemain, anniversaire de son jour de naissance, il fut conduit à l'île Barbe, au milieu d'ovations enthousiastes et d'une multitude de barques pavoisées qui entouraient son embarcation. Le 17 il assista, avec plusieurs députés de la gauche, à un banquet solennel. M. de Shonen se fit remarquer par la véhémence de son allocution. La Fayette fit cette déclaration :

« On nous menace de projets hostiles, et comment les effectuerait-on? Serait-ce par la Chambre des députés? Mais tous ceux de nos collègues qui siègent à ce banquet vous attesteront que dans un moment de danger, notre Chambre se montrera fidèle au patriotisme et à l'honneur. Osera-t-on par de simples ordonnances exercer un pouvoir illégal? La nation française connaît ses droits. »

Accompagné jusqu'à deux lieues de Lyon, il reprit la route de La Grange. Son voyage se termina sans amener aucun autre incident.

Tandis que l'esprit libéral se levait avec cette vigueur, dans une partie de la France, des manœuvres habiles préparaient aux projets du nouveau cabinet une résistance formidable. La Société *Aide-toi, le ciel t'aidera* se formait, pendant qu'une association, embrassant toute l'ancienne Bretagne, se constituait pour le refus de l'impôt. La Fayette poussait les grands propriétaires de Paris à une pareille organisation. « Il n'y a que l'énergie nationale, écrivait-il, qui puisse déjouer l'audacieux complot de la contre-révolution [1]. » En ce moment, il était en France le vrai chef de l'opposition. Dans une circonstance peu connue, il facilita à M. Guizot l'entrée dans la vie publique.

1. *Mémoires et Correspondance*, t. VI, p. 337 à 374.

Le savant Vauquelin, député de Lisieux, un des membres du centre gauche, venait de mourir. Les électeurs libéraux de la circonscription étaient à la recherche d'un candidat. M. Guizot, très désireux de devenir député s'adressa à La Fayette et lui demanda son appui. Le général s'empressa de le recommander à ses collègues de l'opposition en Normandie et particulièrement à Dupont de l'Eure. « M. Guizot, disait-il, est plus monarchique et moins démocrate, je pense, que vous et moi; mais il aime la liberté; il sait beaucoup et s'exprime avec talent; il a de l'élévation, du caractère et de la probité. Avec une administration doctrinaire, il s'arrêterait en deçà de nous; jusquelà, tous les projets ministériels trouveraient en lui un habile contrôleur dans le sens libéral. »

M. Guizot fut élu député de Lisieux et La Fayette écrivait, après avoir reçu sa visite :

« Notre nouveau collègue M. Guizot est très décidé. »

Cependant l'inertie du ministère n'attiédissait pas l'effervescence des esprits. Elle était à son comble, lorsque le 22 mars 1830, Charles X fit au Louvre l'ouverture de la session. On sait que son discours finissait par un passage qu'il n'avait pas proposé aux ministres.

« Quelque mauvais que soit le ministère, disait La Fayette, ce n'est pas là que gît le vrai mal. Le roi prétend gouverner seul. Ses ministres ne sont pas même des conseillers ; il ne sont que des instruments. La dissolution au point où nous sommes est tellement indiquée qu'il serait impossible d'en douter. Je crois qu'il faut se préparer à tout. »

En effet, après l'adresse des 221, la Chambre avait été prorogée le 19 mars et dissoute le 16 mai. On savait que la retraite de MM. de Chabrol et Courvoisier était motivée par la répugnance qu'ils éprouvaient à accepter l'interprétation et l'application de l'article 14 de la Charte. « Nous sommes sur la défensive ! » s'écrie La Fayette.

Réélu député le 8 juillet, il n'avait pas encore quitté La Grange, lorsque le *Moniteur* du 26 juillet, contenant les ordonnances, lui fut porté par un exprès, envoyé par un de ses petits-fils, M. Charles de Rémusat.

Il partit sur-le-champ pour Paris, aussi résolu qu'en 1789, malgré ses soixante-douze ans.

CHAPITRE V

LA FAYETTE ET LA RÉVOLUTION DE JUILLET.
SA MORT. — CONCLUSION.

I

Dès ce moment, l'insurrection eut un chef. Le rôle de La Fayette fut décisif. Avec M. Thiers et M. Laffitte, — mais après des hésitations que le jeune rédacteur du *National* et le célèbre banquier n'eurent pas, — La Fayette imprima au courant révolutionnaire le mouvement qui porta le duc d'Orléans sur le trône.

Le duc de Raguse avait compris l'importance de l'arrivée du général à Paris, et le 28 juillet, sur la proposition de M. de Polignac, il avait signé l'ordre de son arrestation. A la même heure, au bruit des fusillades, les députés, au nombre d'une trentaine, se réunissaient chez

Audry de Puyraveau, et La Fayette venait se joindre à ses collègues. Au milieu des indécisions, il se prononça immédiatement pour le parti le plus énergique : à ses yeux, le temps de la légalité était passé, il ne restait aux députés qu'à former un gouvernement provisoire. M. Casimir Périer représenta que l'intérêt le plus pressant était d'arrêter l'effusion du sang. Il proposa d'envoyer une députation à Marmont pour faire cesser les hostilités, en attendant que la Chambre pût présenter à Charles X sa protestation. Cette proposition fut adoptée. Mais La Fayette, qui avait vu avec peine cette démarche pacifique, demanda que la députation fît entendre au maréchal des paroles sévères et qu'on mît sous sa responsabilité le sang répandu [1].

1. Voir *Histoire de France pendant la dernière année de la Restauration*, par un ancien magistrat. — Duvergier de Hauranne, *Histoire du gouvernement parlementaire*, t. V. — *Souvenirs du duc de Broglie*, t. III et IV. — Guizot, *Mémoires*, t. II. — Odilon Barrot, *Mémoires*. — *Mémoires de La Fayette*, t. VI. — Procès-verbaux dressés par M. Denis-Lagarde.

A trois heures, les commissaires rendirent compte aux députés réunis chez M. Bérard de leur entrevue avec le duc de Raguse. L'assemblée, moins nombreuse, accueillit assez froidement leur narration ; M. Baude essaya vainement de déterminer le général Gérard à prendre le commandement de l'insurrection. Celui-ci, par un sentiment de délicatesse, refusa de rien entreprendre avant une réponse de la cour. La Fayette offrit pour la première fois de se mettre à la tête du mouvement, mais sa proposition n'eut aucune suite.

Le 29, la victoire du peuple était complète, Marmont, ralliant ses troupes, se retirait en aussi bon ordre que possible jusqu'à l'Arc de Triomphe.

Le courage de La Fayette semblait s'être accru pendant ces trois journées, en proportion de l'abattement de ses collègues. Impatient de prendre part à la lutte, il se déclarait prêt à occuper le poste qui lui serait assigné; mais, après la retraite du maréchal, l'insurrection allait finir, la Révolution commençait.

A midi, le jeudi 29, trente députés étaient réunis chez Laffitte, lorsque La Fayette entra.

« Vous me croirez sans peine, messieurs, dit-il, quand je vous dirai que j'ai reçu ce matin la première nouvelle de ma nomination, comme commandant de la garde nationale. Il m'est démontré que la volonté d'un grand nombre de citoyens est que j'accepte, non comme député, mais comme individu, la mission qui m'est offerte. Je dois vous soumettre les motifs qui me paraissent de nature à déterminer mon acceptation : un vieux nom de 89 peut être de quelque utilité dans les circonstances graves où nous sommes. Attaqués de toutes parts, nous devons nous défendre. On m'invite à me charger du soin d'organiser cette défense ; j'apprends que de semblables propositions ont été faites à mon collègue et ami, M. de Laborde ; il serait étrange et même inconvenant que ceux surtout qui ont donné des gages de dévouement à la cause nationale refusassent de répondre à l'offre qui leur a été adressée. Ce refus nous rendrait responsables des événements futurs. Croyez-vous qu'en présence des dangers qui nous menacent, l'immobilité convienne à ma vie passée et à ma situation présente? Non, ma conduite sera, à soixante-treize ans, ce qu'elle a été à trente-deux. Il importe, je le sens, que la Chambre se réserve en la qualité de Chambre ; mais à moi, citoyen, le devoir me prescrit de me dévouer à la cause commune. »

M. Guizot prit la parole : « Il est impossible, répondit-il, que l'honorable général ne se rende pas au vœu de ses concitoyens. La sécurité de Paris dépend de sa détermination ; nous aussi, nous avons des devoirs à remplir : il est urgent que nous établissions non pas un gouvernement provisoire, mais une autorité publique qui, sous une forme municipale, s'occupe du rétablissement et du maintien de l'ordre. »

M. Bertin de Vaux adhéra complètement à la proposition de M. Guizot. « Si nous ne pouvons, ajouta-t-il, retrouver le vertueux maire de Paris en 89, applaudissons-nous d'avoir reconquis le glorieux chef de la garde nationale. »

La proposition de nommer une commission municipale fut adoptée à l'unanimité : Laffitte, C. Périer, Lobau, de Shonen, Audry de Puyraveau furent désignés. Pendant cette délibération, la foule qui encombrait la cour et les appartements de l'hôtel Laffitte avait grossi et témoignait par des cris son désir de connaître les déterminations prises. Laffitte annonce alors que La Fayette accepte le commandement de la garde nationale. Le général Gérard, qui est placé à la tête des troupes, déclare qu'il sera heureux de servir sous les ordres de son vénérable collègue et ami.

A deux heures, La Fayette se mit en marche vers l'Hôtel de Ville entouré d'un nombreux cortège. Les vivats les plus exaltés se firent entendre partout sur son passage; dans la rue aux Fers, une pluie de rubans tricolores tomba sur lui. Le général prit lui-même une cocarde, et cet exemple fut imité par tous; le délire populaire parut à son comble à la vue de ces emblèmes. Le cortège, retardé dans sa marche par une foule immense qui remplissait les rues, n'arriva qu'à trois heures à l'Hôtel de Ville. Quelques personnes voulaient guider le général dans les salles du vaste édifice : « Laissez, dit le héros de 89, je connais les êtres mieux que vous. »

Devant la puissance de La Fayette, celle du prétendu général Dubourg s'éteignit, presque aussitôt qu'elle était née.

Deux proclamations du commandant en chef de la garde nationale apprirent au peuple le grand changement qui venait de s'opérer; on lisait dans la première :

« Mes chers concitoyens et braves camarades, j'ai accepté avec dévouement et avec joie les devoirs qui me sont confiés, et de même qu'en 89, je me sens fort de l'approbation de mes honorables collègues aujourd'hui réunis à Paris. Je ne ferai point de profession de foi; mes sentiments sont connus. La conduite de la population parisienne dans ces derniers jours d'épreuve, me rend plus que jamais fier d'être à sa tête. La liberté triomphera, ou nous périrons ensemble. Vive la République! Vive la Patrie! »

Cependant les trois négociateurs, MM. de Vitrolles, de Semonville et d'Argout, que le roi avait choisis et mandés à Saint-Cloud, s'étaient présentés à huit heures et demie du soir au perron de l'Hôtel de Ville (29 juillet); malgré l'empressement qu'ils avaient mis à proclamer partout sur leur passage la chute du ministère et le retrait des ordonnances, des cris de *Vive la Charte* et de *Vive la République*, mêlés à quelques coups de fusil, les accompagnaient. Tous trois furent introduits dans la salle où siégeait la commission municipale. La Fayette averti se présenta à M. de Semonville; cet homme inévitable qu'on aurait toujours voulu éloigner et qui trouvait moyen d'entrer toujours, tant il avait de souplesse, rappela au général qu'ils avaient rempli, l'un et l'autre, dans la même enceinte, au début de la Révolution française, une mission analogue et il répéta la communication qu'il venait de faire à la commission. La Fayette écouta sans faire d'objection. Il ne prononça pas le mot fameux : « — *Il est trop tard!* » Il se borna à dire posément à M. de Semonville en l'accompagnant : « — Mais au moins, mon vieux camarade, avez-vous songé à nous assurer la cocarde tricolore? Car encore faut-il que nous autres, patriotes, nous ne sortions pas de ceci, sans y gagner quelque chose. »

La question était embarrassante et M. de Semonville se dispensa d'y répondre.

N'écrivant pas l'histoire de la révolution de Juillet, nous croyons pouvoir nous dispenser de rappeler la mission de M. de Mortemart, l'initiative hardie de M. Thiers qui faisait afficher un habile placard rédigé par lui, et sa visite à Neuilly au duc d'Orléans, de retour du Raincy.

La Fayette était fort perplexe sur le gouvernement qu'il convenait d'établir. Depuis qu'il était à l'Hôtel de Ville, il se sentait débordé, tant le parti républicain prenait d'ascendant ; à chaque instant, le général recevait des députations qui le sommaient de former un gouvernement populaire dont il serait le chef et qui le menaçaient, s'il refusait, de la perte de sa popularité. « La popularité, répondait-il noblement, est un trésor précieux ; mais, comme tous les trésors, il faut savoir le dépenser dans l'intérêt du pays. » Et il déclarait que la France seule et ses représentants pouvaient constituer un gouvernement. Néanmoins, républicain par principe et par goût, il se sentait quelquefois ébranlé ; il se demandait, dans ses lueurs d'ambition, s'il lui était permis de repousser une si belle occasion d'établir la république ; aussi le bruit s'étant répandu, le 30 au matin, que la Chambre des députés s'occupait à faire un roi, s'empressa-t-il d'écrire au président, M. Laffitte, de ne rien précipiter.

A peine la lettre était-elle écrite, qu'une démarche plus grave fut tentée auprès de lui ; parmi les réunions, il en était une, la réunion

Lointier, qui aspirait à prendre la direction de la révolution. Composée d'anciens carbonari, elle avait voté une adresse à La Fayette et à la commission municipale où la Chambre était qualifiée de représentation provisoire et où, d'un ton menaçant, on demandait que la nation fût consultée. Cette adresse venait d'être remise au général, quand M. Collin de Sussy arriva de Saint-Cloud, porteur des nouvelles Ordonnances qui rapportaient celles du 25 juillet, convoquaient les Chambres pour le 3 août et constituaient le ministère Mortemart.

Les délégués de la réunion Lointier étaient présents, lorsque le messager de Charles X remit ces pièces au général. A peine la première avait-elle été lue que de violentes réclamations s'élevèrent. « Il n'y a plus de roi de France, s'écriait-on, à bas les Bourbons ! » M. de Sussy fut même menacé dans sa personne; La Fayette, avec sa courtoisie habituelle, le confia à Lobau qui le conduisit dans le cabinet où siégeait la commission municipale. Les membres présents, Audry de Puyraveau et Mauguin, repoussèrent les Ordonnances avec beaucoup de vivacité. Tout ce que M. de Sussy put obtenir fut une lettre du général qui accusait réception au duc de Mortemart. Toutefois La Fayette crut devoir faire connaître au peuple la mission de M. de Sussy; il passa dans la grande salle et se mit à donner lecture à la foule, dont il attendit le silence, des nouvelles Ordonnances de Charles X ; un cri universel de réprobation se fit entendre : « De quel droit un pair de France ose-t-il apporter au peuple de Paris les décrets d'un roi détrôné? » La Fayette avait peine à dominer le tumulte. « Vous voyez, dit-il au messager, il faut vous résigner ; c'est fini des Bourbons. » M. de Sussy lui proposa d'avoir un entretien au Luxembourg avec M. de Mortemart. « Le peuple a rapporté lui-même les Ordonnances dans les trois journées, répondit le général ; délégué du peuple, je ne peux avoir rien de commun avec le représentant de la monarchie déchue. »

Au Palais Bourbon, l'échec n'avait pas été moins grand. M. de Sussy, introduit dans la salle des séances, avait donné lecture des décrets signés par Charles X. Le président, à qui ces Ordonnances avaient été présentées, avait refusé de s'en charger. La Fayette s'était fait représenter à l'Assemblée par Odilon Barrot et il lui avait remis une lettre qui fut déposée sur le bureau.

Cette lettre rappelait à la réunion des députés le principe de la souveraineté nationale, le but de la révolution qui venait de s'accomplir et les garanties qui devaient être proclamées avant l'adoption de toute autre mesure de gouvernement. Odilon Barrot demanda à être entendu : « Je ne suis chargé, dit-il, d'aucune explication particulière, mais ayant reçu les épanchements de l'homme à qui était réservée la gloire de présider deux fois à notre régénération politique, épanchements conformes à ses principes et à son caractère, j'ai cru devoir vous soumettre quelques observations. Le général La Fayette est préoccupé d'une crainte, c'est que la population de Paris ne soit pas unanime sur ce qui sera décidé sans l'intervention des

Chambres. Il pense que pour faire cesser tout dissentiment et donner à la Révolution le caractère d'unanimité qui seul peut en assurer la durée, il pense, dis-je, qu'avant de prendre un parti décisif, il faudrait commencer par stipuler, en assemblée générale, les conditions désirées par le peuple et déférer la couronne en même temps qu'on proclamerait les garanties stipulées. »

« Paris, répondit M. Dupin, est dans un état violent, héroïque, mais qui ne peut pas durer. Il faut à tout prix sortir du vague et de l'incertitude dans lesquels on se traîne péniblement. Vous êtes sans gouvernement; il vous en faut un. »

Tous les hommes de bon sens comprenaient qu'il n'y avait à choisir qu'entre le duc d'Orléans et la République.

Dès le 30 juillet au soir, un grand nombre de jeunes gens s'étaient rendus à l'Hôtel de Ville pour supplier La Fayette d'accepter la présidence du gouvernement républicain provisoire, en attendant que la nation se fût prononcée. Cette idée d'un appel à la nation, consultée dans les assemblées primaires, répondait aux théories politiques du général, et l'on obtint difficilement qu'il ne s'y laissât pas entraîner. Personne n'eut plus d'action en ce moment sur l'esprit indécis du général que son petit-fils, M. Charles de Rémusat, qui avait épousé mademoiselle de Lasteyrie. « Il n'y a pas de milieu, disait-il à La Fayette : la monarchie avec le duc d'Orléans ou la république avec vous. Voulez-vous être président de la république? — Non, certainement. — Eh bien! alors, vous devez nous aider à mettre le duc d'Orléans sur le trône. »

Il ne prenait pas encore de résolution; et plusieurs de ses amis, Benjamin Constant entre autres, se plaignaient de son indécision, dans les termes les plus vifs. Autour de l'Hôtel de Ville, la foule armée demandait à grands cris que la direction des affaires fût confiée à des mains plus fermes; et La Fayette, ivre de popularité, ne fermait pas l'oreille à ces clameurs.

La proclamation du duc d'Orléans n'avait fait qu'augmenter l'irritation du parti républicain; ces mots : *La charte sera désormais une vérité*, étaient surtout signalés comme la négation des droits populaires, mais La Fayette, sur un point essentiel, se séparait des plus exaltés de ses amis. Homme de légalité, il était fermement résolu à ne point opposer son autorité à celle de la Chambre; il était non moins résolu, il est vrai, à user de toute son influence pour faire introduire, dans la Charte nouvelle, certaines garanties qui manquaient dans l'ancienne.

Cependant la province commençait à envoyer à l'Hôtel de Ville ses délégués; partout s'était manifestée une disposition à légaliser la révolte populaire par l'intervention de la garde nationale, l'armée des classes moyennes. La popularité de La Fayette était à son comble; chaque envoyé des départements tenait à serrer la main du général et il se prêtait, de la façon la plus aimable, à ces effusions patriotiques. Il s'apercevait, dans les mots échangés avec ces bourgeois des principales villes de France, que le pays n'était pas mûr pour la forme républicaine. On voulait une transaction entre la royauté légitime et la république qui n'avait pas encore conquis suffisamment les esprits et les cœurs. Il n'hésita donc plus à faire connaître, dans une proclamation au peuple de Paris, que la réunion des députés avait nommé M. le duc d'Orléans lieutenant général du royaume.

« Dans trois jours, disait-il, la Chambre sera en session régulière, conformément au mandat de ses commettants; c'est alors que les représentants des collèges électoraux, honorés de l'assentiment de la France entière, sauront assurer à la patrie, préalablement aux formes secondaires de gouvernement, toutes les garanties de liberté, d'égalité et d'ordre public que réclament la nature souveraine de nos droits et la ferme volonté du peuple français. En attendant, la nation sait que le lieutenant général du royaume, appelé par la Chambre, fut un des jeunes patriotes de 89, un des premiers généraux qui firent triompher le drapeau tricolore. »

Cette proclamation, datée du 31 juillet, n'était pas faite pour calmer l'agitation républicaine. C'est alors que, dans la salle des Pas-Perdus du Palais Bourbon, l'idée vint de donner la sanction populaire au duc d'Orléans, en lui faisant prendre possession de l'Hôtel de Ville.

Il était venu, le vendredi soir 30, coucher au Palais-Royal ; avec autant d'habileté que de courage, il avait envoyé complimenter La Fayette et lui avait fait annoncer sa visite par le général Gérard. La Chambre, après avoir voté d'enthousiasme le manifeste rédigé par M. Guizot et prévenue de la résolution du lieutenant général, décida qu'elle l'accompagnerait. Elle se mit en marche pour le Palais-Royal, M. Laffitte en tête dans une chaise à porteurs. Après avoir écouté la lecture de la proclamation des députés, le duc d'Orléans embrassa M. Laffitte et s'avança avec lui sur le balcon où de grandes acclamations les accueillirent. Puis il monta à cheval et se dirigea vers l'Hôtel de Ville, suivi des députés. C'était un coup de maître.

Chateaubriand a décrit, avec la verve bilieuse d'un écrivain de génie, le singulier cortège à la tête duquel marchait le futur roi. Nous renvoyons nos lecteurs aux *Mémoires d'outre-tombe*. A mesure qu'on approchait, l'attitude de la foule devenait plus hostile et le cri de : « *Plus de Bourbons!* » dominait tous les autres [1].

La Fayette reçut le prince au bas du perron. « Messieurs, dit le duc avec à-propos en montant l'escalier, c'est un ancien garde national qui vient faire visite à son ancien général. » M. Viennet lut à haute voix le manifeste de la Chambre. Il fut froidement accueilli. Le duc d'Orléans, en pleine possession de lui-même, venait d'exprimer sa ferme résolution de se dévouer au bonheur de la France, lorsqu'un personnage oublié, celui qui s'était fait

---

1. Voir le récit de La Fayette. *Mémoires*, t. VI, p. 410.

appeler un instant le général Dubourg, s'approcha du lieutenant général : « J'aime à croire, dit-il, que vous ne manquerez pas à vos promesses; mais si vous y manquiez, nous saurions vous les faire tenir. » Alors La Fayette, écartant l'importun, tendit la main au duc d'Orléans et, lui remettant le drapeau tricolore, l'entraîna, en lui prenant le bras, vers une des fenêtres. A la vue du prince et du général, enveloppés dans les plis du drapeau, la foule enthousiasmée crie à plusieurs reprises : « Vive La Fayette! Vive le duc d'Orléans! » La partie était gagnée. Le duc d'Orléans rentrait au Palais-Royal au milieu des ovations populaires. La Révolution venait de le sacrer roi!

Avant de se tourner ainsi du côté du duc d'Orléans, le général avait obéi à des influences puissantes sur son esprit.

Dans la matinée du 31 juillet, une conférence s'était établie chez lui; en présence de ses amis, le général Mathieu Dumas et Odilon Barrot, la question de l'avènement du duc d'Orléans y avait été discutée par tous les côtés. Une circonstance fortuite ou préparée acheva de fixer l'indécision de La Fayette; M. Rives, ministre des États-Unis, étant venu le visiter à l'Hôtel de Ville : « Que vont dire, s'écria La Fayette en s'avançant vers lui, que vont dire nos amis des États-Unis, s'ils apprennent que nous avons proclamé la république? — Ils diront, répondit froidement M. Rives, que quarante ans d'expérience ont été perdus pour les Français. » Cette condamnation, prononcée par le ministre d'une puissance républicaine, fit une profonde impression sur le général [1].

Il raconte qu'entouré d'une jeunesse ardente et « se sentant chargé du sort futur de patrie », il ne tarda pas à rendre au duc d'Orléans sa visite; son but était d'obtenir de lui une explication. Cette conversation est ce qu'on a appelé le programme de l'Hôtel de Ville. Le récit de La Fayette met fin à toutes

1. *Mémoires de La Fayette*, t. VI, p. 411.

les versions et ne modifie pas le caractère de la révolution de Juillet. « Vous savez, dit-il au prince en l'abordant, que je suis républicain et que je regarde la constitution des États-Unis comme la plus parfaite qui ait existé. — Je pense comme vous, répondit le duc d'Orléans; il est impossible d'avoir passé deux ans en Amérique et de n'être pas de cet avis; mais croyez-vous, dans la situation de la France et d'après l'opinion générale, qu'il nous convienne de l'adopter? — Non, répliqua La Fayette, ce qu'il faut aujourd'hui au peuple français, c'est un trône populaire, entouré d'institutions républicaines, tout à fait républicaines. — C'est bien ainsi que je l'entends, » reprit le duc d'Orléans.

En retournant à l'Hôtel de Ville, le général s'empressa de rendre compte de cette conversation à ceux qui l'entouraient. Ceux-ci s'occupèrent alors, avec son concours, de mettre par écrit les garanties constitutionnelles qu'il fallait obtenir des députés. La Fayette aurait voulu que le lieutenant général ne fût investi que de fonctions provisoires, et que les assemblées primaires fussent réunies pour nommer une Assemblée constituante, mais il comprit bientôt qu'il ne pouvait réaliser ses vœux, sans rompre en visière non seulement avec la Chambre, mais avec l'immense majorité de la nation « qui était pressée de savoir à quoi s'en tenir ». Il y renonça donc, en se contentant d'obtenir le plus de liberté qu'il était possible.

Il était vraiment le maître, ayant toute la force armée entre les mains. Il n'en abusa pas.

Pendant que son quartier général prenait tous les soins pour rallier l'armée autour du drapeau tricolore, la garde royale se portait sur Rambouillet, où Charles X paraissait décidé à se maintenir. Les commissaires qui lui avaient été envoyés, au lieu de le trouver résigné à s'éloigner de France, furent étonnés du congé qui leur fut donné. Ils repartirent immédiatement pour Paris où ils arrivèrent le 3 août de grand matin; après les avoir entendus, La Fayette donna l'ordre de faire prendre les armes à cinq cents hommes par légion. En quelques heures, quinze ou vingt mille hommes presque tous adolescents, fiévreux encore des luttes des trois journées, s'enrôlèrent, s'armèrent, et se jetant, pour courir plus vite à la poursuite de la royauté, dans les voitures de luxe ou de trafic de la capitale, s'élancèrent sur la route de Rambouillet. Le général Pajol, avec le colonel Jacqueminot pour chef d'état-major et George La Fayette pour aide de camp, commandait en chef cette multitude plus semblable à « une émeute ambulante qu'à une armée ».

Le mouvement de Paris était irrésistible, non pas, par la force de ceux qui y prenaient part, mais par la faiblesse de ceux qui pouvaient l'arrêter. Le seul parti à prendre était de se retirer; et Charles X, en écoutant l'avis du maréchal Marmont et d'Odilon Barrot, un des commissaires, cédait à la nécessité.

II

Pendant qu'une monarchie s'écroulait à Rambouillet, il s'en élevait une autre à Paris. La proposition Bérard demandait à la Chambre de proclamer immédiatement roi des Français, le duc d'Orléans, sous la foi de l'exécution de certaines conditions qu'elle énumérait. Le duc de Broglie, MM. Guizot et Casimir Périer avaient été chargés de reviser cette proposition et de la convertir en un nouvel acte constitutionnel [1]. Pendant la nuit du 7 août, le duc d'Orléans envoya à La Fayette le duc de Broglie et Casimir Périer, afin de négocier le plan de réforme de la Charte. La discussion dura cinq grandes heures; les envoyés sortirent fort inquiets sur les dispositions de leur interlocuteur, particulièrement en ce qui concernait la Chambre des pairs.

1. *Souvenirs du duc de Broglie.*

Tout annonçait que si la Chambre des députés ne se hâtait pas, chaque jour rendrait son œuvre plus difficile. Depuis qu'elle était en session régulière, les délibérations s'accomplissaient au milieu d'un tumulte extérieur qu'on dissipait avec peine. Le 7 août, des cris menaçants se firent entendre ; on agita si la séance ne serait pas suspendue. La Fayette descendit sur le quai et se présenta aux perturbateurs : « Si la liberté de la Chambre est violée, dit-il, le déshonneur en retombera sur moi, qui suis chargé du maintien de l'ordre public. Je mets donc mon honneur dans vos mains, et je compte assez sur votre amitié pour être sûr que vous vous retirerez paisiblement. »

Ces paroles habiles et cordiales produisirent un prompt effet ; les agitateurs se dispersèrent au cri de : « Vive La Fayette ! »

« Ne gâtons pas, écrivait-il à un ami, cette belle Révolution ; quant à moi, je crois mon honneur engagé à protéger les délibérations de la Chambre; j'y mettrai ma vie, s'il le faut. »

Il n'intervint qu'une seule fois à la tribune, dans la discussion de la Charte. La question grave, celle qui préoccupait tous les esprits, était celle de la pairie. Dans cette séance du 7, La Fayette se prononça avec énergie contre l'hérédité. Il disait : « Lorsque je viens énoncer une opinion contestée par beaucoup d'amis de la liberté, on ne me soupçonnera pas d'être entraîné par un sentiment d'effervescence ou de courtiser une popularité que je ne préférerai jamais à mes devoirs. Les sentiments républicains que j'ai manifestés, dans tous les temps et devant tous les pouvoirs, ne m'ont pas empêché d'être le défenseur dévoué d'un trône constitutionnel. C'est ainsi, messieurs, que dans la crise actuelle, il nous a paru convenable d'élever un autre trône national et je dois dire que mon vœu pour le prince dont le choix vous occupe, s'est fortifié lorsque je l'ai connu davantage; mais je différerai avec beaucoup d'entre vous sur la question de la pairie héréditaire. Disciple de l'école américaine, j'ai toujours pensé que le Corps législatif devait être divisé en deux Chambres, avec des différences d'organisation. Cependant, je n'ai jamais compris qu'on pût avoir des législateurs et des juges héréditaires. L'aristocratie est un mauvais ingrédient dans les institutions politiques. » C'était, malgré les réserves sur un point constitutionnel qui fut débattu plus tard, c'était la ratification du choix de Louis-Philippe, faite du haut de la tribune, par le chef de la Révolution.

Aussi, lorsqu'après le vote de la proposition Bérard, tous les députés se rendirent au Palais-Royal pour lire la délibération au duc d'Orléans, et que le prince, appelé par les acclamations du peuple, parut sur le balcon, il était accompagné de La Fayette qu'il embrassa. Le général était profondément ému : « Voilà, s'écria-t-il, le roi qu'il nous fallait. Voilà ce que nous avons pu faire de plus républicain. »

Il a nié avoir prononcé le célèbre mot :
« C'est la meilleure des républiques. » Dans une
lettre adressée, en 1834, au général Bernard
et qui fut publiée dans les journaux américains, La Fayette crut devoir rétablir le vrai
texte de sa déclaration.

Il ne restait plus qu'à régler la question de
savoir sous quel nom le duc d'Orléans serait
appelé à régner. Ceux qui voulaient rattacher
le trône nouveau au trône ancien, demandaient
qu'il portât le nom de Philippe VII. C'était
l'avis de M. Guizot, de M. de Broglie; mais
cette idée, vivement combattue par La Fayette,
ne fut pas davantage acceptée par le duc
d'Orléans. « *You see you have carried the point*[1] »,
écrivait-il au général, et il prit le nom de
Louis-Philippe Ier.

Le 9 août, la séance royale eut lieu. C'était
la première fois en France qu'un roi élu
prêtait serment à la nation, au lieu de le
recevoir.

---

1. « Vous voyez que vous avez frappé juste. »

La Fayette, dans sa *Correspondance*[1], s'est à plusieurs reprises expliqué sur ce fait important.

« Nous avons demandé une république royale ; nous l'aurons, j'espère ; les améliorations seront successives. Le choix du roi est bon ; je le pensais, je le pense encore plus depuis que je le connais, lui et sa famille. J'ai fait ce que ma conscience me dictait, et si je me suis trompé, c'était de bonne foi...

» Notre parti républicain, maître du terrain, pouvait faire prévaloir ses opinions ; nous avons pensé qu'il valait mieux réunir tous les Français sous le régime d'un trône constitutionnel, mais bien libre et populaire. Le choix du prince était indiqué par des circonstances diverses ; il n'aurait pas eu ma voix, si j'avais douté de son honnêteté et de son patriotisme. »

Et deux mois après, 26 novembre, répondant à une lettre du comte de Survilliers, Joseph

---

[1]. Pages 422 et 468, t. VI. Lettres du 12 août et du 26 novembre.

Bonaparte, réfugié en Amérique, La Fayette lui disait :

« ... Un trône populaire, au nom de la souveraineté nationale, entouré d'institutions républicaines, voilà ce que nous avons cru pouvoir faire... Je connaissais à peine le duc d'Orléans ; de vives inimitiés avaient existé entre son père et moi. Quelques rapports de parenté[1] et de bons procédés ne m'avaient pas même conduit jusqu'à l'entrée du Palais-Royal ; et néanmoins, je savais, comme tout le monde, qu'il y avait dans cette famille des vertus domestiques, des goûts simples, peu d'ambition, et un sentiment français auquel l'empereur lui-même avait rendu justice... Je me rappelai le jeune républicain de 89, le soldat de Valmy et de Jemmapes, le professeur de Suisse et le voyageur aux États-Unis... Je dois dire aujourd'hui, qu'après quatre mois d'intime connaissance, des sentiments de confiance, d'amitié et de cause commune sont

1. Par les Noailles.

venus se joindre à mes considérations primitives. Quant à l'assentiment général, ce ne sont pas seulement les Chambres et la population de Paris, quatre-vingt mille gardes nationaux et trois cent mille spectateurs au Champ de Mars, ce sont toutes les députations des villes et villages de France que mes fonctions me mettent à portée de recevoir en détail, en un mot, un faisceau d'adhésions non provoquées et indubitables qui nous confirment de plus en plus que ce que nous avons fait est conforme à la volonté actuelle d'une très grande majorité du peuple français... Je n'ai rien voulu vous taire de ce que j'ai fait en pleine liberté d'esprit et de volonté, aimant mieux mériter par ma franchise la conservation de votre amitié que la trahir par une apologie moins sincère. »

Les premières semaines furent tout à la lune de miel entre le général et le nouveau gouvernement.

Dès le 2 août, avant que les Chambres se fussent réunies, La Fayette avait reçu en fait le commandement en chef de toutes les gardes nationales de France, ce qui faisait dire à M. Metternich : « Il y a deux nobles entêtés dont nous devons également nous méfier, bien qu'ils soient gens d'honneur et nobles gentilshommes, le roi Charles X et le marquis de La Fayette; vos journées de Juillet ont abattu la folle dictature du vieux roi ; il vous faudra bientôt attaquer la royauté de M. de La Fayette; il y faudra d'autres journées, et c'est alors seulement que le prince lieutenant général sera vraiment roi de France. »

Ces fonctions de commandant général, dont les rapports avec la royauté et les ministres n'avaient pas été réglés, avaient, en effet, des inconvénients autant que des dangers. La Fayette les avait signalés lui-même dans une note que publie M. Guizot dans ses *Mémoires*[1]. Le conflit avec le ministre de l'intérieur y était annoncé; M. Guizot qui avait alors ce portefeuille, crut bien faire, en présentant le 18 août

---

1. *Mémoires de M. Guizot*, t. II, p. 59 et suivantes.

à la signature du roi une ordonnance qui régularisait la position de La Fayette, avec cette restriction : « En attendant la promulgation de la loi sur l'organisation des gardes nationales. » Cette réserve était la seule marque de résistance.

La Fayette écrivit au ministre :

« Le hasard a fait, mon cher ami, que je n'ai pas lu hier le *Moniteur*. Ce n'est que le soir que j'ai reçu votre lettre officielle, ce qui m'a fait manquer à deux devoirs : présenter mes respects au roi et aller chez vous, ce que je réparerai aujourd'hui ; j'ai aussi à demander au roi et à son ministre la permission de leur désigner le général Dumas, comme major général des gardes nationales de France. Au reste, c'était chose convenue d'avance, comme vous le savez ; je vois avec grand plaisir que vous pressez l'organisation définitive et je suis charmé de votre bonne pensée pour le choix du secrétaire de la commission.

» Mille amitiés. »

Cette position étant prise des deux parts avec autant de convenance que de franchise, il n'y eut entre M. Guizot et La Fayette aucun embarras. Le 29 août, le roi, entouré de toute sa famille et d'un brillant cortège, passa au Champ de Mars une revue solennelle de toute la garde nationale, commandée par La Fayette, et distribua aux bataillons leurs drapeaux. La lettre de félicitation de Louis-Philippe au général était pleine du souffle de la Révolution française.

« Témoin de la Fédération de 1790, dans ce même Champ de Mars, témoin aussi de ce grand élan de 1792, lorsque je vis arriver à notre armée de Champagne quarante-huit bataillons que la ville de Paris avait mis sur pied en trois jours et qui contribuèrent si éminemment à repousser l'invasion que nous eûmes le bonheur d'arrêter à Valmy, je puis faire la comparaison; et c'est avec transport que je vous dis que ce que je viens de voir est bien supérieur à ce qu'alors j'ai trouvé si beau et que nos ennemis trouvèrent si redoutable. »

Ce langage, ces sentiments donnaient à la nouvelle royauté sa signification, justifiaient le choix fait par la nation et touchaient profondément La Fayette. Il se croyait rajeuni et revenu aux premiers mois de la Constituante; il présentait à Louis-Philippe les condamnés pour cause politique, puis les électeurs survivants de l'assemblée de l'Hôtel de Ville en 1789. Le roi se prêtait de bonne grâce aux exigences du général. Le jeune héritier du trône s'enrôlait dans l'artillerie de la garde nationale et La Fayette, dans un aimable ordre du jour, présentait le prince aux légions.

Le courage du commandant en chef allait encore une fois être mis à une décisive épreuve. Pendant que le gouvernement cheminait pas à pas et d'écueils en écueils, on apprit que plusieurs des anciens ministres fugitifs avaient été saisis et mis sous bonne garde, M. de Polignac à Granville au moment où il s'embarquait, MM. Peyronnet, Chantelauze et Guernon-Ranville, dans les environs de Tours; les prisonniers furent transférés à Vincennes et confiés à la garde du général Daumesnil.

Au milieu de l'effervescence de la population de Paris, qui n'avait pas repris ses habitudes de travail, c'était une grosse affaire. Les 18 et 19 octobre, des rassemblements s'étaient portés sur Vincennes et le Palais-Royal encore habité par le roi et demandaient la tête des ministres de Charles X. Le lendemain, Louis-Philippe descendit dans la cour du Palais-Royal, accompagné de La Fayette et du général Gérard, ministre de la guerre; et faisant rassembler les gardes nationaux autour de lui, il les remercia du zèle et du bon esprit, avec lesquels ils avaient réprimé les tentatives d'agitation. « Ce que je veux, dit-il, c'est que l'ordre public cesse d'être troublé par les ennemis de la liberté réelle et des institutions que la France a conquises et qui seules peuvent nous préserver de l'anarchie. »

La Fayette applaudit à ces sages et énergiques paroles et dans un ordre du jour, qui lui valut une lettre élogieuse du roi, il rappela que les ennemis de la liberté « comme dans les premières années de la Révolution, voudraient la voir déconsidérée par l'anarchie, souillée par le crime. Ce n'est pas ainsi, ajoutait-il, qu'on pourrait consolider ce que nous avons gagné dans la grande semaine ».

L'ébranlement des esprits devint tel, dans les trois derniers jours du procès des ministres, que le roi tint sur pied la garde nationale tout entière, La Fayette en prit le commandement effectif. Ses qualités de générosité et de courage civil allaient se montrer dans cette cause, où l'humanité était en jeu.

Le 10 décembre 1830 était le jour fixé pour la translation des accusés de Vincennes à Paris. La Fayette régla toutes les dispositions qu'exigeait cette première épreuve; la crise du procès des ministres dura sept jours; les rassemblements qui se formaient, dès le matin, aux portes du Luxembourg, allaient grossissant en nombre, en tumulte, en menaces, durant le cours de la séance. M. le duc de Broglie, dans ses intéressants *Souvenirs* [1], fait remarquer que si la garde nationale n'avait point partagé à certains degrés les sentiments de la foule, peut-être en aurait-elle eu raison sans trop de résistance; mais on pouvait craindre qu'au lieu de marcher résolument contre l'émeute, elle ne lui prêtât main-forte dans l'occasion. La Fayette était, par caractère, plus enclin à employer la persuasion que la force, vis-à-vis des masses populaires. Il faisait appeler, tour à tour, les chefs des divers groupes révolutionnaires, étudiants, ouvriers ou autres. « Il s'épuisait à les *pérorer* au nom de l'humanité et du respect de la justice, entrant plus ou moins dans leurs mécontentements, quant à la marche des affaires. » Il déplorait avec eux les tergiversations du roi, la timidité des conseillers, et donnait à entendre que la crise une fois passée, tout allait marcher à pleines voiles. De ces espérances à

1. T. IV.

des promesses, et des promesses à un engagement positif, la pente était glissante.

Cependant Louis-Philippe, avec son affabilité ordinaire, avait, dans une lettre publique, rendu complète justice à La Fayette[1]. Grâce à son ferme dévouement, grâce surtout à l'audacieuse habileté du jeune ministre de l'intérieur, M. de Montalivet, la tête des prisonniers avait été respectée; aucune goutte de sang n'avait souillé la capitale; mais si les captifs étaient délivrés, La Fayette ne l'était pas.

Le 24 décembre 1830, il disait dans un ordre du jour :

« L'époque critique, rendez-vous annoncé de tous les projets de désordre, est heureusement traversée. La Révolution est sortie pure de cette nouvelle épreuve. Force est restée à la loi, protection aux accusés quels qu'ils fussent, respect au jugement... Des acclamations d'amour ont répondu aux remerciements person-

---

1. *Correspondance*, t. VI, p. 495.

nels du roi; la capitale, dont la sécurité a été garantie avec une sage fermeté, est contente de nous; il en sera de même dans toute la France; les affaires, comme notre service, reprennent leur cours ordinaire ; l'industrie va se ranimer. *Tout a été fait pour l'ordre public; notre récompense est d'espérer que tout va être fait pour la liberté.* »

Le *Moniteur*, en publiant cet ordre du jour, déclarait, au nom du gouvernement, qu'il n'avait été fait aucune promesse. En vain, le président du conseil, M. Laffitte, confirmait à la Chambre des députés la note du *Moniteur* et essayait en même temps de donner satisfaction aux jeunes gens des écoles, en faisant voter pour eux les mêmes remerciements que pour la garde nationale, les étudiants repoussaient, avec un arrogant dédain, ces remerciements. C'était de La Fayette et de ses amis politiques qu'ils attendaient une satisfaction et l'accomplissement des engagements pris.

Au moment où éclataient ces nouveaux tumultes, le projet de loi sur l'organisation des gardes nationales était en délibération au Palais Bourbon; on prêtait à La Fayette des propos comminatoires. Il aurait annoncé que le ministère allait être modifié dans le sens de Dupont de l'Eure, la Chambre des pairs remplacée par un Sénat électif, la Chambre des députés dissoute et le droit électoral accordé à tous les citoyens imposés. Tous ces propos entretenaient, pendant la discussion de la loi, une grande agitation. La situation de La Fayette était mise en question. Les noms de *maire du palais*, de *mylord protecteur* couraient de banc en banc.

Ce mécontentement ne tarda pas à porter ses fruits.

L'ordonnance du 16 août 1830 n'avait nommé le commandant général des gardes nationales qu'en attendant la promulgation de la loi organique. Un article, proposé par la commission de la Chambre, interdisait, même pour un seul département ou arrondissement, tout commandement central et rendait aux gardes nationales leur caractère municipal en les replaçant sous l'autorité du ministre de l'intérieur.

Après un long débat et malgré les efforts de quelques députés pour qu'une disposition temporaire mît La Fayette en dehors de la loi, la Chambre adopta l'article, et les fonctions de commandant général se trouvèrent légalement supprimées. La Fayette avait autant de finesse que de fierté : ainsi congédié au nom des principes constitutionnels, il envoya à Louis-Philippe sa démission [1].

Le roi redoutait l'apparence d'un tort envers un homme aussi considérable et qui venait de lui rendre un grand service. Il lui écrivit et le vit au Palais-Royal. La Fayette n'a pas laissé de notes sur sa conversation avec Louis-Philippe; cependant, on trouve dans une lettre du 12 juillet 1832 [2], adressée à l'un de ses collègues, le passage suivant :

1. *Histoire et Mémoires de M. le comte de Ségur*, t. VI, p. 370 et suiv.
2. *Correspondance*, t. VI, p. 684.

« Le roi ne m'a aucune obligation; je n'avais ni engagement ni liaison avec lui. L'amitié que j'ai éprouvée depuis pour lui et sa famille est postérieure au parti que j'ai pris en juillet et août 1830, uniquement parce que j'y vis la combinaison la plus favorable aux intérêts de la liberté et de la patrie... Lorsque, immédiatement après avoir dépassé le seul danger sérieux pour l'ordre public, les puissances étrangères, la Chambre et la cour se hâtèrent de satisfaire à leur impatience d'être débarrassées de moi, je dis au roi que j'y voyais une occasion de me retirer sans nous brouiller. »

Les détails de cette brouille nous sont donnés par le parent de La Fayette, le comte de Ségur. Au premier moment, croyant à un malentendu, il était accouru chez La Fayette, le pressant de reprendre sa démission :

« Non, non, mon cher cousin, lui avait-il répondu, je connais ma position; il est temps que je me retire. Je pèse, je le sais, comme un cauchemar sur le Palais-Royal, non pas sur le roi et sur sa famille qui m'aiment, qui sont les meilleures gens du monde et que j'aime tendrement, mais sur leurs entours. N'ai-je pas entendu Viennet s'écrier devant le roi, en me voyant entrer : « Voilà le maire du palais! » Le roi lui-même, est-ce sans intention qu'il me lit des journaux venus d'Amérique où je suis dépeint, montrant à l'Europe mon mannequin de roi républicain pour la séduire? Nous en avons ri, mais comment? Sans doute, j'ai été utile à son avènement; mais si je lui ai sacrifié quelques-unes de mes convictions, ce n'a été que sur la foi du programme de l'Hôtel de Ville; j'annonçai là un roi s'appuyant sur des institutions républicaines! Or, cette déclaration qu'on semble oublier, j'y tiens beaucoup! Et voilà ce qu'à la cour on ne me pardonne pas. Ne sais-je pas qu'on va jusqu'à m'accuser d'avoir ménagé la dernière émeute, celle qui demandait la tête des ministres de Charles X, et d'en avoir grossi le danger aux yeux du roi! Car, aujourd'hui que le danger est passé, on s'efforce de ne plus y croire. Laffitte lui-même prétend que le roi n'en a point éprouvé un moment d'inquiétude; ce qui est faux, puisqu'il m'en faisait demander des nouvelles cent fois par heure! De tout cela, la conclusion est que je deviens gênant; j'en prends mon parti; je garderai à la famille royale la même amitié, mais je n'ai qu'une parole et je ne puis changer mes convictions. Quant à la garde nationale de Paris, comme on veut que je reste le chef, j'en comprends le motif, mais il ne convient pas que je m'y soumette. Et, tenez, jugez-en vous-même! Supposez qu'on offre au maréchal Soult une position pareille à celle qu'on prétend me faire, croyez-vous qu'il se réduirait à rester à la tête de l'une des divisions d'une armée, dont on lui aurait ôté le commandement en chef. »

C'était peu connaître l'inflexibilité calme et l'opiniâtreté douce et polie de La Fayette que d'espérer ébranler sa résolution. Il sentait d'ailleurs sa situation devenir embarrassante vis-à-vis de ses anciens amis de l'Hôtel de Ville, et il voulait sortir de cette situation avec éclat. Laffitte et Montalivet l'avaient supplié pendant deux heures, mais Laffitte, avec sa légèreté habituelle, était parti sans attendre la réplique du général, alléguant d'ailleurs qu'il avait du monde à dîner. Son jeune collègue, le ministre de l'intérieur, l'avait suivi, fort embarrassé sans doute, mais très décidé, dans une circonstance aussi critique, à ne pas se contenter d'à peu près. Responsable de l'ordre public, il revint seul chez La Fayette et lui renouvela l'offre de présenter des lois électorales et communales conformes à ses opinions. « Comment Laffitte, répliqua le général, a-t-il pu croire que cela pourrait suffire? Il faut à la liberté d'autres garanties et, d'abord, un changement de ministère! — Moi compris, » sans doute, dit Montalivet en souriant. La réponse affirmative de La Fayette fut d'une loyauté si parfaite et en même temps si accorte, que le ministre fut tenté de la croire un compliment. « Mais ce n'est pas tout, reprit le général, je voudrais qu'un message du roi à la Chambre lui annonçât, dans un franc exposé de motifs, qu'il la dissout, pour en appeler une autre avec l'unique mission de faire une loi électorale, d'après laquelle une Chambre définitive serait convoquée. Quant à la Chambre des pairs, est-ce là une de ces institutions républicaines dont le trône de Juillet doive s'entourer? Ne devrait-elle pas déjà être remplacée par un Sénat sans hérédité? — Et la Charte! s'écria Montalivet; mais vous m'imposez là le rôle de M. de Polignac, et de proposer au roi des Ordonnances! »

Montalivet achevait cette exclamation, quand un officier d'état-major de la garde nationale, M. Guinard, entra brusquement et annonça au général que tous les rapports certifiaient qu'il se préparait pour le lendemain une redoutable insurrection. Le ministre, saisissant l'arme avec à-propos et la retournant, épuisa toute sa chaleur de cœur pour décider La Fayette, au nom de l'ordre public en danger, à modérer généreusement ses exigences, et à ne point devenir le prétexte de cette émeute qu'on venait de lui annoncer. Il resta inébranlable ; il finit par presser Montalivet de porter à Louis-Philippe ses conditions avec cette seule concession : d'attendre la réponse du roi ; par conséquent il consentait à remettre au lendemain sa démission définitive et à coucher cette nuit encore au quartier général.

Ainsi repoussé, le ministre de l'intérieur convoqua sur-le-champ les colonels de toutes les légions au Palais-Royal. Après leur avoir exposé la situation, fait sentir les responsabilités, il leur demanda de tenter près de leur général un dernier effort. MM. de Marmier et de Shonen s'étant offerts pour remplir cette mission, revinrent bientôt, les larmes aux yeux, confirmer à leurs collègues le récit du ministre. Alors invoquant leurs concours unanime dans cette crise, Montalivet leur dit d'aller préparer les légions ; qu'il allait s'entendre avec le roi pour le choix à faire et l'ordre du jour à rédiger, afin que le lendemain matin, en se réveillant, Paris apprît à la fois la démission de La Fayette et la nomination du nouveau commandant en chef; les colonels jurèrent l'appui le plus dévoué. Vers minuit, tout fut convenu, les précautions prises et les dangers prévenus.

La Fayette écrivit au roi, ce même soir, qu'il n'acceptait pas l'amendement proposé par le président du Conseil, M. Laffitte, et qui avait pour objet de lui conférer le titre de commandant honoraire des gardes nationales[1]. « J'ai dit à M. de Montalivet, ajoutait-il, que je me regardais comme ayant donné ma démission, et je pense qu'il aura donné ses ordres en conséquence. Croyez, Sire, que le devoir que je crois remplir m'est plus pénible que je ne puis l'exprimer; c'est aujourd'hui plus que jamais que j'ai besoin de joindre à l'hommage de mon respect celui de mon profond et inaltérable attachement. »

Louis-Philippe lui adressait à minuit un billet par lequel, en l'assurant de ses regrets,

---

1. *Correspondance*, t. IV, p. 501

il lui annonçait qu'il allait prendre des mesures « pour remplir le vide qu'il aurait tant voulu prévenir et qui lui faisait tant de peine ».

Le lendemain matin, 27 décembre, le roi dans une proclamation aux gardes nationaux s'exprimait ainsi : « Vous partagez mes regrets en apprenant que le général La Fayette a cru devoir donner sa démission; je me flattais de le voir plus longtemps à votre tête, animant votre zèle par son exemple et par le souvenir des grands services qu'il a rendus à la cause de la liberté. Sa retraite m'est d'autant plus sensible qu'il y a peu de temps encore, ce digne général prenait une part glorieuse au maintien de l'ordre public, que vous avez si noblement et si efficacement protégé pendant les dernières agitations. » Il proclamait, en terminant, le comte de Lobau, commandant général de la garde nationale de Paris.

L'émeute surprise s'évapora en manifestations insignifiantes. Quant à La Fayette, il se jeta ouvertement dans l'opposition. Le jour même, prenant la parole à la Chambre des députés, il prit cette attitude :

« Aujourd'hui, ma conscience d'ordre public est pleinement satisfaite. J'avoue qu'il n'en est pas de même de ma conscience de liberté. Nous connaissons tous ce programme de l'Hôtel de Ville : un trône populaire entouré d'*institutions républicaines*. Il a été accepté, mais nous ne l'entendons pas tous de même. »

Ce fut sur ce terrain qu'il se plaça pour critiquer la politique intérieure, de même qu'il créa le mot : *la paix à tout prix*, pour attaquer la politique extérieure. Mais dans cette lutte d'un vieillard affaibli plutôt que découragé, il trouva pour adversaires la plupart de ses amis de la Restauration, devenus des hommes de gouvernement; il trouva un prince « qui ne laissait rien à la fortune de ce qu'il pouvait lui enlever par prévoyance ».

III

L'effroi de la Révolution avait coalisé contre nous tous les cabinets de l'Europe. La ligue s'était formée tacitement, mais spontanément, dès le premier jour, par le seul fait de l'identité des intérêts et de la communauté des appréhensions. La France, au lendemain des journées de Juillet, n'avait plus ni finances, ni armée; mais la meilleure garantie de la paix était le caractère du roi [1].

Louis-Philippe avait un sentiment profond et élevé des maux de la guerre; ce sentiment, il le devait à son éducation, à son respect de la vie humaine, à cette sensibilité que l'esprit du XVIIIe siècle avait déposée en lui.

---

[1]. Lire la dépêche adressée le 12 octobre 1835 par le duc de Broglie, ministre des affaires étrangères, à M. Bresson, ambassadeur à Berlin.

Cependant le péril extérieur s'aggravait; ce n'était plus seulement la Belgique qui s'était soulevée; en Italie, l'agitation devenait de jour en jour plus menaçante : au commencement de 1831, une insurrection avait éclaté dans les légations et les duchés. Enfin Varsovie avait brisé ses fers et le royaume de Pologne avait suivi son exemple. Tous ces peuples en armes tournaient les yeux vers la France.

Laffitte, avec sa politique de laisser-aller, était incapable de tenir tête à de pareilles complications.

La Fayette s'était jeté à corps perdu dans les questions de nationalité. Avec une naïveté toute française, il avait cru que le peuple libéral par excellence, le peuple anglais, serait avec lui par amour des principes. Le 23 février 1831, il écrivait à lord Palmerston[1] :

« Et la Pologne, qu'en ferez-vous? Que ferons-nous pour elle? Certes il serait malheu-

---

1. *Correspondance*, t. VI, p. 526.

reux que l'ancienne indignation de votre pays sur le partage, vos récentes jalousies de la puissance russe, l'intérêt de toute l'Europe occidentale laissassent écraser une nation généreuse. »

Palmerston, jaloux et méfiant de la France, ne lui répondit même pas.

La Fayette, qui n'avait pas les lumières de l'homme d'État et qui se laissait aller tout entier à son imagination et à son cœur, multipliait sans succès ses discours sur les affaires extérieures. Le roi, en refusant le 17 février la couronne de Belgique offerte à son fils, le duc de Nemours, donnait à l'Europe un gage éclatant de modération. Le principe de non-intervention, formulé dès les premiers jours par la monarchie de Juillet, nous eût entraînés à une guerre redoutable, si nous avions voulu l'imposer au cabinet de Vienne pour les affaires d'Italie.

Bien que notre impuissance dans le mouvement belge et italien fût l'objet d'accusations passionnées, l'émotion politique n'était pas de ce côté-là ; elle était tout entière avec La Fayette du côté de la Pologne. Le vieux lutteur avait pour lui les faveurs populaires lorsqu'il disait à la Chambre, en mars de cette année 1831 :

« Le drapeau de liberté, qui nous mettait en juillet en tête de la liberté européenne, a passé de nos mains dans celles des Polonais. Il est aujourd'hui à Varsovie ; je réclame les efforts du gouvernement en faveur de la Pologne, de cette généreuse Pologne qui a droit aux sympathies, à l'intérêt de l'Europe entière, et pour laquelle en s'élevant à la hauteur du règne de Louis XV, le gouvernement ferait déjà un peu plus qu'on n'a fait jusqu'à présent... La guerre était préparée contre nous ; la Pologne devait former l'avant-garde. L'avant-garde s'est retournée contre le corps de bataille. »

Porter nos armes à six cents lieues, à travers toute l'Europe, était la seule réponse à faire au cri parti de la Vistule. Quelque douloureuse que fût la situation, les hommes de gouvernement ne pouvaient pas, à moins d'être aveugles, ne pas voir que la France avait en face d'elle, non seulement les trois copartageants de 1772, mais aussi l'Angleterre qui refusait de s'associer à nous, même pour une simple démarche diplomatique[1]. La Fayette s'opiniâtrait à ne pas voir ces impossibilités. Ce mot de M. Thiers : « La Pologne est restée comme une grande douleur pour nous ; et elle ne pouvait pas être autre chose, » ce mot si cruel dans sa vérité politique, La Fayette ne le comprit jamais. La prudence indispensable à une nouvelle monarchie ne le satisfaisait pas ; n'ayant pas les responsabilités du pouvoir, il l'accusait avec véhémence.

Après s'être mis en relations avec le gouvernement national élu par la Diète polonaise, il avait été nommé membre de la garde nationale de Varsovie et il écrivait au général comte Ostrowski[2] : « Pendant que tous mes vœux se

1. Dépêche du 22 mars 1831.
2. Lettre du 21 avril 1831, t. VI, p. 569.

portaient vers les nobles dangers et les sublimes résolutions de la nation que l'univers contemple avec un respectueux et reconnaissant enthousiasme, vous jugez de quel bonheur je me suis vu comblé, en apprenant que, grâce à vos bontés, elle daignait m'admettre dans ses rangs. Depuis le jour où votre honorable proposition et l'autorisation du gouvernement suprême m'ont donné ce droit précieux, je me suis senti pénétré des obligations, bien chères à mon cœur, que cette adoption m'impose. »

Aussi, dans un manifeste à ses électeurs de Meaux [1], il s'irrite contre un système « qui veut proclamer l'égoïsme politique de la France » ; sans vouloir qu'on déclare la guerre, il fait et dit tout ce qui peut compromettre la paix ; il n'est pas loin de s'écrier avec Armand Carrel : « Il y avait plus de fierté sous le jupon de la Pompadour ! »

« Toute la France est Polonaise [2], s'écriait-il

---

1. *Mémoires*, t. VI, p. 576.
2. *Discours*, t. VI, p. 604 et 609.

encore à la Chambre, depuis le vétéran de la Grande Armée qui parle de ses frères polonais jusqu'aux enfants des écoles qui nous envoient tous les jours le produit de leurs faibles épargnes pour aider la cause polonaise. Ce n'est que par l'énergie que nous pouvons réussir. La reconnaissance de la Pologne n'était pas une occasion de guerre. »

On a dit qu'il était alors le centre de la diplomatie révolutionnaire. C'est inexact, mais son nom était dans le cœur de toutes les nations qui essayaient de secouer le joug de l'étranger; il était, pour elles, l'image vivante de la France et de la Révolution. Il sympathisait avec toutes les insurrections, d'où qu'elles vinssent. Cette attitude n'était pas sans créer à notre diplomatie un embarras sérieux ; si M. Laffitte en prenait son parti, il n'en fut plus de même lorsque le grand ministre du régime de Juillet, l'homme d'État qui comprit le mieux, à ce moment, les besoins de la monarchie française, eut consenti, le 13 mars 1831, à diriger les affaires.

Parlant de Casimir Périer[1], M. de Talleyrand constatait que son entrée au pouvoir avait eu promptement une bonne influence sur la direction des affaires intérieures et n'avait pas tardé à en exercer une également favorable sur nos affaires extérieures. Il traçait ensuite, en quelques lignes, ce portrait du premier ministre :

« M. Périer n'avait pas ce qu'on est convenu d'appeler de l'esprit, mais, en revanche, il possédait à un haut degré le sens droit et ferme des gens qui ont fait eux-mêmes leur fortune. Il cherchait son but, le découvrait et y marchait résolument. Il eut même cette rare bonne fortune que ses défauts devinrent des qualités, dans la position difficile où il se trouvait. Il était entier, quelque peu obstiné et parfois emporté ; mais tout cela prit l'apparence d'une volonté ferme et indomptable et produisit les meilleurs effets, à une époque où les faiblesses

1. *Mémoires du prince de Talleyrand*, t. IV, p. 125 et 126.

des uns et les violences des autres avaient besoin de rencontrer une puissante barrière. »

Il y avait plus que l'apparence d'une volonté ferme chez Casimir Périer, les événements le prouvèrent et La Fayette eut bientôt à s'en apercevoir. Les deux familles étaient très liées; mademoiselle Nathalie, fille aînée de George La Fayette, avait en effet épousé Adolphe Périer, un des neveux de Casimir; aussi, à son entrée au ministère, le nouveau président du conseil avait réservé au général sa première visite[1]. « Je suis arrivé un des premiers à son premier jour de réception, écrivait à son tour La Fayette; voilà pour les sentiments de famille et d'amitié, mais les opinions politiques pour le dedans et pour le dehors sont loin d'être en harmonie. » On le vit bien à la séance du 29 mai.

La loi relative aux attroupements était en discussion. La Fayette en prit occasion pour

1. Correspondance, t. VI, p. 562.

porter devant la Chambre une question tout autrement vive, celle de l'association nationale contre la restauration de la branche aînée des Bourbons, association que Casimir Périer voulait dissoudre. C'était précisément contre cette sévérité que La Fayette s'élevait non sans arrogance :

« On a qualifié de conspiration, disait-il, l'association contre le retour de Charles X et de l'invasion étrangère... Je ne me reconnais pas le droit de donner aux autres de si rudes leçons de liberté et d'ordre public, de dévouement à la patrie et de persévérance dans les principes, les engagements et les affections politiques ; mais je crois avoir le droit, à la fin de ma carrière, de n'en recevoir de personne ; je me suis étonné aussi de ce que le gouvernement, au lieu de reconnaître ce nouveau gage de patriotisme, d'attachement à l'ordre actuel, de s'y associer même, ait voulu lui supposer de mauvaises intentions, établir à ce propos une séparation entre les fonctionnaires publics et la masse des citoyens ! Serait-ce que le gou-

vernement a été piqué d'y soupçonner une certaine méfiance, non de ses intentions, mais de sa prévoyance et de son énergie ? Eh, messieurs, notre diplomatie est-elle si fière, si superbe, si influente qu'on ne puisse pas concevoir l'idée de dire une fois de plus aux ministres : « Ne craignez rien ! Nous vous sou-
» tiendrons de tous nos moyens, de tout notre
» pouvoir !... » Je n'ai depuis hier qu'à féliciter le gouvernement de ce qu'il sent la nécessité de s'opposer à l'invasion autrichienne et de prendre une marche conforme à notre dignité, aux promesses... »

Le président du conseil, Casimir Périer, se levant avec vivacité : « Quelles sont ces promesses ? Il faut enfin s'expliquer, il faut en finir. Je demande à monsieur de La Fayette de dire si c'est lui ou nous qui avons fait ces promesses ? »

Et dès que le général eut achevé son discours, Casimir Périer s'élança à la tribune :

« L'unité de l'administration, s'écria-t-il, nous

paraît la première des garanties à obtenir ou à donner... Toutes les opinions sont libres dès qu'elles sont avouées. Ce que je viens donc demander, c'est qu'on les avoue, qu'on les explique, qu'on les définisse. On nous parle d'un programme de l'Hôtel de Ville qui n'aurait été ni accepté, ni exécuté. Quel autre programme avons-nous en France que la Charte qui a été acceptée par le roi et sera toujours exécutée par des hommes dignes de sa confiance?... J'y étais, moi, à l'Hôtel de Ville, et je n'y ai entendu discuter sérieusement que ce qui est dans cette Charte que nous avons tous jurée après le roi. La Charte, voilà notre programme à tous, le roi n'a rien promis qu'à la France ; la France ne demande au roi rien de plus que ce qu'il a promis... Les promesses de politique intérieure sont dans la constitution. S'agit-il des affaires du dehors ? Il n'y a de promesses que les traités ; l'honneur français ne peut être intéressé que dans les questions qui le touchent, et le sang français n'appartient qu'à la France. Des secours ont été promis, dit-on. Par qui ? A qui ? Jamais par le gouvernement. Si quelqu'un a parlé au nom et à l'insu de la France, il est de son devoir d'accepter la responsabilité de ses promesses, en le déclarant... Nous regardons comme injurieuse la méfiance des associations qui usurpent nos devoirs. »

Nous avons recueilli, en 1871, de la bouche d'un des anciens membres de la Chambre des députés de 1831, l'impression profonde et non encore affaiblie que fit cette harangue. On n'était pas habitué à cette attitude, à cet accent, à ce langage. On reconnaissait là, suivant la belle parole de Royer-Collard, un esprit doué de ces instincts merveilleux qui sont la partie divine de l'art de gouverner.

La Fayette, malgré son habitude de la lutte, fut atteint. Il commençait à s'apercevoir (sa correspondance en fait foi) que la bourgeoisie de 1830, rassurée sur les principes et sur le drapeau, exigeait la paix au dehors et un gouvernement vigoureux au dedans. La Chambre ayant été dissoute, les élections se firent sur cette plate-forme électorale : « La pairie sera-t-elle héréditaire ? »

Le général publia alors un manifeste qui peut être considéré comme son testament politique (13 juin)[1]. Après avoir rappelé son passé et dit que *la tyrannie de 93 ne fut pas plus une République que la Saint-Barthélemy ne fut une religion,* il transcrit pour ses électeurs la conversation qu'il eut avec le duc d'Orléans à l'Hôtel de Ville et il énumère les réformes politiques qu'il désire. On doit reconnaître que ce sont celles qui ont été réalisées quarante ans après ; ses sentiments démocratiques puisés dans la guerre d'Amérique ne le trompaient pas et il ne faisait que devancer son temps, quand il disait : « Un Français n'a pas besoin de payer deux cents francs de contributions pour avoir le bon sens de choisir un honnête député de son pays. La fortune n'est pas une garantie de bon sens, de sagesse et d'esprit...

---

1. *Mémoires,* t. VI, p. 577 et suivantes.

L'enseignement doit être libre ; la patrie doit au peuple l'enseignement primaire ; les conseils municipaux doivent être élus par l'universalité des citoyens, la pairie héréditaire doit être abolie. » Si toute cette partie du manifeste est d'un libéral, toute la partie relative aux affaires extérieures est généreuse, mais pèche par le défaut de clairvoyance et le sens politique. Le manifeste se terminait par ces mots : « Si je me suis permis de rappeler des faits personnels, c'est uniquement, je l'avoue, pour obtenir plus de confiance à ce qu'on appellera sans doute des théories, comme Napoléon disait : *Idéologie*. C'est aussi pour séparer une fois de plus la cause sacrée de la liberté d'avec les hérésies qui la dénaturent, les excès qui l'ont retardée, les crimes qui l'ont profanée et les apologies qui la perdraient encore, si elle n'avait pas son refuge dans les purs souvenirs et les sublimes sentiments qui ont caractérisé la grande semaine du peuple. »

Réélu député, nous le revoyons frémissant,

lorsque le cri de désespoir que poussa la Pologne en s'affaissant retentit jusqu'à Paris; nous le retrouvons impuissant à répliquer, lorsque Casimir Périer s'adressant à lui et à ses amis Lamarque et Mauguin, s'écria :

« Non, les malheurs de la Pologne n'appartiennent pas au gouvernement français, mais à ceux qui lui ont donné de mauvais conseils[1]. »

La Fayette ne se décourageait pas. Ces reproches d'avoir donné de mauvais conseils lui allaient cependant au cœur ; mais sa parole à la tribune n'avait déjà plus d'autorité. La bourgeoisie, désireuse de quiétude, abandonnait son idole, et déjà dans le parti républicain, la portion exaltée, que représentait le journal *la Tribune*, l'attaquait sans ménagement.

Il est cependant une satisfaction dont ses dernières lettres font foi : il contribua par sa parole à faire abolir l'hérédité de la pairie. Il voulait plus. Comprenant que les secondes

---

1. Séance du 8 mars 1832.

Chambres en France avaient été jusqu'ici sans force sur l'opinion, il soutint avec son petit-gendre, M. de Brigode, que les pairs devaient être élus pour quinze ans, avec un renouvellement par tiers tous les cinq ans. L'esprit politique n'avait pas fait assez de progrès en France, pour que cette proposition fût acceptée. « Nous aurons une très mauvaise seconde Chambre, écrivait La Fayette, et l'expérience en montrera les inconvénients[1]. » Il avait mille fois raison.

La mort de Casimir Périer l'affligea. La lettre du 16 mai honore son cœur : toutes les dissidences politiques furent oubliées devant cette tombe prématurément ouverte et devant le grand deuil national. « Nous n'éprouvons que des sentiments de famille et d'amitié, disait-il, et nous voudrions empêcher, dans le peu qui dépend de nous, qu'on n'attaquât sa mémoire au delà de l'administration dont il était l'organe. Ses

---

1. *Correspondance*, t. VI, p. 626 et 660.

parents sont bien malheureux. Son excellente belle-sœur l'a couvert de ses soins jusqu'au dernier moment; il a été très affectueux pour ses proches. » Il reconnaissait dans la conversation que, sans la politique de Casimir Périer, la royauté de Juillet n'eût pas résisté à ses ennemis.

La nouvelle monarchie avait encore à réprimer l'insurrection qui suivit les obsèques du général Lamarque. Ce fut la dernière affaire dans laquelle La Fayette joua, malheureusement, un rôle. Il tenait l'un des cordons du corbillard et il prononça quelques paroles d'adieu. Aussitôt après, le drapeau rouge fut déployé, le bonnet phrygien posé sur le cercueil; quand il vit ces sanglants emblèmes de l'anarchie, et qu'il entendit les premiers coups de fusil, il voulut se retirer ; ne trouvant pas sa voiture, il prit un fiacre que la foule détela pour le traîner, on ne sait où. Des jeunes gens l'entourèrent et lui demandèrent violemment de donner l'ordre de l'attaque. Il s'y refusa. Il entendait dire derrière lui : « Si nous tuions le général La Fayette? ne serait-ce pas un bon mort pour appeler aux armes? » Il trouvait cette idée toute simple et discutait, le soir en famille, la question d'utilité. Heureusement qu'il fut dégagé par un régiment de dragons.

Accusé d'avoir déposé une couronne sur le bonnet rouge présenté devant le cercueil de Lamarque, il écrivit une lettre publique à son collègue, M. Madier de Montjau, pour démentir le fait.

« Si j'ai toujours été opposé avec quelque dévouement et quelque éclat aux criminelles violences dont, en 92 et 93, ce bonnet rouge devint en France le sanglant symbole, je n'ai pas fléchi davantage devant les usurpations contre-révolutionnaires qui ont tour à tour retardé la libération de 89. »

L'établissement de l'état de siège, l'insuccès de la visite de Laffitte, d'Odilon Barrot, et d'Arago aux Tuileries achevèrent de brouiller La Fayette avec le gouvernement et même avec Louis-Philippe. Mécontent de tout, l'esprit un peu affaibli, le général disait et écrivait que le roi avait nié ses engagements en adoptant le système du 13 mars. Dans son entourage immédiat, on était fort hostile à la monarchie de Juillet; La Fayette ne se souvenait plus assez qu'il avait fait cette monarchie, il oubliait des rapports cordiaux et les termes de sa lettre au comte de Survilliers. Rien n'est triste dans ce siècle comme les dernières années d'un héros. Il n'y a guère, depuis cinquante ans, que M. Thiers qui soit mort entier.

Les dernières apparitions de La Fayette à la Chambre des députés furent motivées par le projet de loi tendant à accorder une pension aux vainqueurs de la Bastille. Ses idées républicaines s'étaient fortifiées, sans qu'elles cessassent d'être modérées. Accusé par le journal *la Tribune*, il répondait[1] : « La modération

---

1. Voir lettres du 2 avril, 30 mai, 28 août, 23 novembre 1833. *Correspondance*, t. VI.

n'a jamais été pour moi le milieu de deux opinions quelconques. J'ai, pendant quarante années de ma vie, rendu hommage à mes amis de 92 et flétri l'horrible époque où ils paraissaient sur les échafauds. Associé de Washington, de Franklin, de Jefferson, je ne suis pas tenté, au bout de soixante ans, de changer de paroisse pour le patronage de Robespierre, Saint-Just et Marat. » La Fayette était du côté d'Armand Carrel, quand cet honnête et vigoureux esprit condamnait les doctrines antilibérales des partisans d'une nouvelle Convention qui voulaient imposer leurs idées par la force. La Fayette flétrissait surtout leur alliance avec le bonapartisme. Comme ses opinions étaient avant tout des sentiments, il était très sensible aux injures que déversait sur lui la presse républicaine; il s'en plaignait à Dupont de l'Eure. Toujours Américain de souvenir, il n'avait pas cessé de correspondre avec le président Jackson.

Sa dernière lettre fut écrite à M. Murray, président de la Société d'émancipation des noirs; dans des pages émues, il appelait de tous ses vœux le triomphe de cette noble cause dans le monde entier. Son cœur restait jeune et généreux; et c'était bien finir. La mort de Dulong, tué en duel par le général Bugeaud, l'affecta beaucoup. Il voulut suivre à pied son convoi; en rentrant chez lui, il éprouva un malaise et s'alita [1]. C'était le même jour où s'était couché aussi pour ne plus se relever, deux ans auparavant, son plus vieil ami, son compagnon d'Olmütz, M. de Latour-Maubourg.

La princesse Christine de Belgiojoso vint se joindre aux enfants de La Fayette et s'asseoir à son chevet. Son état devenait plus satisfaisant et l'on pouvait espérer son rétablissement, lorsque le 9 mai étant sorti en voiture, un orage amena un refroidissement dans la température. Le malade eut un frisson de fièvre et la maladie fit de rapides progrès;

---

1. *Souvenirs sur la vie privée de La Fayette*, par Jules Cloquet.

son visage exprimait une patience résignée et la plus sincère gratitude pour les soins qu'on lui rendait. Il touchait à la dernière heure; ses enfants et sa famille entouraient seuls son lit; il ne parlait plus, on ne savait s'il voyait encore; son fils George s'aperçut que, d'une main incertaine, il cherchait quelque chose sur sa poitrine. Le fils vint en aide à son père et lui mit dans la main un médaillon que La Fayette portait toujours suspendu à son cou. Il le colla à ses lèvres. Ce fut son dernier mouvement; ce médaillon contenait le portrait et les cheveux de madame de La Fayette. « Ainsi, dit M. Guizot, déjà séparé du monde entier, seul avec la pensée et l'image de la compagne dévouée de sa vie, il mourut. » Par le côté affectueux, cette existence avait gardé toute son unité morale.

C'était le 20 mai 1834. Le monde officiel présida presque seul aux obsèques du vieux général. « Cachez-vous, Parisiens ! écrivit Armand Carrel, le convoi d'un véritable ami de la liberté va passer ! » Ce fut au cimetière de Picpus, à côté de sa femme, qu'il fut inhumé. La terre de France et celle que des Américains avaient apportée de leur pays se confondirent pour protéger et recouvrir les restes de La Fayette.

Les États-Unis ne furent pas ingrats. Ils s'associèrent dignement à la douleur de la famille. Le 24 juin, le Sénat et la Chambre des représentants, réunis en congrès, prirent une délibération motivée, aux termes de laquelle un deuil national de trente jours fut ordonné. John Quincy Adams fut chargé de prononcer un discours sur la vie et le caractère de l'ami de Washington ; le 21 décembre, en présence des deux Chambres, du président de la République, des ministres et des ambassadeurs, le commandant en chef notifia aux troupes et à la flotte la mort du dernier major général de l'armée de la Révolution et lui fit rendre les honneurs militaires. L'éloge de La Fayette fut lu au milieu de l'enthousiasme des assistants; le congrès en ordonna l'impression à soixante mille exemplaires. C'est ainsi que s'honore un grand peuple et qu'il donne l'exemple aux autres.

Si nous avions à résumer notre opinion sur l'homme à qui cette étude est consacrée, nous dirions : qu'ayant plus d'orgueil que d'ambition, et plus admirable aux jours de péril que dans la direction d'un parti, il prête à la critique dans plus d'une phase de sa vie politique.

Il ne fut ni un grand penseur, ni un orateur éminent, ni un homme d'État. Comme tous ceux qui n'ont point été aux affaires et qui n'ont point gouverné, il ne connaissait point le cœur humain ; mais il ne faut pas, suivant l'expression de Montaigne, « guetter aux petites choses » les individus comme La Fayette ; il a le droit d'être jugé, non, suivant des fautes isolées, mais selon son caractère et ses œuvres pris dans leur ensemble. Nul ne représente comme lui cette haute noblesse du XVIIIe siècle qui s'était donnée, avec un entrain sans pareil, à la Révolution française. Dès les premiers moments, son cœur s'enrôla avec son esprit. Depuis le jour où il partit pour l'Amérique jusqu'à l'heure où il présenta au peuple le duc d'Orléans, sur le balcon de l'Hôtel de Ville, La Fayette ne se reprit pas. Toutes les générosités, il les eut, avec tous les enthousiasmes et toutes les vaillances ; il n'y a pas une noble cause qui se soit soulevée dans le monde, sans qu'il n'ait été à côté d'elle, ne se préoccupant jamais de savoir ce que dirait la froide raison ; plus friand de popularité que de pouvoir, il était tout à l'action ; c'était, dans les temps modernes, avec les différences de siècles et de lieux, un redresseur de torts, une sorte de paladin de la Table ronde ; la liberté était sa Dame et il lui fut fidèle jusqu'à son dernier soupir. Ayant la main ouverte jusqu'à la prodigalité, il fut presque toujours dupe et jamais intéressé ; fier et dédaigneux, très gentilhomme dans son flegme et dans son langage, il représente mieux que personne, l'ancienne et la nouvelle France se réconciliant dans la nuit du 4 Août ; et si l'on joint à ces dons de race ses qualités privées, cette simplicité, ce bon goût, ce charme qui le faisait adorer de tous ceux qui l'entouraient, le culte passionné qu'il garda contre tout oubli jusqu'à l'heure suprême, pour celle qui a honoré son nom, on trouve dans cet ensemble une grandeur morale qui s'ajoute à son allure héroïque et la rehausse.

Nous espérons qu'après avoir lu ce livre, on comprendra que, s'il y eut des figures plus imposantes que celle de La Fayette, il n'y en a pas de plus attachante et de plus française.

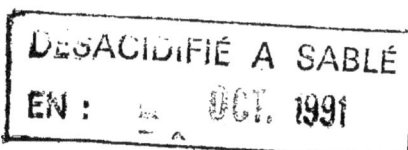

FIN

TABLE

AVANT-PROPOS. 1

CHAPITRE PREMIER
LA FAYETTE A OLMÜTZ. 1

CHAPITRE II
LA FAYETTE SOUS LE CONSULAT ET L'EMPIRE. . 124

CHAPITRE III
LA FAYETTE PENDANT LES CENT JOURS 218

CHAPITRE IV
LA FAYETTE PENDANT LA RESTAURATION, ET LE DERNIER VOYAGE EN AMÉRIQUE. 264

CHAPITRE V
LA FAYETTE ET LA RÉVOLUTION DE JUILLET. — SA MORT. — CONCLUSION. 353

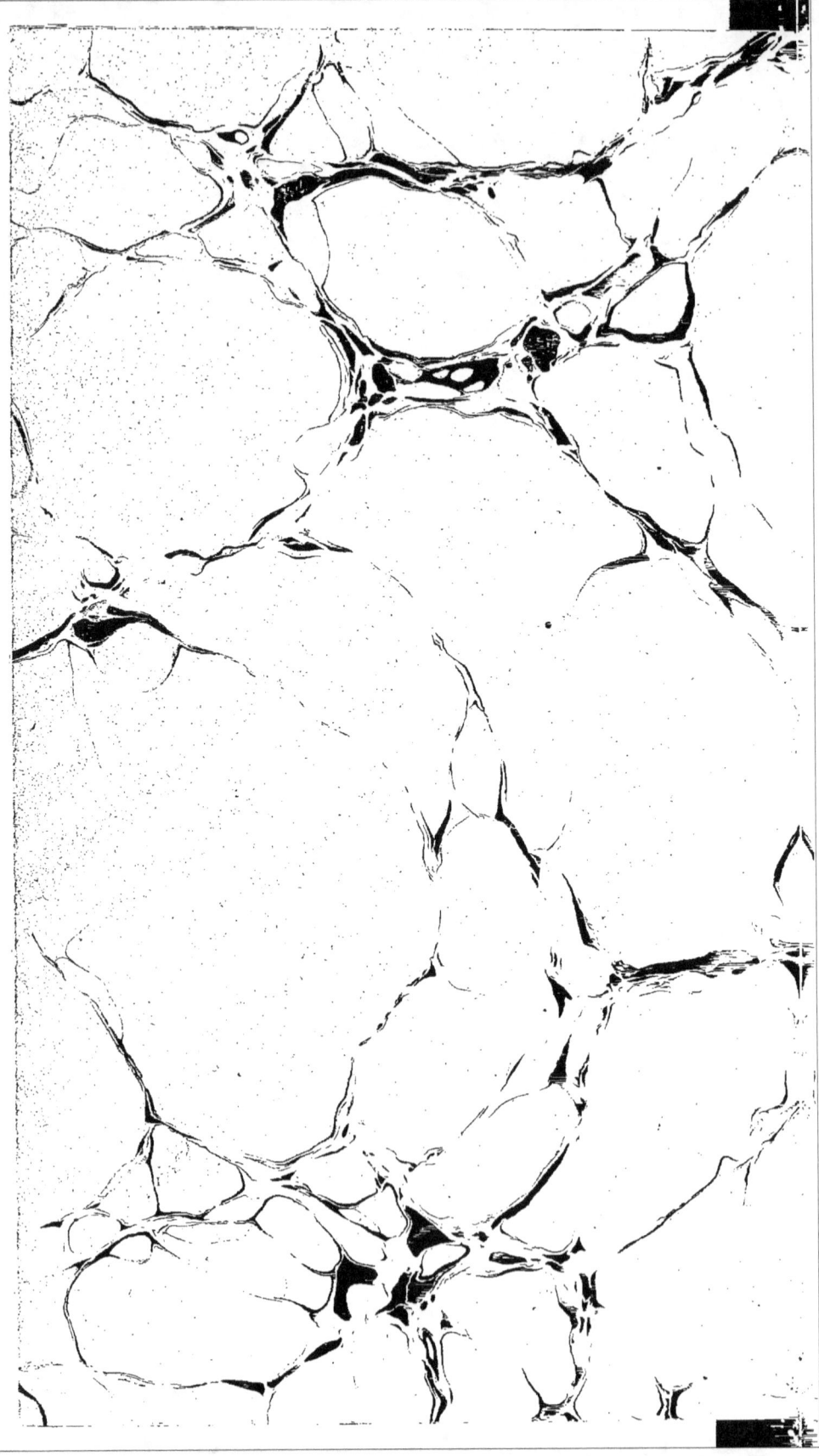

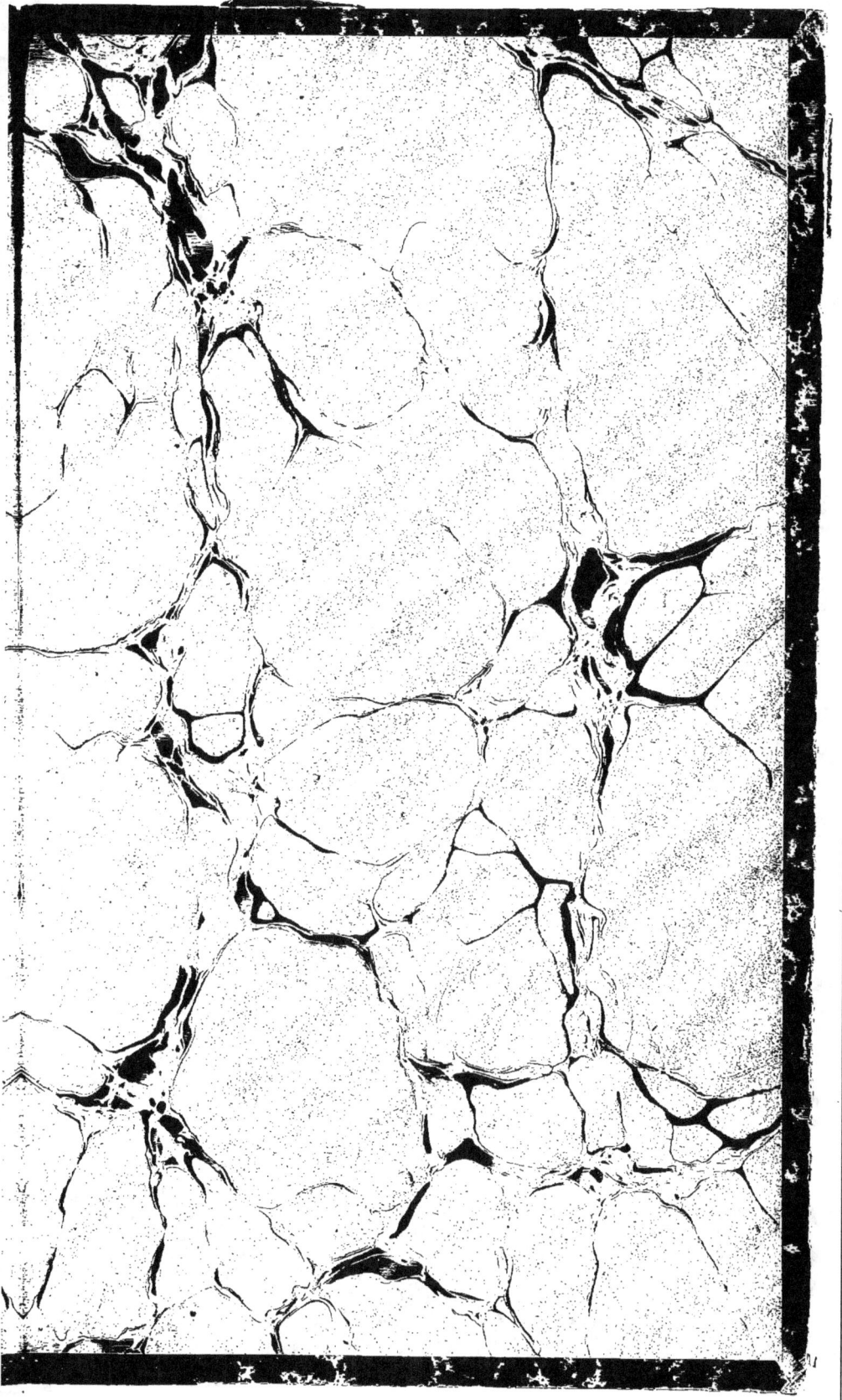

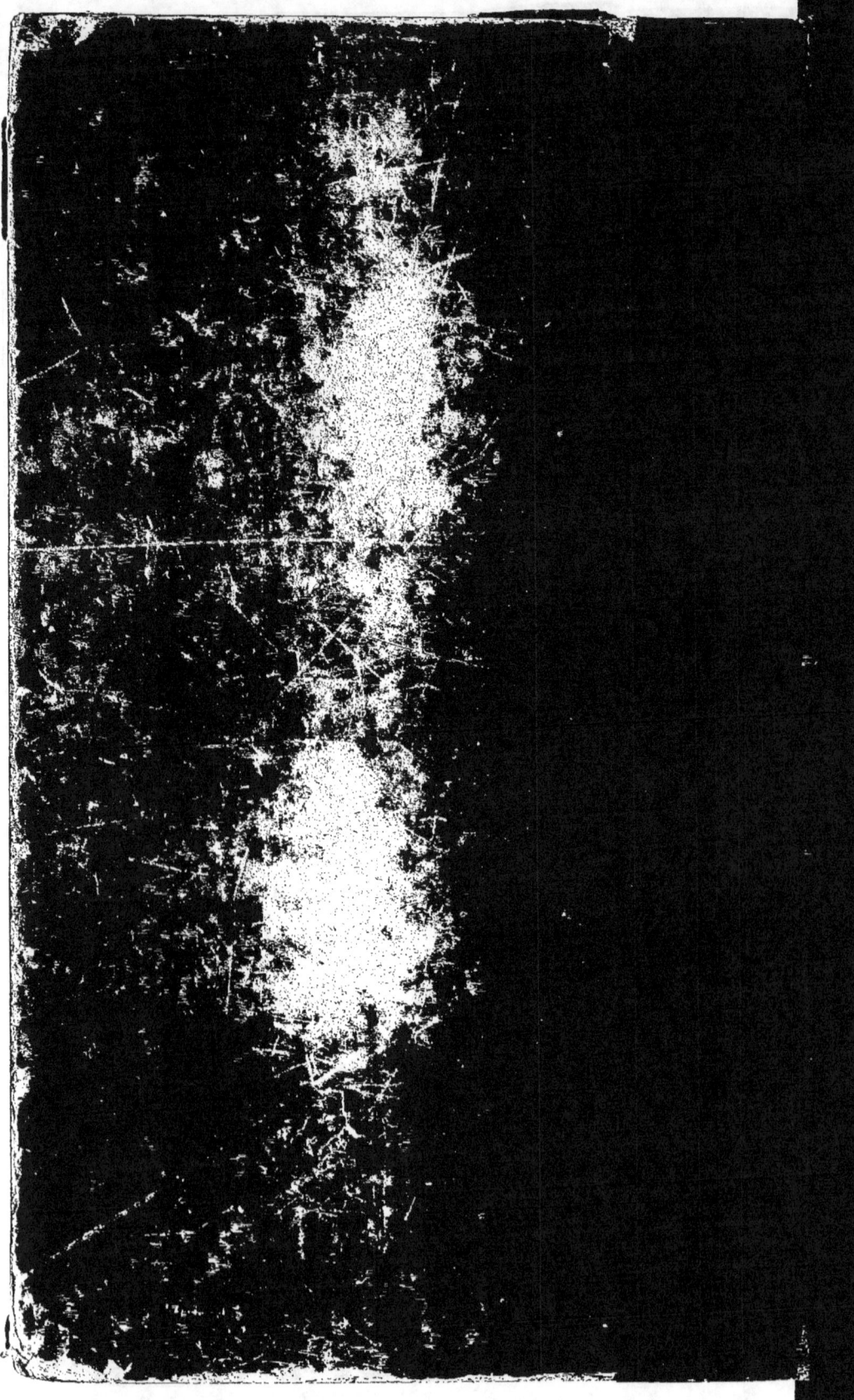

www.ingramcontent.com/pod-product-compliance
Lightning Source LLC
Chambersburg PA
CBHW070543230426
43665CB00014B/1799